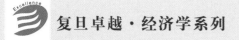
复旦卓越·经济学系列

证券投资基金实务教程

王鲁志 编著

复旦大学出版社

内容提要

本书是一本注重实践的证券投资基金教材。本书在介绍理论知识的基础之上，大量安排学生团队活动，通过校园股市的形式，模拟真实金融市场的运行，使得学生能够快速掌握相关知识点，并灵活运用于投资实践。

本书共十一章，第一章为证券投资基金概述，第二章介绍了证券投资基金的类型，第三章介绍了证券投资基金的起源与发展，第四章介绍了证券投资基金的设立和运营流程，第五章介绍了基金管理公司，第六章介绍了基金的费用、估值、税收与收益分配，第七章介绍了基金的监管，第八章介绍了基金的信息披露，第九章介绍了证券组合投资理论，第十章介绍了资产配置管理，第十一章为案例研讨。除第十一章外，每章开始处均有学习重点与团队活动指引，结尾处有团队活动提示。

本教材适合大专院校金融专业和经济类、管理类学生使用。

前　言

将专业课堂还给学生
——课程教学指引

一、困境与探索

当代中国高等教育普遍存在重理论、轻实践的现象,专业教学存在与社会脱离、理论脱离实际、教学内容知识老化等弊端,机械的教学体制,单调的纸上谈兵、照本宣科的教学方式,以教师为中心的教学模式,导致学生始终处于被动学习的状态,缺乏学习的激情与动力;专业课程教学之间很难找到横向结合的教学活动迹象。

高校如何实施有效教学这一主题,国内外学者进行了大量的研究和探索。1929年,英国哲学家怀海德在《教育的目的》中揭露了当时学校教育方式导致"惰性知识"的产生。此后,逐渐形成的情境理论在学习的实质、内容、方式等诸多方面呈现出与以往的学习理论有所不同的新范式:以教师中心取向的行为学习理论、以学生中心取向的认知学习理论和生态化取向的情境学习理论。

以维果斯基为代表的"建构主义学习"理论认为,在学校与课堂学习中,学习者个体发展也必须产生于相互之间的互动合作。通过合作,激励学习者自我反思,完善对知识的意义建构。

乔纳森(2002)等指出,通过在学校教学中创设模仿从业者真实活动的学习环境,并将情景学习中"实践共同体"的理念"移植"到学校教学场景中,强调在课堂学习中异质小组内实行合作学习的重要性。

目前在高校频频出镜的校园情景模拟结合团队合作性学习的教学模式,在实践中也存在不少问题。D.W. Johnson(2001)指出,由于合作小组成员之间缺乏积极的相互依赖关系,小组合作学习容易导致"搭便车"和"吸盘"效应。章志光(2006)等也指出,由于小组成员缺乏明确的个体职责,小组合作学习容易出现"社会惰化"现象。笔者在2004年指出,高校常见的模拟教学系统中,学生存在持续的虚假心理暗示刺激,导致教学效果不佳;更为重要的是,虚假的过程将使不同课程、不同专业之间的教学资源整合难以实现。

对于高校教学改革的发展方向,许多学者持有不同的观点,但有实质性突破的不是太多。笔者亦是尝试在高校实践教学中建立一种全新的一体化教学模式,在校园内构筑微型经济环境,形成以学生为主体的教学系统,将经济管理类各专业的实践教学环节全部纳入一体化实践教学模式之中。

二、各种新型教学模式及实施状况

国内新型教学模式的实践探索,大约分为以下几种方向:
(1) 纯模拟的实战教学,如模拟的证券交易实验课程等。
(2) 情景式教学。
(3) 角色扮演。
(4) 案例教学。
(5) 基于"校园微型经济环境"的教学模式等。

案例教学基本上是纯理论教学的延伸,其优点在于学生参与度的提高。纯粹的经济金融类专业模拟实验室在很多高校都有建设,但由于其"纯模拟"的虚假模式,使得其教学活动一直难以取得令人满意的效果。校园情景模拟教学、角色扮演和团队合作学习的教学动力源稍显单一,个体职责不明晰,不能解决教学刺激效应的短暂性、小组合作学习"社会惰化"以及虚假心理暗示效应等问题。

笔者创立的"校园微型经济环境"教学模式(2004—2006年,获2005年四川省教学成果一等奖)有效克服了这些问题。该模式在校园内成功构筑了微型社会环境,以学生团队(校园模拟公司和基金)的组建为基础,以证券投资全真实战体系的建设为核心,成功模拟了专业团队在社会经济活动中所面临的大多数功能性氛围和专业性氛围,实现了团队成员角色职责的明确化、团队活动的企业化、团队教学实战活动的长效化等,有效激发了学生对专业知识的学习热情。该模式搭建了多专业协同教学的实战平台,成功地将学生团队建设、专业学习、专业实践和团队创业集合为一体。略显不足的是,该模式大部分教学活动在实验室内进行,虽然通过实战教学促进了学生对专业理论知识的学习热情,但对课堂专业理论教学的变革、理论教学与实战教学的有效融合方面,仍未实现实质性的突破。

三、团队对抗教学模式

2006年以后,笔者在"校园微型经济环境"教学模式的基础上,一直致力于探索并实践实现课堂理论教学与实战型教学的有效结合,以及课堂教学的学生驱动机制。经过数年的实践,团队对抗教学模式得以基本成型,在实施过程中取得良好的教学效果。

团队对抗教学模式的基本思路是:让学生在团队中学习,在学习中游戏,在游戏中对抗,在对抗中成长。即以学生团队活动为教学基本单位,确立学生团队在课堂教学活动中的中心地位,解决专业理论学习中的教学动力源单一问题。

通过学习团队的对抗活动以及角色扮演的长效性、团队成就感和荣誉感对个体行为的激活,以解决以往教学模式中存在的个体职责不够明晰、教学刺激效应的短暂性等问题。团队活动贯穿整个教学活动,即教学活动以团队活动为主线、专业学习为中心、团队专业实战活动为基础,力求学生在专业课程学习中的主动性和真实性。

四、团队对抗教学模式的适用范围及其互动效应

该教学模式可以在本科金融投资课程群中实施。目前作者已经在金融市场学、证券投资基金、信托与租赁、证券交易实务等柔性专业课程中实施成功,可以引入该模式的课程还有外汇投资、保险实务、期货交易、投资组合管理等,在银行实务类课程中也可实施。特别需要指出的是,本教学模式的课程群实施,可以形成课程之间的互动与合作,并且可以利用一个统一的集合性专业实战大平台进行相关的业务模拟实战教学运行。

五、证券投资基金课程的实施方式

1. 学生专业团队的组建

学生专业团队按照投资公司和基金管理公司两种形式构成。团队的教学活动为本课程的教学中心与主线。将贯穿整个课程的全教学过程。团队成员人数一般以8—16人为宜。各团队人数可以有1—2人的差异,但不宜差异太大。

2. 按照投资基金或投资公司的形式,实现团队成员的具体分工

结合课程的教学,团队以公司或者基金的形式,有效地模拟运营真实社会中公司或者基金的专业活动,每个团队成员均有明确的岗位及相应的职责,这些职责将延续一个完整的教学周期(至少一个学期)。从而形成一种长效的专业活动需求刺激的动力。

团队岗位设置与成员分工的具体办法可以参见本书第一章第五节。

3. 团队的课堂教学活动的主要形式

本课程属于"柔性专业课程",即专业学习的难度并不是很大,学生可以在

教师的辅导下通过自学或者主动性学习掌握各知识点的课程。与此对应的是"刚性专业课程",这种课程具有极强的理论性和较高的自学难度,需要教师在课堂进行具体的讲解和求证,学生才能进行学习、理解和掌握。

实际上,当前高校经济类课程中,属于刚性专业课程的只占极少数。但传统教学模式一直采用"老师讲学生听"的被动学习方式,使学生的学习动力和学习热情降低至冰点,整个课程的学习机械冗长、枯燥无味,教学活动、知识学习的"惰性化"达到极致。

团队对抗教学模式颠覆了传统的课堂教学模式。其最为突出的特征是将专业课堂还给学生、教师与学生角色互换。

本课程教学以学生的活动为主线,主要课程的讲授也是以学生为主体来进行的,作为专业学习的引导者,教师的主要功能是教学活动的引导、组织、鞭策与激励,同时针对课程中的难点、教学延伸内容和补充内容进行讲授。

课堂教学活动的主要形式如下:

(1) 团队路演。
(2) 讲课对抗。
(3) 主题辩论对抗。
(4) 课堂专题对抗。
(5) 教师专题(针对课程中的难点、教学延伸内容和补充内容)。

4. 团队的课余实战对抗实验

团队的课余专项实战对抗实验是本课程非常重要的一环,它使得学生将专业学习与实践结合起来,从课堂延伸到课余,使得专业学习的强刺激效应一直贯穿整个学期。

团队课余实战对抗活动可以涉及一个市场,也可以涉及多个市场。这些市场的选择是"可组装、可拆卸"的。教师可以根据自身条件,进行相应组合选择。笔者曾经将以下若干市场或业务进行组合:沪深股市、校园股市、外汇市场、保险、信托等。这些实战活动可以通过实验课的形式,在学校的实验室内进行,也可以选择学生课余在互联网上进行。特别需要注意的是,市场选择越多,教师的工作量会越大,教师可以在学生中选择教学助理(如每团队抽取一人)来处理相应的教学事务工作。

学生团队课余的活动包括如下内容:

(1) 团队(公司)按规定的范围进行专业经营活动,具体到本课程,即针对如外汇市场、证券市场等等各个金融市场的专业投资活动。
(2) 团队课堂教学活动的准备。

(3) 团队在校园模拟证券交易所上市或发行债券(具备校园模拟股市或网络模拟股市条件的学校可以实施)。

(4) 团队可以实施资产重组运作,即通过校园证券市场对其他团队进行兼并收购运作(具备校园模拟股市或网络模拟股市条件的学校可以实施)。

(5) 团队可以在校园股市演练机构对股价的操纵行为等若干项目的研究实施。

在证券投资基金课程中,可以选择批量参与的投资市场组合是:沪深股市、校园股市、外汇市场、期货市场、现货市场等,可以是全部市场的共同运行,也可以根据自身条件,只选择其中一个市场运行。即使是在脱离学校实体实验室支持的条件下,依托互联网,仍然可以进行大量的投资类实战型实验教学活动。

5. 考试形式的变化

由于高强度的团队专业活动已经成为本课程的核心,因此学生的课程成绩完全可以通过平时考查产生,以应试学习为目的的传统书面考试在本课程中可以抛弃,此举可以提高学生专业学习和专业活动动机的刺激强度。

六、实验教程与实验互联网平台的建设

笔者已经开始着手写作与本教学模式配套的实验教材**《金融实战型实验》**(暂名)。以互联网为载体的**校园模拟股市教学系统**也正在开发之中,一旦完成,可以实现各校的虚拟金融实验室的运行(即各校可以运行独立的与课程配套的校园股市),也可以实现多校、多课程共同联合教学的校园模拟股市的运行。

七、本教材的编写说明

本教材的写作历时约两年,除了主编的编写工作以外,参加新型教学模式的学生也参与了编写。其中,周阳、陆旭峰、朱品品参与了部分章节的编写,参加本教材的早期编写准备工作的还有吉卉、陈杰、刘三佳、向巍立等人,在此一并表示感谢。同时,欢迎高校教师与作者一起进行教改探讨交流。

课前必读：学生团队活动指南

知识要点：学生团队　团队对抗教学模式　课堂对抗　市场对抗　项目对抗　成绩评定　学生团队活动指引　投资公司　基金管理公司　校园模拟股市　上市　购并　资产重组

在本课程中，学习者将参与到一种全新的模式——团队对抗教学模式——中进行学习，需要注意的是，该模式与传统教学模式有较大不同。

本课程特有的学生团队专业活动将贯穿课程学习的始终，并成为课程成绩的评定依据。在每一章中我们都安排了一节内容，对学生团队活动进行指导。

应特别注意以下问题：

（1）每个学生都要加入团队，团队成员之间进行分工合作，共同创造团队业绩。

（2）在本课程中，学生团队以投资公司和基金管理公司两种形式存在（本教学模式的其他课程存在其他形式的公司）。

（3）学生在团队（公司）中，必须担任一个明确的职务，并履行相应的职责；学生成绩的获得，将依据团队（公司）的总体业绩评定、团队及个人岗位与其他团队的业绩对抗考核得出。其中，包括课堂对抗和市场对抗两个部分的多个项目。

（4）团队在课程中面临的市场可能包括：校园模拟股市、沪深股市、外汇市场，等等。具体的市场组合方式，将由教师根据实际条件进行选择。

（5）公司（团队）的市场对抗与现实中公司的经营活动非常接近，尽管公司的资金是模拟的，但本行业中公司之间竞争的残酷性将在课程教学中模拟表现出来。按照本课程的要求，学习者不仅要代表团队与其他团队进行面对面的项目对抗，也要按照各自的分工进入各种类型的金融市场，运用公司的资金进行相应的投资运作，实现盈利（或者亏损）。这些盈利（或者亏损）直接构成公司（团队）的经营业绩。

（6）学习者必须成为一个真正的"专业人士"才能获得良好的投资业绩，所以必须按照岗位分工了解对应的金融市场,并阅读相关的专业书籍,学习各种投资技能。

（7）团队可以实现在校园模拟股市中发行股票、招募基金来募集资金并进行股票的交易;还可以通过校园模拟股市对其他团队进行并购,实现资产重组运作。

（8）各章中的学生团队活动指南并不一定是在学习到这一章的时候才去了解,因为在学习过程中,大多数团队活动项目并不是按照本书的章节顺序固定出现,而是随机产生、多次运行、交叉出现的。因此,必须对所有的团队活动内容进行全面和深入的了解,建议在课程开始之初,首先对各章的学生团队活动指导的内容进行认真阅读,做到胸有成竹。

目 录

第一章　证券投资基金概述 ··· 1
　第一节　投资基金的定义 ··· 2
　第二节　基金的特点 ··· 5
　第三节　基金的功能和作用 ······································· 8
　第四节　延伸学习材料 ·· 12
　第五节　团队活动提示：团队组建与课程成绩 ······················ 20

第二章　证券投资基金的类型 ······································ 27
　第一节　证券投资基金分类的概述 ································ 28
　第二节　股票型基金 ·· 33
　第三节　债券型基金 ·· 35
　第四节　货币市场基金 ·· 36
　第五节　ETF 和 LOF ·· 39
　第六节　QDII 和 QFII ·· 42
　第七节　延伸学习材料 ·· 44
　第八节　重要团队活动提示 ······································ 49

第三章　证券投资基金的起源与发展 ································ 52
　第一节　国外基金的起源与发展 ·································· 53
　第二节　我国基金的起源与发展 ·································· 60
　第三节　中美基金的现状特征 ···································· 62
　第四节　延伸学习材料 ·· 67
　第五节　团队活动提示：公司经营资金与市场 ······················ 74

第四章　证券投资基金的设立和运营流程 ···························· 79
　第一节　证券投资基金的设立 ···································· 80
　第二节　证券投资基金的销售 ···································· 81
　第三节　开放式基金与封闭式基金 ································ 83
　第四节　开放式基金的认购、申购与赎回 ·························· 85

第五节　基金的转换、托管和拆分 …………………………………… 89
第六节　延伸学习材料 ………………………………………………… 92
第七节　团队活动提示：基金及公司组建 …………………………… 96

第五章　基金管理公司 …………………………………………………… 98
第一节　基金管理人 …………………………………………………… 98
第二节　基金管理公司的组织结构和治理结构 …………………… 100
第三节　基金管理公司财务管理 …………………………………… 104
第四节　基金托管人 ………………………………………………… 107
第五节　延伸阅读材料 ……………………………………………… 110
第六节　团队活动提示：校园模拟股市之市场特征 ……………… 115

第六章　基金的费用、估值、税收与收益分配 ……………………… 118
第一节　基金资产估值 ……………………………………………… 119
第二节　证券投资基金的费用 ……………………………………… 124
第三节　证券投资基金的收益与分配 ……………………………… 128
第四节　延伸学习材料 ……………………………………………… 132
第五节　团队活动提示：团队上市运作 …………………………… 144

第七章　投资基金监管 ………………………………………………… 146
第一节　投资基金监管概述 ………………………………………… 147
第二节　投资基金监管体制 ………………………………………… 151
第三节　我国投资基金监管未来发展趋势 ………………………… 162
第四节　延伸学习材料 ……………………………………………… 163
第五节　团队活动提示：购并与重组 ……………………………… 168

第八章　基金的信息披露 ……………………………………………… 173
第一节　信息披露概述 ……………………………………………… 174
第二节　基金信息披露的内容和要求 ……………………………… 176
第三节　多种信息披露 ……………………………………………… 180
第四节　其他国家和地区投资基金信息披露及对我国的启示 …… 184
第五节　延伸阅读材料 ……………………………………………… 189
第六节　团队活动提示：沪深股市 ………………………………… 190

第九章　证券组合投资理论 …………………………………………… 192
第一节　证券组合管理概述 ………………………………………… 193
第二节　证券组合分析 ……………………………………………… 195
第三节　证券投资组合 ……………………………………………… 198

第四节　债券投资组合 …………………………………………… 202
　　第五节　延伸阅读材料 …………………………………………… 205
　　第六节　团队活动提示：外汇市场 ……………………………… 212
第十章　资产配置管理 ……………………………………………… 213
　　第一节　资产配置管理概述 ……………………………………… 213
　　第二节　资产配置步骤和方法 …………………………………… 215
　　第三节　资产配置主要类型比较 ………………………………… 218
　　第四节　延伸阅读 ………………………………………………… 220
　　第五节　团队活动提示：债券发行 ……………………………… 231
第十一章　案例研讨与理论批判 …………………………………… 235
　　第一节　巴林银行 ………………………………………………… 235
　　第二节　"327"国债风波 ………………………………………… 242
　　第三节　国储铜事件 ……………………………………………… 246
　　第四节　中航油事件 ……………………………………………… 257
　　第五节　人物：巴菲特与索罗斯 ………………………………… 263
　　第六节　理论专题：金融阴谋论批判与投资技术的理论批判 … 267
附　录 ………………………………………………………………… 270
参考文献 ……………………………………………………………… 280

第一章　证券投资基金概述

　　证券投资基金是一种利益共享、风险共担的集合投资方式，即通过公开发售基金份额，集中投资者的资金，由基金托管人托管，基金管理人管理，以投资组合的方式进行证券投资的一种集合投资方式。

学习重点

（1）基金的定义、特点、结构、优势与缺陷。
（2）基金的功能与作用。
（3）平准基金；美国共同基金；中、美、英三国基金规模；证券投资基金与对冲基金的区别；基金与其他投资品种的区别。
（4）组建一支学生专业团队，在此基础上组建一家投资基金或投资公司。
（5）本课程以学生团队的课堂对抗和市场对抗两种形式进行，并由若干项目组成。熟悉和掌握这些对抗的项目、流程和评定方式。
（6）投资基金与投资公司的经营管理的相关内容。

团队活动指引：团队（公司）组建

关键词：团队组建　岗位　上市

1. 团队组建
学习者必须加入一个学生团队，根据抽签决定团队的公司类型。
2. 岗位选择
学习者必须根据特长和兴趣，选择公司的一个岗位。
3. 团队的上市运作
团队可以在校园模拟股市中上市发行股票或者进行基金招募。

4. 团队的课堂对抗

团队课堂对抗的形式,见第二章第八节。

第一节 投资基金的定义

一、什么是基金

基金有广义和狭义之分,从广义上说,基金是机构投资者的总称,包括信托投资基金、单位信托基金、公积金、保险基金、退休基金,及各种基金会的基金。从会计角度分析,基金是一个狭义的概念,意指具有特定目的和用途的资金。因为政府和事业单位的出资者不要求收回投资和投资回报,但其按法律规定或出资者的意愿将资金用于指定的用途,也被称为基金。投资基金泛指以各种方式管理的资产组合,可分为开放式基金及封闭式基金两类,后者亦称为投资信托(Investment Trust)。开放式基金或封闭式基金均是集合投资人的资金,分散投资在各种资产上的方式。开放式基金是指资本额不设限的基金,投资人随时可以向基金公司买入或赎回,基金公司则可随时增发基金单位以满足市场需求。封闭式基金则有固定的核定资本,不因客户需求随时增发。封闭式基金与一般的公司股票类似,在首次公开发行(IPO)时向公众发行固定数量的证券,随后在证券交易所买卖。与开放式基金不同之处在于,封闭式基金没有义务按客户需要增加发行或是赎回基金。封闭式基金的价格完全由市场供求决定。开放式基金与封闭式基金的相同之处在于,其都是将众多分散的投资者的资金汇集起来,交由专家进行投资管理。

各国家和地区对投资基金的称谓有所不同,形式也有所不同,如美国称"共同基金",英国及我国香港地区称"单位信托",日本称"证券投资信托"等。尽管称谓不一,形式不同,其实质都是按份额分配收益。

具体来说,按照法律或组织形式的不同,投资基金可以划分为两大类别。一是英国系统的单位信托基金(Unit Trust),以信托形式设立;二是美国系统的共同基金(Mutual Fund),其结构犹如一家有限责任公司。两者皆由专业的投资管理公司依基金成立时所载明的投资准则进行管理。对投资者而言,两者差别不大。有些基金公司称其产品为"Mutual Fund",有些则是"Unit Trust",基本上两者是等同的。不同之处主要在于其法律依据的差异,单位信托基金起源自英国工业革命后,借用的是信托契约法,通常欧洲的基金公司惯用单位信托基金的说法；相反，共同基金则以投资公司的形式成立，以公司法为根据，一般北美的基金公司惯用此说法。尽管单位信托基金与共同基金的组成方法有所不同，然而随着经济的不断发展，两者功能渐趋一致。

美国的投资基金大多属于公司型基金；其投资基金一般指共同基金或互惠基金，也称为投资公司，按照美国1940年制定的《投资公司法》，以证券投资为目的的投资公司可以分为三类：

（1）面额证书公司。投资者取得公司发行的面额证书，与公司签署契约并交付证书记载的金额，公司在期满或证书发行两年以后，向投资者偿还本金和支付一定数额的投资收益。

（2）单位投资信托公司。公司依据契约发行并向投资者出售特定单位投资信托证券，并将所获款项投资于有价证券。在投资信托证券到期前，公司不得为追加资金发行新券。

（3）管理型投资公司。此类公司又分为开放型和封闭型两种。前者可以随时追加发行或买回股份，买卖价格按照每股净资产价值决定，而公司则需要根据市场变化增减资金的运营量。后者发行的普通股份有固定的限额，只能在市场上进行交易，但不能赎回，封闭型基金的资金量比较稳定。

目前美国公司主要采用第三种类型。而英国、日本、新加坡、中国香港和中国台湾等国家和地区，包括中国大陆的公司，都属于契约型基金。在中国，我们现在说的基金通常指证券投资基金，是一种利益共享、风险共担的集合投资方式，即通过发行基金单位，集中投资者的资金，由基金托管人托管，由基金管理人管理和运用资金，从事股票、债券、外汇、货币等金融投资工具，以获得投资收益和资本增值，也就是汇集众多分散投资者的资金，委托基金管理人，由投资管理专家按其投资策略统一进行投资管理，为众多投资者谋利的一种投资工具。证券投资基金具有集合投资、专业管理、组合投资、分散风险、利益共享、风险共担的特征，具有安全性、流动性等比较优势，是一种大众化、现代化的信托投资工具。

根据我国2004年颁布的《证券投资基金法》，证券投资基金是由基金管理人管理，基金托管人托管，为基金份额持有人的利益，以资产组合方式进行证券投资，通过公开发售基金份额募集的投资品种。

二、契约型投资基金的当事人

契约型投资基金有四个当事人：基金持有人、基金管理人、基金托管人和基金承销人。

(1) 基金持有人。基金持有人即基金投资者,是基金的出资人、基金资产的所有者和基金投资收益的受益人。

(2) 基金管理人。基金管理人是负责基金发起设立、经营管理的专业机构。在我国,按照有关法律、法规的规定,基金管理人由基金管理公司担任。基金管理公司通常由证券公司、信托投资公司或者其他机构等发起成立。

(3) 基金托管人。基金托管人是对基金管理人进行监督和保管基金资产的机构,是基金持有人权益的代表,通常由有实力的商业银行或信托投资公司担任。

(4) 基金承销人。基金承销人作为基金管理人的代理人,与投资人进行基金证券的买卖活动。基金的承销人一般由投资银行、证券公司或信托投资公司担任。

三、公司型投资基金的当事人

公司型投资基金的当事人有:基金持有人、董事会、投资顾问、管理公司、销售商、过户代理人、托管人、独立审计人。

(1) 基金持有人。基金持有人即为基金公司的股东。

(2) 董事会。共同基金一般按公司或信托结构搭建。每一个基金有一个董事会,以监督基金的业务运作,美国1940年《投资公司法》要求基金公司董事维护投资者的利益。该法对共同基金的监管环境做了诸多规定。

(3) 管理公司。基金管理公司主要行使行政管理职能,并通过合同为基金提供全部或部分服务。除行政管理之外,基金管理公司可以提供投资管理、销售和过户代理服务。基金管理公司的组织结构形式多样,既有内部承担业务操作功能的结构,也有把一些功能交给第三方的结构。管理公司自身可以采取任何一种组织形式。

(4) 投资顾问。投资顾问的工作是挑选买进和卖出的有价证券,维持满足基金的投资组合。共同基金与提供此类服务的一个或多个投资顾问公司签订合同,投资顾问公司通常按管理资产的百分比收取投资管理费,并以此作为服务的回报。

(5) 销售商。共同基金一般通过一个主承销商或销售商销售基金份额,此类承销商可能是管理公司的一部分,也可能是一个单独签约的第三方。之后主承销商再将基金份额直接出售给投资者。销售商向基金持有人收取佣金,或按交易金额进行计算,或以资产为基础收取。

(6) 托管人。托管人实际持有共同基金所拥有的有价证券。美国1940年

《投资公司法》要求基金将所持有价证券进行托管,以此作为保护投资人利益的手段之一。

(7) 过户代理人。过户代理人的任务是保存持有人的记录、进行买卖交易和持有要求的其他交易、计算和分配红利提供各类报告以及其他服务等。

(8) 独立审计人。管理基金行业的各类法规要求基金公司的财务报告必须经过独立审计人的审核。一个共同基金的审计涉及开放式基金的一些独特性质,如对构成基金资产净值基础的有价证券价格的验证。

第二节 基金的特点

基金实际是将许多分散投资者的资金,委托给富有经验的投资专家,由这些专家按照一定的投资理念和专业投资策略,投资于各种有价证券和金融工具,并通过独立的托管机构对这些财产进行保管,投资者在一定时期按照出资的比例分享收益并承担有限风险的投资工具。在前一节我们已经对基金的定义有了基本的了解。接下来,我们就来了解基金的特点。

一、投资基金的特点

(一) 投资基金是一种金融投资工具

投资基金是由众多投资者直接参与并专门以实现投资者投资目的为根本宗旨的投资工具。在可供投资者选择的多种投资工具中,主要包括股票、债券、房地产、银行储蓄、养老金基金等,这些投资工具虽然在一定程度上都可以实现投资者的投资目的,但它们的主体都不是以投资者投资利益为根本目标,而是以其自身经营利益为中心的,如提供银行储蓄方式的银行、为筹资而发行股票或债券的企业、政府机构等。只有投资基金才是专门以经营投资者的资金为对象、代人理财,以为投资人赚钱为基本原则的金融投资工具。

(二) 投资基金也是一种间接的证券投资方式

与其他投资方式相比,投资基金为投资者提供了一种特殊的证券投资方式。投资者若直接投资于股票、债券等有价证券,则要直接参与有价证券的买卖活动,成为股票、债券的持有者,直接承担投资风险。而投资于投资基金则不然,虽然投资者同样也是进行证券投资,但却不需要直接参与有价证券的买卖活动,而是由专家具体负责投资方向的制定以及投资对象的选择,这就在投资者与投资对象之间形成了一种间接关系,使投资者既能享受到证券投资的收益,又能避开直接操作所带来的风险。

(三)投资基金具有投向的广泛性和收益的共享性

投资基金可以广泛地选择有价证券,如股票、各种债券、短期票据、银行同业拆借、金融期货、期权、黄金或其他贵金属等。这种广泛的投资范围给众多投资者带来了各种有价证券综合投资回报,能够使投资者充分享受到大额投资所具有的优势——风险分散、收益最佳。这种利益上的共享形式使得投资基金成为一种颇受欢迎的投资工具。

(四)投资基金在其运营过程中,能为投资者提供诸多服务

投资基金提供的这些服务有专业经营、多种投资目标选择、账户管理、资料咨询及较低的交易成本等特点,这些都使得投资基金具有与其他投资工具所不同的特色。

除此之外,基金还有其他优点以及缺陷。

二、投资基金的优势

(一)集合理财,专业管理

基金将众多投资者的资金集中起来,委托基金管理人进行共同投资,表现出一种集合理财的特点,通过汇集众多投资者的资金,积少成多,有利于发挥资金的规模优势,降低投资成本。基金由基金管理人进行投资管理和运作。基金管理人一般拥有大量的专业投资研究人员和强大的信息网络,能够更好地对证券市场进行全方位的动态跟踪与分析。将资金交给基金管理人管理,使中小投资者也能享受到专业化的投资管理服务。

(二)组合投资,分散风险

为降低投资风险,我国《证券投资基金法》规定,基金必须以组合投资的方式进行投资运作,从而使"组合投资,分散风险"成为基金的一大特色。"组合投资,分散风险"的科学性已为现代投资理论所证明。中小投资者由于资金量小,一般无法通过购买不同的股票分散投资风险。基金通常会购买几十种甚至上百种股票,投资者购买基金就相当于用很少的资金购买了一揽子股票,某些股票下跌造成的损失可以用其他股票上涨的盈利来弥补。因此可以充分享受到组合投资、分散风险的好处。

(三)利益共享,风险共担

基金投资者是基金的所有者,基金投资人共担风险、共享收益。基金投资收益在扣除由基金管理人收取的费用后的盈余全部归基金投资者所有,并依据各投资者所持有的基金份额进行分配。为基金提供服务的基金托管

人、基金管理人只能按规定收取一定的托管费、管理费,并不参与基金收益的分配。

（四）严格监管,信息透明

为切实保护投资者的利益,增强投资者对基金投资的信心,中国证监会对基金业实行比较严格的监管,对各种有损投资者利益的行为进行严厉打击,并强制基金进行较为充分的信息披露。在这种情况下,严格监管与信息透明也就成为基金的一个显著特点。

（五）独立托管,保障安全

基金管理人负责基金的投资操作,本身并不经手基金财产的保管。基金财产的保管由独立于基金管理人的基金托管人负责。这种相互制约、相互监督的制衡机制对投资者的利益提供了重要的保护。

由此可见,无论从安全性、盈利性还是流动性来考察,投资基金都具有一定优势。其专业管理、投资组合及规模经营保证了基金交割和较稳定的获利性;其风险分散、专门保管又较好地保证了基金的安全性;其灵活交易、自由买卖和众多的投资形式,又使资金的流动性得到了较好的实现。因此,投资基金作为一种间接投资工具,是现代金融活动中最值得信赖的形式之一。

当然,任何事物都应一分为二看待,投资基金亦不例外。作为一种投资工具,它也有一定的缺点和局限。

三、投资基金的缺陷

（1）投资基金可以分散投资,降低风险,但不能完全消除风险,例如2007年末到2008年上证指数从6 000多点一直跌到2 000点以下,即使最稳健的股票基金,也难免遭受损失。

（2）在股市出现空头、行情看淡时,投资基金的表现可能比股市差,这是由于投资基金持股比例太低。这在一定程度上约束了投资基金操作的灵活性。

（3）基金虽然由拥有丰富经验的专家经营,但也不排除基金管理人管理不善或投资失误的存在,这样会使投资者蒙受不必要的损失。

（4）基金适宜于中长线投资,对于短线投机者,由于频繁买卖所支付的手续费会增大投资的成本,特别是由于基金的认购费及年化管理费较高,投资者不宜频繁变更投资基金公司。

尽管投资基金存在以上缺点和不足,但与其众多优点相比毕竟是利大于弊,值得大力推广。

第三节 基金的功能和作用

在经济运行中,投资基金作为一种金融产品,有着多种功能。其中,融资功能、专业理财功能、组合投资和分散风险功能、平抑功能是投资基金的基本功能。

一、投资基金的功能

(一)融资功能

投资基金作为一种筹集资金、专业理财、组合投资、分散风险的投资方式,其首要的经济功能表现在融资方面。投资基金的融资功能,是指通过基金证券将社会资本与证券市场上的资金集中起来,在有效组合的条件下投资于相关的证券品种。在经济运行中,投资基金的融资功能在客观上由三方面因素决定。

第一,经济运行中的资金有效配置需求。西方经济学认为,在一个封闭的三部门经济中,居民和政府是资金的供给者,企业是资金的需求者。由于居民彼此分散,要将居民手中的资金集中起来转化为企业运行中所需要的资金,就必须通过金融中介的活动,因此,金融中介的活动就成为维系经济运行的重要条件。

第二,投资者证券投资的要求。在现实经济活动中,很多个人和企业都有盈余资金,但是苦于缺乏时间、知识、信息和技能,常常陷入既想投资又不敢投资的矛盾中。投资基金的出现很好地解决了这个矛盾,它将欲投资于证券市场的各方面资金集中起来投资于证券市场,并通过组合投资来分散投资风险,为投资者争取较高的投资收益。

第三,证券市场发展的要求。发达国家的实践证明,如果仅靠投资者直接投资买卖各种证券,证券市场所获得的资金支持是极为有限的。为此,证券市场的发展速度也将受到明显制约。证券投资基金将社会各方面投资于证券市场的资金有效集中起来,这不仅能够"挖掘"证券投资基金潜能,而且能够使确定时间内支持证券市场发展的资金大大增加,从而有力推动证券市场的发展。

(二)专业理财功能

将募集的资金以信托的方式交给专业机构进行投资运作,既是证券投资基金的一个重要特点,也是它的一个重要功能。专业理财有着如下一些含义。

第一,理财是由专业机构运作的。在证券投资基金中,基金管理人是专门从事资金管理运作的组织。在基金管理人中,专业理财包括:证券市场中的各类方案由专业人员进行计算、测试、模拟和追踪,投资运作中需要的各种技术由专业人员管理和监控,市场操作由专业人员盯盘、下达指令和操盘。

第二,理财的主要原则是由投资者决定的。在证券投资基金中,基金管理人的职能集中在理财的专业技术方面,而理财的各项主要原则是由投资者根据有关法律法规的规定通过基金章程、信托契约书等文件决定的。例如,投资者选择股票型基金,基金管理人就不能将主要资金投入各种非股票的证券组合中;投资者选择开放式基金,基金管理人就不能限制投资者购买基金单位或退回基金单位的自由。这就是说,基金管理人的专业理财不能违反基金持有人共同决定的基金理财原则。

第三,理财是一个资金再配置的过程。如果说基金证券的发售过程是将分散在各个投资者手中的资金集中的过程,那么,把这些资金交给基金管理人进行投资运作,则是一个集中的资金在所投资的各种证券中重新配置的过程。在发行市场上,基金管理人运用基金资金购买了哪家公司的股票或债券,直接意味着该证券卖出者收回投资资金的过程。在现代经济中,资金的配置引导着资源的配置,因此,基金管理人的专业理财,从市场角度上说,既是一个资金再配置的过程,也是一个引导资源再配置的过程。

第四,理财是一个完全竞争的市场。由于可担任基金管理人职能的机构众多,包括各种金融机构、投资机构、咨询机构等,因此,一只基金究竟委托哪家机构担任管理人,在完全竞争的市场中,取决于各机构的管理运作能力和信用能力。在基金管理人的管理运作难以令基金持有人满意的条件下,基金持有人有权更换基金管理人。

(三)组合投资和分散风险功能

在基金管理中,组合投资和分散风险是同一投资运作的两个方面。其基本要求是,在收益目标已定的条件下努力使投资风险最小,以确保收益目标的实现;在风险目标已定的条件下努力使投资收益最大,以体现专业理财水平;在收益目标和风险目标都尚未明确的条件下,通过各类投资组合及其风险组合,寻求投资与风险的最优组合,以保障运作目标的实现。

(四)平抑功能

投资基金的平抑功能主要体现在平准基金上。平准基金(Stabilization Fund)又称干预基金(Intervention Fund),是政府通过特定机构以法定的方式建立的基金,通过对市场的逆向操作,熨平市场的剧烈波动,以达到稳定市场的目的。一般情况下,平准基金的来源有法定的渠道,其基本组成是强制性的,如国家财政拨款、向参与证券市场的相关单位征收等,也不排除向自愿购买的投资者配售。

按平准基金作用的市场来分,目前主要有外汇平准基金、国债平准基金、粮食平准基金、股市平准基金等几类。顾名思义,股市平准基金即是政府通过特定的机构(证监会、财政部、交易所等),以法定的方式建立的基金,通过对证券市场的逆向操作,熨平非理性的证券市场剧烈波动,以达到稳定证券市场的目的。根据平准基金的使用目的,它应该是一种政策性基金,其根本职责是实现证券市场的稳定,防止暴涨暴跌。为此,其组建、操作、评价、管理的全过程,都受政策的影响或直接接受政府的指令,为证券监管部门服务。平准基金已成为有效的证券市场直接监管手段之一。

在海外市场,设立过平准基金的国家和地区只有中国香港、中国台湾和日本。最为成功的当属1998年东南亚金融危机时,香港汇市和股市受到立体式袭击,在港元兑美元汇率急速下降的同时,恒生指数也下跌至6 500点附近,中国香港特区政府动用了1 181亿港币的外汇基金进行接盘,经过半个月的较量,最终恒指以7 829点告捷。2002年,香港外汇基金在盈利1 100多亿港币的情况下,通过盈富基金将港股平稳地转交回投资者手中,顺利完成了"救市"的使命,这也是香港政府至今为止唯一一次对市场进行直接干预。

二、投资基金的作用

(一) 促进证券市场规范化的作用

证券投资基金作为证券市场中的一种证券工具,对推进证券市场发展和规范化都有着积极重要的作用。主要表现在以下方面。

1. 促进机构投资者的成长

投资基金作为集中大量资金投资于证券市场的机构投资者,内在地要求证券市场的运作规则符合市场经济的基本规范,能够充分贯彻"公平、公正、公开"的"三公"原则,进而有序地进行市场竞争,以维护自身利益和基金持有人的权益。否则,在规则不清、竞争无序的市场环境,基金投资运作的结果将是两败俱伤。

2. 促进上市公司的规范化建设

上市公司是股市的基础,上市公司的法人治理结构状况、资金运作状况和投资状况直接影响着股市走势和发展。投资基金作为机构投资者,通过以下三个机制对上市公司的规范化建设起着积极的促进作用。

第一,投资对象的选择。基金投资个股的过程实际上是基金资金在上市公司之间配置或为上市公司募集资金提供市场条件的过程。在以股票为主要投资对象的条件下,基金的投资一般倾向于选择那些运作较规范、资产质量较高、盈利能力较强、发展潜力较好的公司股票。反之,那些不受基金青睐的股票,在发行中相对困难,在交易中流通性差、市价相对较低,从而使公司再次发股募资面临着严重的市场障碍。由此,基金通过选择投资对象和配置资金来促使上市公司的各方面运作努力符合市场经济的规范。

第二,介入上市公司的运作。在长期投资条件下,基金投资者购买了公司股票后,往往从基金持有人要求的角度以直接方式或间接方式介入上市公司的运作,以促使上市公司运作符合市场经济的规范,适应市场竞争的新变化,并努力提高运作效果。因此,其有利于促使上市公司运作的规范化程度提高。

第三,基金从证券市场发展的要求出发,其代表着广大基金持有人的要求,对一些不符合市场经济基本规范的现行制度或政策提出调整建议。其立场相对公正,更容易引起有关部门重视并为政府部门接受。

3. 促进证券市场的发展

在促进证券市场发展方面,投资基金主要通过以下两个机制发挥作用。

其一,资金供给。股票市场作为一个重要的投融资市场,不论是发行市场还是交易市场都需要有足够的资金供给。证券投资基金作为将社会上闲散的资金有效集中并主要投资于股票市场的机构,是股市资金的重要供给者。通过自己源源不断的巨额资金支持,为股票市场的交投活跃、规模扩展创造了必要的基础性条件。

其二,市场竞争。在证券市场投资中,每只基金都与其他投资者进行竞争,通过竞争机制促进着证券市场的规范化建设。

(二) 促进金融市场发展的作用

投资基金不仅对推进证券市场发展有着积极重要的作用,而且在推进金融市场发展方面也有着不可轻视的作用,主要表现在以下方面。

1. 投资基金在金融体系中的地位

投资基金作为一种金融工具,在 20 世纪 90 年代以后,已成为发达国家金融体系中举足轻重的金融力量。国际金融市场上以证券为载体的资金融通速度大大加快,这得益于投资基金的快速发展。证券投资基金的发展,一方面,为资产证券化提供了足够的资金供给;另一方面,也大大促进了国际证券市场的扩展,为国际证券的流通交易创造了必要的市场条件。同时,也为资产证券化创造了必要的市场环境。

2. 促进金融结构的调整

投资基金的快速发展，引起了金融资源在不同金融工具和金融机构之间的重新配置，由此，引起了金融结构的重新调整。

第四节　延伸学习材料

一、一份真实的证券投资基金资料简介

表1-1　摩根士丹利华鑫货币市场基金资料简介表

基金代码	163303	基金简称	摩根士丹利华鑫货币基金
基金全称	摩根士丹利华鑫货币市场基金	基金类型	契约型开放式
投资目标分类	货币型		
成立日期	2006年8月17日	存续期限	
基金管理人	摩根士丹利华鑫基金管理有限公司	基金托管人	交通银行
基金经理	孙健	基金经理报告	
发行方式	网下	发行协调人	
基金总份额	120 872 267.01份	流通份额	120 872 267.01份
认购费率	0		
申购费率	0	赎回费率	0
上市日期	2006年8月1日	上市推荐人	
销售机构	证券交易所外：摩根士丹利华鑫基金管理有限公司、交通银行、中国银河证券、中信建投证券、海通证券、广发证券、兴业证券、长江证券、山西证券、湘财证券、天相投资顾问、金元证券、齐鲁证券、国海证券、国泰君安证券、世纪证券、国信证券、平安证券、民生证券、东莞证券、广发华福证券、江南证券、招商证券、安信证券、申银万国证券、光大银行、联合证券、华泰证券、华鑫证券、中信万通证券、万联证券、国元证券、民生银行		
扩募协调人		扩募股份上市日期	
会计师事务所	普华永道中天会计师事务所有限公司	基金发起人	摩根士丹利华鑫基金管理有限公司
基金投资范围	1. 现金；2. 一年以内(含一年)的银行定期存款、大额存单；3. 剩余期限在397天以内(含397天)的债券；4. 期限在一年以内(含一年)的央行票据；5. 期限在一年以内(含一年)的债券回购；6. 中国证监会、中国人民银行认可的其他具有良好流动性的货币市场工具		

	续表
基金分配原则	1. 本基金采用人民币1.00元的固定份额净值交易方式,自基金合同生效日起每日将实现的基金净收益分配给基金份额持有人,并按月结转到投资人基金账户,使基金账面份额净值始终保持1.00元;2. 本基金的分红方式均为红利再投资;3. 本基金收益每月集中结转一次,成立不满一个月月不结转;4. 本基金的每一基金份额享有同等分配权;5. 每月结转时,若投资人账户的当前累计收益为正收益时,相应调增基金份额持有人持有份额;反之,相应调减基金份额持有人持有份额。基金份额净值始终为1.00元;6. T日申购的基金份额自下一个工作日起享有基金的分配权益,T日赎回的基金份额自下一个工作日起不享有基金的分配权益;7. 在不影响投资者利益的情况下,基金管理人可酌情调整基金收益分配方式,此项调整不需要基金份额持有人大会决议通过
历史沿革	募集已获中国证监会证监基金字[2006]120号文批准。经2005年5月9日中国证券监督管理委员会证监基金字[2005]79号文核准募集。2008年6月,由"巨田货币市场基金"改名为"摩根士丹利华鑫货币市场基金"

二、平准基金

(一)平准基金的作用及用途

首先,建立平准基金的目的是提高我国股市的稳定程度,促进我国股市健康、稳定地发展,是我国证券监管体系的有效手段之一。"平准基金"由专业人士管理,其操作手段灵活,是对市场供求关系的直接调节,属于"市场之手",是第一调节手段。通过建立平准基金可以更好地增强政策的稳定性,只有在干预无效或收效不明显时,才考虑使用政策手段来调节,两者相互配合。

其次,通过平准基金的运作,还可以通过调整市场资金的流向,体现国家的产业政策,促进重点产业的发展。国家制定的产业政策对证券市场会产生间接的影响,而如果能通过平准基金直接推动这类股票,吸引市场的注意力,就可以达到调整股市的资金流向的目的,为这类企业在资本市场的筹资提供便利。

最后,通过平准基金能增强我国股市的抗风险能力,提高风险管理水平。平准基金的设计吸收了国外"保证金"制度和"保险金"制度的优点,把保证和保险的功能融入平准基金中,以避免证券业者的过度风险经营损害投资者的利益和破坏证券市场的稳定,促使证券业者提高自身素质,从而化解证券市场的系统风险。

(二)我国平准基金的运作模式

根据我国证券市场发展的实际情况,应专门针对A股市场,建立为稳定沪深市场服务,并统一归中国证监会领导的中国股市平准基金。方案如下:

(1)建立基金的原则:取之于股市,用之于股市,为股市稳定和发展服务。

(2) 基金的类型：开放式非收益型基金。
(3) 基金的存续期：无限期永久基金。
(4) 基金的资金来源包括以下四个来源。

第一，从目前对股票交易征收的印花税中划出一定的比例，作为平准基金的基本来源。由于印花税是从证券投资者手中征收的，从印花税收入中划出一部分作为平准基金，体现了"取之于民、用之于民"的理念：对投资者而言，并没有新增加税收以及证券交易成本；对国家而言，也没有增加政府的财政负担。但由于这部分资金是用于稳定股市的，相当于传达了这样一条信息：投资者的每一笔交易都在为稳定股市作贡献，某种意义上看，也等同于印花税率下降。

第二，从中国投资者保护基金中提取一定的比例，作为平准基金的基本来源。目前国内证券投资者保护基金的收入来源包括：财政部一次性拨付的63亿元注册资本金，中国人民银行提供的617亿元再贷款额度，沪深交易所在风险基金分别达到规定上限（即10亿元）后，将交易经手费的20%划入中投保指定账户，申购冻结资金产生的利息，以及证券公司按其营业收入的0.5%～5%缴纳基金。2007年仅新股冻结资金利息收入就超过40亿元，而券商缴纳的风险金也给保护基金贡献了不少的收入。由于投资者保护基金的来源都源于普通投资者的贡献，将其资金的一部分作为平准基金的来源，也体现了"取之于民、用之于民"的理念。

第三，向商业银行、保险公司、养老基金等机构以及居民发行可交换债券。我们在这里提出一种用可交换债券来向机构投资者和普通投资者公开或者定向募集作为平准基金收入的主要来源。由于平准基金不具有投机性，在国家宏观经济环境稳定及发展的背景下，可交换债券能够保证高于银行存款利息的无风险收益，对上述资金十分有吸引力；如果顺利减持股票，平准基金还可以获取一定的投资收益，这些都是平准基金的资金来源。这种做法类似中国香港的"盈富基金"，中国香港在1998年干预股票市场后，于1999年10月推出"盈富基金"，原计划出售100亿港币，由于受到香港投资者的追捧，认购总额达483亿港币，最后出售了333亿港币。我们将在下一部分对发行可交换债进行详细介绍。

第四，为应付特殊时期平准基金资金的不足，基金管理人应与国家银行达成协议，获得信贷承诺，并可按法定程序申请向财政部借款。以上资金来源，构成平准基金现实及潜在的实力。最终应当形成相当于当前流通市值10%左右的资金，即目前相当于7 000亿元人民币的规模，平准基金才可以发挥其调节作用和影响力。资金不必一次到位，可以通过发行可交换债券来控制资金募集速度和规模,分批、分次按需募集,不必过分追求短期内就达到最终的规划规模。

（三）平准基金的管理

平准基金接受国务院证券监督管理委员会（CSRC）的统一管理,基金成立理事会和相应机构,负责基金的直接管理。理事会成员应由下列人员组成：证监会任命的专员,财政部、国资委和中国人民银行任命的专员,上交所或深交所委派的专家,证券公司和基金公司的代表等。理事会的作用是：研究和跟踪股市的走向,确定动用基金干预市场的时机和规模并报证监会批准后实施；根据证监会的要求,定期发布股市的监测报告；建立一套完整的基金决策程序和管理制度。

投资范围：由于我国上市公司存在良莠不齐的现象,因此,建议将股票投资标的限制在沪深300指数,并且以交易ETF为主要投资工具,避免人为因素的干扰,控制对非系统性风险的暴露。

平准基金的操作：实施独立席位,独立运作和公开披露的操作流程,并遵从"公开、公正、公平"的"三公"原则,入市干预和退出市场时应及时公告；定期公布基金的总额、单位净值和持仓结构；公布对股市及行业的研究报告,并根据股市发展和我国经济发展的不同阶段和不同需要调整基金的干预标准等。

投资必要条件：平准基金并非市场的做市商,而只是起到平抑市场波动的作用,因此,必须严格控制平准基金的交易触发条件,可以进行如下设置。

第一,市场出现急跌急涨的现象：比如连续两周涨跌超过20%,或者单月涨跌超过30%,最近三个月涨跌超过40%,最近6个月涨跌超过50%,最近一年超过80%,等等。

第二,其他严重影响证券市场稳定的情形,例如战争、恐怖袭击和自然灾害等。

第三,其他经理事会讨论决定需要进行市场干预的情形。当发生了触发情形,最终仍需要经过理事会投票来决定是否进行市场干预,理事会投票应该实施一人一票制,达到三分之二以上的理事会成员赞成方可进行交易,投票结果应当随后公开。

三、共同基金

美国投资基金也叫共同基金,近十年来,美国共同基金业的发展速度远远超过了美国其他主要金融中介行业的发展。越来越多投资者的注意力被吸引到共同基金上来了,他们希望通过共同基金参与股票市场的高速发展,分享债券市场的高额回报,以及投资于具有较高短期收益的货币市场基金。

美国共同基金有三大类。它们分别是股票基金、债券和收入基金,以及货币市场基金。其中,股票基金主要包括7类基金:进攻成长型基金寻求最大的资本成长,现实的收入不是重要的因素,而未来的资本所得才是主要目标,这种基金投资于非主流、非热门股票,它们运用投资技术卷入巨大的风险,以期获得巨大的利润;成长型基金投资在发展前景非常好的公众公司的股票,但风险性比进攻成长型要小;成长和收入型基金寻求长期资本成长和现在的收入相结合,这种基金投资于股票的标准是价值的增长和展示出良好的、连续的支付红利的记录;贵金属/黄金基金主要投资于与黄金和其他贵金属发生联系的股票;国际基金主要投资于美国以外的公司的股票;全球性综合基金投资于全世界的股票,包括美国的公司;收入股票基金寻求收入的高等级,主要投资于有良好的红利支付记录的公司股票。

债券和收入基金包含的种类就更多,有11类之多。其中,灵活组合基金允许基金管理者去预先处理或对市场条件的变化作出相应的反应,以决定投资于股票、债券或货币市场;余额基金通常在寻求保值投资者的资本,支付现在的红利收入的基础上实现资本的长期增值,它们的组合由债券、优先股和公众股混合而成;收入混合基金寻求收入的高等级,主要投资于能产生现实收入的证券,包括股票和债券;收入债券基金寻求高等级的现实收入,投资于混合的企业和政府债券;美国政府收入债券基金投资于多样的政府债券,包括美国国库券、联邦政府担保抵押证券和其他政府票据;全国政府抵押协会基金主要投资于全国政府抵押协会担保的抵押证券;全球性债券基金投资于全世界的国家和企业债券;企业债券基金主要投资于企业债券,部分投资于国库券或联邦政府机构发行的债券;高回报债券基金寻求非常高的回报,但是相对于企业债券基金会承担很大程度的风险,这种基金主要是投资于低信用等级的企业债券;国家、市政债券长期基金寻求收入免缴税金,它们投资的债券发行者是州和市政府,为学校、高速公路、医院、桥梁和其他市政建设筹集资金;州市政债券长期基金寻求收入免缴联邦税和州税,但只限于本州的居民,它们投资的债券发行者只是单个州。

货币市场基金品种相对较少。应纳税的货币市场基金寻求持续、坚固的净资产价值,这种基金投资于货币市场中短期的、高等级的证券,如美国国库券、大银行的存款证明书和短期商业债券,这种组合的平均期限是90天或更短;免税的国家货币市场基金寻求其收入免缴税金和最小的风险,投资于短期的市政债券;免税的州货币市场基金寻求其收入免缴联邦税和州税,但限于本州居民,它们投资于发行者是单一州的短期的市政债券。

四、中、美、英三国基金规模

自1868年世界上第一只封闭式基金在伦敦股票交易所面世以来,封闭式基金一直在不断发展。在美国,第一只封闭式基金于1889年上市。在接下来的一个世纪中,封闭式基金主要是为个人投资者进行专业化投资组合管理的一种产业。然而,在19世纪八九十年代,封闭式基金更多是为特定的行业或为特定的目的而筹资。1924年,马萨诸塞投资信托基金在美国成立,这是全球第一只开放式基金。美国的证券投资基金规模是全世界最大的。证券投资基金真正开始大规模发展是在20世纪四五十年代。1940年,美国的证券投资基金总数少于80只,而总资产规模大约为5亿美元。到1960年,美国证券投资基金总数达到160只,总资产规模为170亿美元。到1980年,基金总数已达564只。仅开放式基金的规模就达到1万亿美元。1980年以后,证券投资基金业进入飞速发展阶段,2000年底,美国封闭式基金的规模约为1 350亿美元,其中370亿美元投资于股票,其余投资于债券。开放式基金的规模是7万亿美元,其中4万亿美元投资于股票。封闭式证券投资基金的规模不到开放式证券投资基金规模的1%,同期美国股票总市值约为16万亿美元。据美国一家著名咨询公司的分析报告披露,全美共同基金总资产规模在2006年三季度已首次超过了10万亿美元大关,达10.32万亿美元,比2005年增长3.9%。

在2001年中期,约有470家封闭式证券投资基金在伦敦股票交易所交易,总资金规模约为800亿美元。而同期英国开放式基金的资金规模约为3 200亿美元。封闭式基金的规模约为开放式基金规模的25%,同期伦敦股票交易所股票总值约为5.6万亿美元。基金总值约占证券总值的7%。所有的英国封闭式基金都投资于股票,英国开放式基金中有约10%左右投资于债券,其余投资于股票。英国的封闭式基金一般以发售投资信托公司股份的形式向公众募资,而开放式基金一般以单位信托基金的形式存在,由大的金融机构,如银行、保险公司和投资集团等管理。单位信托基金的普及性和管理资产总量,超过了投资信托公司。在1987年管理开放式基金的机构共有161家,但其中最大的20家机构管理着2/3的基金。截至1997年底,英国有单位信托基金管理公司154家,管理单位信托基金近1 600只,管理资产超过1 500亿英镑;而投资信托公司有570多家,管理资产580亿英镑。到2002年3月,英国大约有1 980只单位信托基金,由150家公司管理,资产规模约2 400亿英镑。截至2003年6月英国投资基金资产总值达2 150亿英镑,基金管理公司130家。

中国的基金业起源于1989年,香港新鸿基信托基金管理有限公司推出第一只中国概念基金——新鸿基中华基金。但我国基金业的真正起步是从1991年开始。1991年8月,"珠信投资基金"和"南山风险投资基金"经中国人民银行珠海分行批准设立。而1992年经中国人民银行批准设立的"淄博投资基金"是我国第一家规范化的公司型封闭式基金。1992—1993年,中国国内出现了投资基金一哄而上的局面。到1993年底,我国国内共发行基金73只,总额达50亿人民币。这就是俗称的"老基金"。由于缺乏有效的监管,审批渠道不一,老基金的形态不一,有公司型基金,也有契约型基金。老基金普遍规模较小,缺乏抵御风险的能力。而且基金的投向非常不规范,隐藏着极大的风险。从1993年下半年起,国内基金的审批处于停顿状态,基金的发展进入调整期。1997年,我国《证券投资基金管理暂行办法》出台,随后,已有的老基金进行了规范改造,1998年3月,基金开元和基金金泰由老基金改组成立。剩余的其余老基金也于2001年4月全部规范改造,中国的基金业进入了一个规范化发展的新时期。经过多年的发展,截至2008年6月30日,基金资产净值20 867.00亿元(按照基金份额净值披露的口径)。正式运作的基金共有417只,包括8只以境外市场为投资对象的QDII基金。其中,基金资产净值和份额规模汇总统计的对象是415只基金,不包括瑞福优先和瑞福进取,瑞福分级基金纳入开放式基金统计范畴。415只证券投资基金资产净值合计20 867.00亿元,份额规模合计22 853.27亿份。其中33只封闭式基金资产净值合计850.62亿元,占全部基金资产净值的4.08%,份额规模合计769.17亿份,占全部基金份额规模的3.37%;382只开放式基金资产净值合计20 016.38亿元,占全部基金资产净值的95.92%,份额规模合计22 084.10亿份,占全部基金份额规模的96.63%。

五、证券投资基金与对冲基金的区别

对冲基金的英文名称为"Hedge Fund",意为"风险对冲过的基金",原意是利用期货、期权等金融衍生产品,对相关联的不同股票买空卖空。风险对冲的操作,在一定程度上可规避和化解证券投资风险。经过几十年的演变,对冲基金已成为一种新的投资模式的代名词,也就是以最新的投资理论为基础,利用极其复杂的金融市场操作技巧,并充分利用各种金融衍生产品的杠杆效应,承担高风险,追求高收益的投资模式。证券投资基金与对冲基金的区别如下。

(1)筹资方式不同。证券投资基金一般公开募集,中小投资者居多。由于其高风险和复杂的投资机理,对冲基金多为私募性质,许多国家都禁止其向公众公开招募资金,一般采取合伙人制,合伙人提供大部分资金但不参与投资活

动;合伙人一般控制在100人以下,以保证其操作上的高度隐蔽性和灵活性。基金管理者以资金和技巧入伙,负责基金的投资决策。

(2)信息披露的要求不同。各国对证券投资基金的信息披露都有严格要求,以保护中小投资者的利益。由于对冲基金多为私募性质,从而规避了法律对公募基金信息披露的严格要求。

(3)操作上的不同。证券投资基金操作上相对透明、稳定,一般都有较明确的资产组合定义,即在投资工具的选择和比例上有确定的方案,同时也不得利用信贷资金进行投资。对冲基金完全没有这些方面的限制,可利用一切可操作的金融工具和组合,最大限度地使用信贷基金,牟取超额回报。对冲基金操作上具有高度隐蔽性、灵活性、杠杆性。因此,证券投资基金更具投资性,而对冲基金更具投机性。

六、证券投资基金与其他投资品种的比较

从表1-2可以看出,从银行储蓄到股票各理财(投资)品种的风险是逐步递增的,期望收益也是逐步递增的。就性质而言,银行存款、保险比较像是理财工具而非投资工具,因为它们的功能主要是满足保本、固定利息收入或风险管理等理财目标,而不像股票、国债或基金是为了投资获利和资本成长的目的。

表1-2 各投资品种比较

投资品种	收　　益	风　　险
银行储蓄	保本、利息收入(活期利息、固定利息)	基本无风险
保险	保本、固定利息收入	基本无风险
国债	固定利息,较储蓄存款高一个百分点	基本无风险
企业债券	固定利息,一般较国债利息高	有风险
投资基金	利息;红股、红利;买卖证券差价等	专业理财,风险较小
股票	红股、红利;买卖证券差价(资本利得)	风险较大

很多投资人都是买了国债后定期领息,到期取回本金。从这个角度看,买国债便与银行存款相当。对于不愿意承担投资风险的人来说,存款和国债是比较理想的理财方式。但这两种方式的收益只比定存利率高出一个百分点或更少。如果遇到通货膨胀,实际利率利息还会再打折扣,甚至会出现负利率的状况。因此,对于想赚取更高收益并对抗通货膨胀的人来说,如果把储蓄全部放

在银行存款和国债上,便很难达到预期的理财目标。

保险最大的好处是在风险发生时,让个人或家庭的经济损失降到最低。因此,保险在理财工具中发挥的是"保障和风险管理"的功能,而不是"投资"的功能。

股票投资是效益高,又能对抗通货膨胀的投资工具。但由于难度也高,因此,只有那些资金较多、有时间做研究分析,并能取得实时信息的人才有较大的胜算。对于大多数的中小型投资人而言,经由基金委托专家操作是比较好的投资股票的方式。

第五节 团队活动提示:团队组建与课程成绩

学生团队(公司)的职位与人数设定参考

公司形式:投资基金、投资公司
13人团队(公司)的岗位设置方案:
总经理(期初兼董事长)　　1人
财务部(合计1人)
　　部长(兼教学助理)　　1人
投资部(合计7人)
　　部长　1人
　　校园模拟股市操盘手　　2人(可调)
　　沪深股市操盘手　　2人(可调)
　　外汇市场操盘手　　2人(可调)
风险控制部(合计4人)
　　部长　1人
　　校园模拟股市风险控制员　　1人(可调)
　　沪深股市风险控制员　　1人(可调)
　　外汇市场风险控制员　　1人(可调)

以上为13人的团队设计方案。如果人数有增减,可以通过调整投资部操盘手、风控部风控人员人数的方法来解决。其中注意:(1)每个市场至少要有一个投资账户;(2)每个操盘手最多只能操作一个投资账户;(3)每个风控人员最多只能控制两个投资账户,为了便于业务处理,最好是同一市场的两个账户;(4)部长可以兼任本部门操盘手或风控人员。

一、团队(公司)组建

(一) 团队性质与存在形式

学生将会通过加入一个团队来进行本课程的学习。这个团队以公司形式存在,包括基金管理公司和投资公司两种类型。

基金管理公司的主要任务是成立一只基金,并经营管理好它。

投资公司的主要任务是将掌握的资产对相关的金融市场进行投资,使其增值。投资公司也可以开展代客投资理财方面的业务。

1. 投资基金的性质和当事人

团队的基金在校园模拟股市获得上市资格前,其性质属于契约型"私募基金"[①],即通过非公开方式,面向少数投资者募集资金而设立的基金。

基金持有人为团队全体成员。团队组建的基金管理公司同时充当基金管理人和基金托管人的双重身份。

获得上市资格后,基金的性质为封闭式契约型基金。

基金为向"社会"(校园)不特定公众发行或公开发行的证券,基金持有人为"社会"公众。基金管理人为团队组建的基金管理公司。基金托管人为校园模拟证券交易所或交易所指定的机构(这与社会现实情况有差异)。基金承销人为校园模拟证券交易所指定的机构。

2. 股票的上市发行和基金的上市募集

投资公司和基金管理公司均以股份制的形式存在。团队的成员即为公司发起人,并持有相应的发起人股票与基金。除非特许,这些发起人持有的股票和基金是不可以在校园模拟证券交易所中流通交易的。

投资公司可以在校园模拟证券交易所中申请上市,公开发行股票,募集资本金。

基金管理公司也可以在校园模拟证券交易所中申请上市,公开募集招募基金。为了使业务流程不至于太过复杂,在校园模拟证券交易所中,一般只能成

---

① 我国金融市场中常说的"私募基金"往往有歧义,泛指"地下基金",是指一种不受我国政府主管部门监管的、非公开宣传的、私下向特定投资人募集资金的集合投资。其方式基本有两种:一是基于签订委托投资合同的契约型集合投资基金;二是基于共同出资入股成立股份公司的公司型集合投资基金。

立封闭式契约型基金。

符合条件的投资公司和基金管理公司也可以在交易所申请发行企业债券。

(二) 公司董事会

1. 人员设置

校园内,董事会设董事 5—9 人,必须为奇数。人员比例为持股前十名股东中按照股份比例产生。在本课程中,由于在公司成立初期,发起人持有的股份是均等的,所以,应由团队成员共同投票选举董事会成员。

2. 职责

根据《公司法》规定和公司章程,公司董事会是公司经营决策机构,也是股东会的常设权力机构。董事会向股东会负责。

3. 董事会职责细则

(1) 负责召集股东会;执行股东会决议并向股东会报告工作。

(2) 决定公司的生产经营计划和投资方案。

(3) 决定公司内部管理机构的设置。

(4) 批准公司的基本管理制度。

(5) 听取总经理的工作报告并作出决议。

(6) 制订公司年度财务预、决算方案和利润分配方案、弥补亏损方案。

(7) 对公司增加或减少注册资本、分立、合并、终止和清算等重大事项提出方案。

(8) 聘任或解聘公司总经理、副总经理、财务部门负责人,并决定其奖惩(在本课程中,除董事长外,团队的全部职务一经确认不得更改)。

4. 董事长和副董事长的产生办法

董事会设董事长一人,可以设副董事长。董事长和副董事长由董事会以全体董事的过半数选举产生。

每个团队期初一般应由总经理兼任董事长,也可以由总经理以外的人选担任。不过,在评分体系中,为了回避"搭便车"(偷懒)现象的产生,暂不支持非总经理担任,如果选举非总经理担任董事长,虽然可以获得教师认同,但不会获得职务加分。

公司被收购、兼并后,将由实施兼并或收购的团队派驻人员进入董事会,改选董事长,并可设副董事长。

5. 董事长的职权

董事长是公司法定代表人,行使以下职权。

(1) 召集主持股东会、董事会会议。

（2）签署或授权签署公司合同及其他重要文件,签署由董事会聘任人员的聘任书。

（3）在董事会闭会期间检查董事会决议的执行情况,听取总经理关于董事会决议执行情况的汇报。

（4）在发生战争、特大自然灾害等重大事件时,可对一切事务行使特别裁决权和处置权,但这种裁决和处置必须符合国家和公司利益。

（5）决定和指导处理公司对外事务和公司计划财务工作中的重大事项及公司重大业务活动。

（6）法律、法规规定应由法定代表人行使的职权。

6. 议事规则

（1）董事会成员出席董事会会议。校园董事会会议每两周召开一次。

（2）董事会会议由董事长召集,应于会议召开两日前,将会议时间、会议事项、议程通知全体董事。

（3）经董事长或三分之一以上董事、三分之一以上监事或总经理建议,应召开临时董事会。

（4）董事长可视需要邀请公司总经理和部门负责人列席会议。

（5）董事会表决实行一人一票制,董事会会议由半数以上董事出席方可举行。董事会做出的决议须经董事会二分之一以上董事表决通过方可作出。其中,对公司增加或减少注册资本、发行债券,公司分立、合并、变更公司形式、解散和清算,聘任或解聘总经理,修改公司章程等,须经出席会议的董事三分之二以上同意。董事会决议反对票与赞成票相等时,由董事长裁决。

（6）董事会讨论有关董事事项时,该董事应回避。

（7）董事因故不能出席董事会会议时,可以书面委托其他董事或指定代表人代为出席,委托书中应阐明授权范围。

（8）董事长因特殊原因不能履行职务时,由董事长指定一名副董事长或其他董事代其行使职权。

（9）董事会应对所议事项的决定作成会议记录,出席会议的董事应当在会议记录上签名,不同意见要作在会议记录上。

（三）股东大会

1. 股东大会的性质

股东大会是公司的最高权力机关,它由全体股东组成,对公司重大事项进行决策,有权选任和解除董事,并对公司的经营管理有广泛的决定权。

股东大会既是一种定期或临时举行的由全体股东出席的会议,又是一种由全体股东所组成的非常设的公司制企业的最高权力机关。它是股东作为企业财产的所有者,对企业行使财产管理权的组织。企业一切重大的人事任免和重大的经营决策一般都得股东会认可和批准方才有效。

2. 股东大会的召开

(1)校园上市公司或基金股东大会(基金持有人大会)一月召开一次。这与真实生活中一年左右召开一次的周期相比短很多。这是因为校园是一个特殊的"迷你"证券市场,其各种业务活动周期和规模都会比真实市场小。

(2)临时股东大会。临时股东大会的召集条件,世界主要国家大致有三种立法体例:列举式、抽象式和结合式。我国采取的是列举式,《公司法》第一百零一条规定,有以下情形之一的,应当在两个月内召开股东会:

(一)董事人数不足本法规定人数或者公司章程所定人数的三分之二时;

(二)公司未弥补的亏损达实收股本总额三分之一时;

(三)单独或者合计持有公司百分之十以上股份的股东请求时;

(四)董事会认为必要时;

(五)监事会提议召开时;

(六)公司章程规定的其他情形。

本课程中,临时股东大会的召开,一般是某些团队针对其他上市团队的股票或者基金的并购,导致公司资产重组运作的需要而进行的。

(四)团队的岗位设置

基金公司和投资公司都会有与真实公司相似的职位和部门设置,但这仅是一种简化的设置,真实的公司有着更为复杂的部门设置。学习者要根据自己的特长,进行对应岗位的选择。

1. 总经理(期初兼董事长)

岗位职能:公司全面管理、经营。

人员说明:有时候也可以增设一个副总经理。

2. 财务部

部门职能:公司资产调拨、各部门及公司投资绩效评估、财务报表产生等。

岗位设置:(1)部长;(2)由于本门课程的性质限制,这个部门有可能只设部长一人。该部门经理有可能会兼任教学助理职务。

3. 投资部

部门职能:负责针对各个金融市场的投资运作;公司资本运营的具体实施。

岗位设置:(1)部长;(2)校园模拟股市操盘手数人;(3)沪深股市操盘手数人;(4)外汇市场操盘手数人。

4. 风险控制部

部门职能：负责针对各个金融市场的风险控制。

岗位设置：(1) 部长；(2) 校园模拟股市风险控制员 1—2 人；(3) 沪深股市风险控制员 1—2 人；(4) 外汇市场风险控制员 1—2 人。注意：每个风险监控人员最多可以监控两个账户。

(五) 团队成立的必须步骤

总经理按照指导教师提供的文件格式，上交团队人员分工名单，团队即可成立。

(六) 特别提醒

本门课程的成绩好坏，除了所担任的本职工作业绩评价得分以外，还有一部分取决于团队以及部门的总体业绩。所以学生除了本职工作以外，还要致力于团队的整体运行处于良好的状态。

如果学生担任了团队的总经理，那么肩上的担子会比团队其他成员重很多。特别要注意加强对手下三个部门的部长的领导。一般来说，总经理的岗位业绩评价分数可能是这三个部长得分的平均值。

如果学生担任了部门的部长，岗位业绩评价分数可能是手下成员的得分的平均值。注意部门人员的业务技能水平，可能将直接决定团队的总体得分。

二、本课程成绩的产生方式

(1) 在获得学校批准的前提下，本课程将不进行期末的书面考试，并只依据学生在平时的各种项目中的评分进行学期成绩评价。

(2) 学生学期成绩的评价结构：

$$\text{学期成绩} = \text{周成绩平均值} + \text{期末团队总业绩评价加分} + \text{个人投资总业绩评价加分} + \text{岗位业绩加分}$$

$$\text{周成绩平均值} = \left(\text{个人课堂教学项目评分} + \text{专业项目评分}\right) \times 70\% + \text{团队周评分} \times 30\%$$

个人课堂教学项目：包括讲课、对抗、纪律等课堂项目的个人得分。

专业项目评分：根据个人控制和掌握的账户的盈利率排名的名次产生。

$$\text{团队周评分} = \text{团队个人单项成绩平均得分} + \text{团队课堂项目得分} + \text{纪律、出勤等项目得分}$$

期末团队总业绩评价加分：根据团队学期资产盈利率等项排名加分。

个人投资总业绩评价加分：期末各项业绩单项排名评分。

岗位业绩加分：部长及以上职务均有一定加分，但团队绩效不同，加分幅度不同。

三、本章课堂对抗辩题

(1) 中国证券投资基金能（不能）发挥稳定证券市场的作用。

(2) 证券投资基金专家运作的特点可以（不可以）为散户投资者提供最好的获利途径。

第二章　证券投资基金的类型

随着证券投资基金的数量增多、品种日渐丰富,对基金进行合理的分类,无论是对投资者、基金管理公司,还是对基金研究评价机构、监管部门来说,都有重大的意义。

学习重点

(1) 封闭式基金与开放式基金;契约型基金与公司型基金。
(2) 股票型基金的种类、特点、投资策略。
(3) 债券型基金的优缺点。
(4) 货币市场基金及混合基金。
(5) 交易所交易基金(ETF)与上市开放式基金(LOF)。
(6) 合格境内机构投资者(QDII)和合格境外机构投资者(QFII)。
(7) 公募基金与私募基金。
(8) 伞型基金、指数型基金、对冲基金。
(9) 做好团队路演,全面展示团队风采。

团队活动指引:团队路演与课堂对抗活动

关键词:团队路演　课堂对抗活动
1. 团队路演
组织好团队路演,展示学习者的团队企业文化、团队实力、精神风貌。
2. 团队课堂对抗:学生课堂主题讲解对抗
学生在课堂上讲授有关章节内容。
3. 团队课堂对抗:团队辩论对抗赛
每个团队由5—6人组成辩论队参加辩论。其中包括擂主团队和打擂团队。

第一节 证券投资基金分类的概述

科学合理的基金分类,将有助于投资者加深对各种基金的认识及对风险收益特征的把握,从而作出正确的投资决策。对基金管理公司来说,基金的业绩比较应该在同一类别中进行才公平。对基金研究评价机构而言,明确基金的类别特征将有利于针对不同基金的特点实施更有效的分类监管。根据不同的分类标准可以对基金进行以下分类。

一、封闭式基金与开放式基金

按运作方式不同,可将基金划分为封闭式基金、开放式基金。

封闭式基金是指基金份额在基金合同期限内固定不变,可以在依法设立的证券交易所交易,但基金份额持有人不得申请赎回的一种基金运作方式。

开放式基金是指基金份额不固定,基金份额可以在基金合同约定的时间和场所进行申购或者赎回的一种基金运作方式。

我国封闭式基金与开放式基金的规模见表2-1。

表2-1 封闭式与开放式基金规模

	管理基金数量(只)	管理基金资产净值(亿元)	资产净值市场占比(%)	管理基金份额规模(亿份)	份额规模市场占比(%)
封闭式	33	850.62	4.08	769.17	3.37
开放式	382	20 016.38	95.92	22 084.10	96.63
合 计	415	20 867.00	100.00	22 853.27	100.00

资料来源:中国基金网,2009年12月。

开放式基金的基金单位的总数不固定,可根据发展要求追加发行,而投资者也可以赎回,赎回价格等于现期净资产价值扣除手续费。由于投资者可以自由地加入或退出这种开放式投资基金,而且对投资者人数也没有限制,所以又将这类基金称为共同基金。大多数的投资基金都属于开放式的。

封闭式基金发行总额有限制,一旦完成发行计划,就不再追加发行。投资者也不可以进行赎回,但基金单位可以在证券交易所或者柜台市场公开转让,其转让价格由市场供求决定。

开放式基金与封闭式基金的区别包括以下几个方面。

(1) 基金规模的可变性不同。开放式基金发行的基金单位是可赎回的,而且投资者可随时申购基金单位,所以基金的规模不固定;封闭式基金规模是固定不变的。

(2) 基金单位的交易价格不同。开放式基金的基金单位的买卖价格是以基金单位对应的资产净值为基础,不会出现折价现象。封闭式基金单位的价格更多地会受到市场供求关系的影响,价格波动较大。

(3) 基金单位的买卖途径不同。开放式基金的投资者可随时直接向基金管理公司购买或赎回基金,手续费较低;封闭式基金的买卖类似于股票交易,在证券市场进行买卖,需要缴纳手续费和证券交易税,一般而言,费用高于开放式基金。

(4) 投资策略不同。开放式基金必须保留一部分现金,以便应付投资者随时赎回,进行长期投资会受到一定限制;而封闭式基金不可赎回,无须提取准备金,能够充分运用资金,进行长期投资,取得长期经营绩效。

(5) 所要求的市场条件不同。开放式基金的灵活性较大,资金规模伸缩比较容易,所以适用于开放程度较高、规模较大的金融市场;而封闭式基金正好相反,适用于金融制度尚不完善、开放程度较低且规模较小的金融市场。

二、契约型基金与公司型基金

根据法律形式不同,可以将基金分为契约型基金、公司型基金。

契约型基金是基于一定的信托契约而成立的基金,一般由基金管理公司(委托人)、基金保管机构(受托人)和投资者(受益人)三方通过信托投资契约而建立。契约型基金的三方当事人之间存在这样一种关系:委托人依照契约运用信托财产进行投资,受托人依照契约负责保管信托财产,投资者依照契约享受投资收益。契约型基金筹集资金的方式一般是发行基金收益券或者基金单位,这是一种有价证券,表明投资人对基金资产的所有权,凭其所有权参与投资权益分配。

公司型基金是具有共同投资目标的投资者依据公司法组成以营利为目的、投资于特定对象(如有价证券、货币等)的股份制投资公司。这种基金通过发行股份的方式筹集资金,是具有法人资格的经济实体。基金持有人既是基金投资者,又是公司股东。公司型基金成立后,通常委托特定的基金管理人或者投资顾问运用基金资产进行投资。

契约型基金与公司型基金的比较见表 2-2。

表 2-2 契约型基金与公司型基金的比较

特 征	契 约 型 基 金	公 司 型 基 金
设立的法律依据	当事人之间的信托契约	公司法或商法
组织形式	不具有法人资格	具有法人资格
筹资方式	只能发行收益凭证	发行普通股、优先股和公司债
运营方式和期限	依据基金信托契约运作,契约期满,运营终止	除非破产清算,具有永久性
投资人地位	委托人通过出资成为收益人,享有投资收益,但没有管理基金资产的权利	投资人即为基金公司股东,凭股份领取股息和红利,普通股股东可参加股东大会,有投票表决权和发言权

三、股票型基金、债券型基金、货币市场基金及混合基金

依据投资对象的不同,可以将基金分为股票型基金、债券型基金、货币市场基金及混合基金。

股票型基金是指以股票为主要投资对象的基金。根据中国证券会对基金类别的分类标准,基金资产60%以上投资于股票的为股票型基金。

债券型基金主要是以投资债券为主。根据分类标准,基金资产80%以上投资于债券的为债券型基金。

货币市场基金以货币市场工具为投资对象。根据分类标准,仅投资于货币市场工具的为货币市场基金。

混合基金同时以股票、债券等为投资对象。通过在不同资产类别上的投资实现收益与风险之间的平衡。根据分类标准,投资于股票、债券和货币市场工具,但股票投资和债券投资比例不符合股票型基金、债券型基金规定的为混合基金。

四、成长型基金、收入型基金和平衡型基金

根据投资目标的不同,可以将基金分为成长型基金、收入型基金和平衡型基金。

成长型基金是指以追求资本增值为基本目标,较少考虑当期收入的基金,主要以具有良好增长潜力的股票为投资对象。

收入型基金是指以追求稳定的经常性收入为基本目标的基金,主要以大盘蓝筹股、公司债、政府债券等稳定收益证券为投资对象。

平衡型基金则是既注重资本增值又注重当期收入的一类基金。

一般而言,成长型基金的风险大、收益高;收入型基金的风险小、收益较低;

平衡型基金的风险、收益则介于成长型基金与收入型基金之间。不同的投资目标决定了基金的基本投向与基本的投资策略,以适应不同投资者的投资需要。

五、主动型基金与被动(指数)型基金

依据投资理念的不同,可以将基金分为主动型基金与被动(指数)型基金。

主动型基金是一类力图取得超越基准组合表现的基金。与主动型基金不同,被动型基金并不主动寻求取得超越市场的表现,而是试图复制指数的表现。被动型基金一般选取特定的指数作为跟踪的对象,因此通常又被称为"指数型基金"。

六、公募基金与私募基金

依据募集方式的不同,可以将基金分为公募基金和私募基金。

公募基金是指可以面向社会公众公开发售的一类基金;私募基金则是只能采取非公开方式,面向特定投资者募集发售的基金。

公募基金主要具有如下特征:可以面向社会公众公开发售基金份额和宣传推广,基金募集对象不固定;投资金额要求低,适宜中小投资者参与;必须遵守相关法律和法规的约束,并接受监管部门的严格监管。

与公募基金相比,私募基金不能进行公开的发售和宣传推广,投资金额要求高,投资者的资格和人数常常受到严格的限制。如美国相关法律要求,私募基金的投资者人数不得超过100人,每个投资者的净资产必须在100万美元以上。与公募基金必须遵守相关法律和法规的约束并要接受监管部门的严格监管相比,私募基金在运作上具有较大的灵活性,所受到的限制和约束也较少。它既可以投资于衍生金融产品,进行买空卖空交易,也可以进行汇率、商品期货投机交易等。私募基金的投资风险较高,主要以具有较强风险承受能力的富裕阶层为目标客户。

七、在岸基金与离岸基金

按基金的资金来源和用途的不同,可以将基金分为在岸基金和离岸基金。

在岸基金是指在本国募集资金并投资于本国证券市场的证券投资基金。由于在岸基金的投资者、基金组织、基金管理人、基金托管人及其他当事人和基金的投资市场均在本国境内,所以基金的监管部门比较容易运用本国法律法规及相关技术手段对证券投资基金的投资运作行为进行监管。

离岸基金是指一国的证券投资基金组织在他国发售证券投资基金份额,并

将募集的资金投资于本国或第三国证券市场的证券投资基金。

八、特殊类型基金

伞型基金。伞型基金是指基金下有一群投资于不同标的的子基金,且各子基金的管理工作均独立进行。只要投资在一家子基金,即可任意转换到另一个子基金,不需额外负担费用。在我国,购买一家基金公司的某只基金,可以通过基金转换业务,把该基金转换为该基金公司下属的另一只基金,通常不收或者收取很低的基金转换费用。例如投资者可以在股市看好的时候买进股票型基金,如果真正熊市来临,可以通过基金转换业务转换为债券型基金而不需要赎回基金。

保本基金。是指通过采用投资组合保险技术,保证投资者在投资到期时至少能够获得投资本金或一定回报的证券投资基金。

可转换公司债基金。其投资于可转换公司债,股市低迷时可享有债券的固定利息收入;股市前景较好时,则可依当初约定的转换条件,转换成股票,具备"进可攻、退可守"的特色。

交易所交易基金(ETF)与上市开放式基金(LOF)。交易所交易基金是一种在交易所上市交易的、基金份额可变的一种基金运作方式,目前我国证券市场的 ETF 共有 5 家,它们是华夏上证 50ETF(510050)、易方达深 100ETF(159901)、华安 180ETF(510180)、华夏中小板 ETF(159902)和上证红利 ETF(510880)。上市开放式基金是一种既可以在场外市场进行基金份额申购赎回,又可以在交易所进行基金份额交易,并通过份额转托管机制将场外市场与场内市场有机地联系在一起的一种新的基金运作方式。它是我国对证券投资基金的一种本土化创新。目前我国证券市场上有 24 只 LOF 基金,分别是南方高增(160106)、嘉实 300(160706)、荷银效率(162207)、万家公用(161903)、融通巨潮(161607)、广发小盘(162703)、景顺鼎益(162605)、南方积配(160105)、华夏蓝筹(160311)、长盛同智(160805)、融通领先(161610)、巨田资源(163302)、鹏华价值(160607)、招商成长(161706)、中欧趋势(166001)、鹏华动力(160610)、鹏华治理(160611)、景顺资源(162607)、中银中国(163801)、博时主题(160505)、富国天惠(161005)、兴业趋势(163402)、天治核心(163503)、长城久富(162006)。

指数型基金。根据投资标的——市场指数的采样成分股及比重,来决定基金投资组合中个股的成分和比重。目标是基金净值紧贴指数表现,完全不必考虑投资策略,只要指数成分股变更,基金经理人就跟随变更持股比重。由于做法简单,投资人接受度也高。指数基金有两大类:ETF和传统指数基金。例如上面提到的华夏上证50ETF(510050)、易方达深100ETF(159901)、华安180ETF(510180),这些是交易所交易的指数型基金;而嘉实沪深300基金、易方达50和融通100等就属于传统的指数型基金。一只成功的ETF能尽可能与标的指数走势一模一样,即能"复制"指数,使投资人安心地赚取指数的报酬率。而传统的指数基金则多属于"主动式管理",一般持股的90%都是目标指数的样本股,基金经理会通过相对积极操作,达到基金报酬率超越目标指数的目的。基金管理方式的不同,是造成追踪同样目标指数的ETF和传统指数基金业绩差别的主要原因。目前指数化投资也是美国基金体系中最常采用的投资方式。

对冲基金。对冲基金原本是指一些基金,这些基金在运作上除了对投资市场的优质证券长期持有外,更结合卖空及金融衍生产品的买卖来进行对冲和减低风险。这类基金给予基金经理人充分授权和资金运用的自由度,基金的表现全赖基金经理的操盘功力,以及对有获利潜能标的物的远见卓识。只要是基金经理认为"有利可图"的投资策略皆可运用,如套取长短期利率之间的利差;利用选择权和期货指数在汇市、债市、股市上套利。总之,任何投资策略皆可运用。这种类型的基金风险最高,在国外是专门针对高收入和高风险承受能力的人士或是机构发行的,一般不接受散户投资。

第二节 股票型基金

所谓股票型基金,是指60%以上的基金资产投资于股票的基金。与债券基金和货币市场基金相比,股票型基金的收益率更高。但从风险系数看,股票型基金远高于其他两种基金。

一、股票型基金的种类

按股票种类分,股票型基金可以分为优先股基金和普通股基金。优先股基金是一种可以获得稳定收益、风险较小的股票型基金,其投资对象以各公司发行的优先股为主,收益主要来自股利收入。而普通股基金以追求资本利得和长期资本增值为投资目标,风险要较优先股基金高。

按基金投资分散化程度,可将股票型基金分为一般普通股基金和专门化基金。前者是指将基金资产分散投资于各类普通股票上;后者是指将基金资产投资于某些特殊行业股票上,风险较大,但可能具有较好的潜在收益。

按基金投资的目的,可将股票型基金分为资本增值型基金、成长型基金及收入型基金。资本增值型基金投资的主要目的是追求资本快速增长,以此带来资本增值,该类基金风险高、收益也高。成长型基金投资于那些具有成长潜力并能带来收入的普通股票上,具有一定的风险。股票收入型基金投资于具有稳定发展前景的公司所发行的股票,追求稳定的股利分配和资本利得,这类基金风险小,收入也不高。

二、股票型基金的特点

(1) 与其他基金相比,股票型基金的投资对象具有多样性,投资目的也具有多样性。

(2) 与投资者直接投资于股票市场相比,股票型基金具有分散风险、费用较低等特点。对一般投资者而言,个人资本毕竟是有限的,难以通过分散投资种类而降低投资风险。但若投资于股票型基金,投资者不仅可以分享各类股票的收益,而且可以将风险分散于各类股票上,大大降低了投资风险。此外,投资者还可以享受基金大额投资在成本上的相对优势,降低投资成本,提高投资效益,获得规模效益。

(3) 从资产流动性来看,股票型基金具有流动性强、变现性高的特点。股票型基金的投资对象是流动性极好的股票,基金资产质量高、变现容易。

(4) 对投资者来说,股票型基金经营稳定、收益可观。一般来说,股票型基金的风险比股票投资的风险低,因而收益较稳定。不仅如此,封闭式股票型基金上市后,投资者还可以通过在交易所交易获得买卖差价;期满后,投资者享有分配剩余资产的权利。

(5) 股票型基金还具有在国际市场上融资的功能和特点。就股票市场而言,其资本的国际化程度较外汇市场和债券市场低。一般来说,各国的股票基本上在本国市场上交易,股票投资者也只能投资于本国上市的股票或在当地上市的少数外国公司的股票。在国外,股票型基金则突破了这一限制,投资者可以通过购买股票型基金,投资于其他国家或地区的股票市场,从而对证券市场的国际化具有积极的推动作用。从海外股票市场的现状来看,股票型基金的投资对象有很大一部分是外国公司股票。

三、股票型基金的投资策略

选择股票型基金,从股票型基金的投资策略开始,因为这代表了基金经理选股最根本的原则。从投资策略角度,股票型基金可以细分为价值型、成长型和平衡型,以下具体说明。

(1) 价值型:注重价格。

在三类基金中,价值型基金的风险最小,但收益也较低,适合想分享股票收益,但更倾向于承担较小风险的投资者。通常来说,价值型基金采取的投资策略是低买高卖,重点关注股票目前价格是否合理。因此,价值型基金投资的第一步就是寻找价格被低估的股票。价值型基金多投资于公用事业、金融、工业原材料等较稳定的行业,而较少投资于市盈率倍数较高的股票,如网络科技、生物制药类的公司。

(2) 成长型:注重成长潜力。

在三类基金中,成长型基金适合愿意承担较大风险的投资者。因为这一类基金风险最高,不过,赚取高收益的成长空间相对也较大。成长型基金在选择股票的时候对股票的价格考虑得较少,多投资产业处于成长期的公司,在具体选股时,更青睐投资具有成长潜力的股票,如网络科技、生物制药和新能源材料类的公司。

(3) 平衡型:价格与成长性兼顾。

平衡型基金则是处于价值型和成长型之间的基金,在投资策略上一部分投资于股价被低估的股票,一部分投资于处于成长型行业上市公司的股票。

因此,在三类基金中,平衡型基金的风险和收益介于前两者之间,适合大多数投资者。

第三节 债券型基金

以国债、金融债等固定收益类金融工具为主要投资对象的基金称为债券型基金,因为其投资的产品收益比较稳定,又被称为"固定收益基金"。根据投资股票的比例不同,债券型基金又可分为纯债券型基金与偏债券型基金。两者的区别在于,纯债券型基金不投资股票,而偏债券型基金可以投资少量的股票。偏债券型基金的优点在于可以根据股票市场走势灵活地进行资产配置,在控制风险的条件下分享股票市场带来的机会。

一、债券型基金的特点

(1) 低风险,低收益。由于债券型基金的投资对象——债券收益稳定、风险也较小,所以,债券型基金风险较小,但是同时由于债券是固定收益产品,因此相对于股票型基金,债券型基金风险低但回报率也不高。

(2) 费用较低。由于债券投资管理不如股票投资管理复杂,因此债券型基金的管理费也相对较低。

(3) 收益稳定。投资于债券定期都有利息回报,到期还承诺还本付息,因此债券型基金的收益较为稳定。

(4) 注重当期收益。债券型基金主要追求当期较为固定的收入,相对于股票型基金而言缺乏增值的潜力,较适合于不愿过多冒险,谋求当期稳定收益的投资者。

二、债券型基金的优缺点

债券型基金主要有以下优点。

(1) 风险较低。债券型基金通过集中投资者的资金对不同的债券进行组合投资,能有效降低单个投资者直接投资于某种债券可能面临的风险。

(2) 专家理财。随着债券种类日益多样化,一般投资者要进行债券投资不但要仔细研究发债实体,还要判断利率走势等宏观经济指标,往往力不从心,而投资于债券型基金则可以分享专家经营的成果。

(3) 流动性强。投资者如果投资于非流通债券,只有到期才能兑现,而通过债券型基金间接投资于债券,则可以获取很高的流动性,随时可将持有的债券型基金转让或赎回。

债券型基金主要有以下缺点。

(1) 只有在较长时间持有的情况下,才能获得相对满意的收益。

(2) 在股市高涨的时候,收益也还是稳定在平均水平上,相对股票型基金而言收益较低,在债券市场出现波动的时候,甚至有亏损的风险。

第四节　货币市场基金

共同基金是将众多的小额投资者的资金集合起来,由专门的经理人进行市场运作,赚取收益后按一定的期限及持有的份额进行分配的一种金融组织形式。而对于主要在货币市场上进行运作的共同基金,则称为货币市场共同基金(Money Market Mutual Funds)。货币市场共同基金是一种特殊类型的共同基金,是美国20世纪70年代以来出现的一种新型投资理财工具。购买者按固定价格(通常为1美元)购入若干单位基金股份,货币市场共同基金的管理者就利用这些资金投资于可获利的短期货币市场工具(例如国库券和商业票据等)。此外,购买者还能对其在基金中以股份形式持有的资金签发支票。

一、货币市场基金的产生发展

美国第一家货币市场共同基金作为银行存款的一个替代物创建于1971年,是在市场变化环境下金融创新的一个最好例子。

20世纪70年代初,美国对商业银行与储蓄银行提供的大部分存款利率均进行管制,而货币市场工具则是浮动利率,但许多中小投资者无法进入货币市场(因有最低交易额规定),货币市场共同基金即是利用这一事实发起的,这也表明追求利润的企业家能够发现设计不严密的政府法规的漏洞。但由于当时市场利率处于存款机构规定能支付的利率上限以下,货币市场共同基金因其收益并不高于银行存款利率而难以发展,在最初的几年中发展非常有限。

1973年美国仅有4家货币市场共同基金,资产总额只有1亿美元。但到了20世纪70年代末,由于连续几年的通货膨胀导致市场利率剧增,货币市场工具如国库券和商业票据的收益率超过了10%,远远高于银行与储蓄机构为储蓄存款和定期存款所支付的5.5%的利率上限。随着储蓄机构的客户不断地从储蓄存款和定期存款中抽出资金投向收益更高的货币市场共同基金,货币市场共同基金的总资产迅速扩大,从1977年的不足40亿美元急增到1982年由200多家基金持有的2 400亿美元资产,并在总资产上超过了股票和债券共同基金。由此可见,货币市场共同基金的迅速发展是市场利率超过银行和其他存款机构管制利率的产物。同时货币市场共同基金能迅速发展并且能保持活力的原因还在于管制较少,货币市场共同基金没有法定的利率上限,而且对提前取款也没有罚款。

货币市场共同基金迅速发展,引起了商业银行和储蓄机构的强烈反应,它们要求美国国会对货币市场共同基金附加储备要求和其他限制,国会最终虽然没有批准存款机构的要求,但授权商业银行和储蓄机构发行一种新型的金融工具——货币市场存款账户(MMDAS),它与货币市场共同基金相似,也提供有限的支票签发而且没有储备要求,且收益率几乎与货币市场共同基金一样高。

在银行和其他存款机构运用超级NOW账户①和MMDAS的反击下,1982年末到1983年初,货币市场共同基金的总资产开始下降。商业银行和存款机

---

① NOW帐户:可转让支付命令账户(Negotiable order of withdrawal Account)也称为付息的活期存款,既可用于转账结算,又可支付利息,年利率略低于储蓄存款,提датку使用规定的支付命令,和支票一样,可以自由转让流通。它是一种不使用支票的支票账户,以支付命令书代替了支票。

构的这些创新金融工具暂时阻止了资金从银行向货币市场共同基金的流动。但商业银行与存款机构由于无法承受提供高收益的成本,不久以后便降低了 MMDAS 的利率。其结果是货币市场共同基金再次迅速发展,在 20 世纪 80 年代末和 90 年代创造了极大的收益。1987 年美国股市大崩溃,导致大量的资金流入货币市场共同基金,其资产总额突破 3 000 亿美元。1989 年和 1990 年的储蓄和贷款协会危机导致商业银行突然增加它们的存款保险来保护其存款,同时监管当局更加关注存款机构出现的高利率。所有这些变化都有利于货币市场共同基金的快速发展,其资产在 1991 年达到 5 000 亿美元。1996 年,美国大约有 650 家应税基金、250 家免税基金,总资产大约为 7 500 亿美元,80% 以上为纳税的资产,其资产大约占所有金融中介资产的 4%,而且在所有共同基金(股票基金、债券基金、货币市场共同基金)总资产中占 25% 以上。1997 年货币市场共同基金资产总额达到 1 万亿美元。

二、货币市场基金的特征

货币市场共同基金首先是基金中的一种,同时,它又是专门投资货币市场工具的基金,与一般的基金相比,除了具有一般基金的专家理财、分散投资等特点外,货币市场共同基金还具有如下一些投资特征。

(1) 货币市场共同基金投资于货币市场中高质量的证券组合。

(2) 货币市场共同基金提供一种有限制的存款账户。

(3) 货币市场共同基金所受到的法规限制相对较少。

货币市场基金与传统的基金比较具有以下特点。

(1) 货币市场共同基金与其他投资于股票的基金最主要的不同在于货币市场共同基金单位的资产净值是固定不变的,通常是每个基金单位 1 元。投资该基金后,投资者可利用收益再投资,投资收益就不断累积,增加投资者所拥有的基金份额。比如某投资者以 100 元投资于某货币市场基金,可拥有 100 个基金单位,1 年后,若投资报酬是 8%,那么该投资者就多获得 8 个基金单位,总共 108 个基金单位,价值 108 元。

(2) 衡量货币市场共同基金表现好坏的标准是收益率,这与其他基金以净资产价值增值获利不同。

(3) 货币市场共同基金流动性好、资本安全性高。这些特点主要源于货币市场是一个低风险、高流动性的市场。同时,投资者可以不受到期日限制,随时根据需要转让基金单位。

(4) 货币市场共同基金风险性低。货币市场工具的到期日通常很短,货币市场基金投资组合的平均期限一般为4—6个月,因此风险较低,其价格通常只受市场利率的影响。

(5)货币市场共同基金投资成本低。货币市场基金通常不收取赎回费用,并且其管理费用也较低,货币市场基金的年管理费用大约为基金资产净值的0.25%~1%,比传统的基金年管理费率1%~2.5%低。

(6)货币市场共同基金均为开放式基金。货币市场共同基金通常被视为无风险或低风险投资工具,适合资本短期投资生息以备不时之需,特别是在高利率、高通货膨胀率、证券流动性下降、可信度降低时,可使本金免遭损失。

第五节 ETF 和 LOF

一、LOF

LOF 英文全称是"Listed Open-Ended Fund",即"上市型开放式基金",是指发行结束后,投资者既可以在指定网点申购与赎回基金份额,也可以在交易所买卖的一类基金。不过投资者如果是在指定网点申购的基金份额,想要上网卖出,须办理一定的转托管手续;同样,如果是在交易所网上买进的基金份额,想要在指定网点赎回,也要办理一定的转托管手续。根据深圳证券交易所已经开通的基金场内申购赎回业务,在场内认购的 LOF 不需办理转托管手续,可直接抛出。

LOF 主要特点有:(1)上市开放式基金本质上仍是开放式基金,基金份额总额不固定,基金份额可以在基金合同约定的时间和场所申购、赎回。(2)上市型开放式基金发售结合了银行等代销机构与深交所交易网络二者的销售优势。银行等代销机构网点仍沿用现行的营业柜台销售方式,深交所交易系统则采用通行的新股上网定价发行方式。(3)上市开放式基金获准在深交所上市交易后,投资者既可以选择在银行等代销机构按当日收市的基金份额净值申购、赎回基金份额,也可以选择在深交所各会员证券营业部按撮合成交价买卖基金份额。

LOF 兼具封闭式基金交易方便、交易成本较低和开放式基金价格贴近净值的优点,为交易所交易基金在中国现行法规下的变通品种,被称为中国特色的 ETF,其具有与 ETF 相同的特征:一方面可以在交易所交易;另一方面又是开放式基金,持有人可以根据基金净值申购赎回。由于 LOF 不同于普通的基金产品创新,它的推出意味着在交易所开设了新的交易品种,而且未来的开放式基金都可以效仿,这是对基金交易流通方式的一个重大改变,所以各方都需要非常谨慎。

LOF 与 ETF 不同的是,LOF 的申购、赎回都是基金份额与现金的交易,可在代销网点进行;而 ETF 的申购、赎回则是基金份额与一揽子股票的交易,且通过交易所进行。

二、ETF

ETF 是"Exchange Traded Fund"的英文缩写,即"交易型开放式指数基金",又称"交易所交易基金"。ETF 是一种在交易所上市交易的开放式证券投资基金产品,交易手续与股票完全相同。ETF 管理的资产是一揽子股票组合,这一组合中的股票种类与某一特定指数(如上证 50 指数)包含的成分股票相同,每只股票的数量与该指数的成分股构成比例一致,ETF 交易价格取决于它拥有的一揽子股票的价值,即"单位基金资产净值"。ETF 的投资组合通常完全复制标的指数,其净值表现与盯住的特定指数高度一致。比如上证 50ETF 的净值表现就与上证 50 指数的涨跌幅度一致。

ETF 是一种混合型的特殊基金,它克服了封闭式基金和开放式基金的缺点,同时集两者的优点于一身。ETF 可以跟踪某一特定指数,如上证 50 指数;与开放式基金使用现金申购、赎回不同,ETF 使用一揽子指数成分股申购赎回基金份额;ETF 可以在交易所上市交易。由于 ETF 简单易懂,市场接纳度高,自从 1993 年美国推出第一个 ETF 产品以来,ETF 在全球范围内发展迅猛。10 多年来,全球共有 12 个国家和地区相继推出了 280 多只 ETF,管理资产规模高达 2 100 亿美元。

ETF 在本质上是开放式基金,与现有开放式基金没有本质的区别。但其也有自己鲜明的个性:(1) 它可以在交易所挂牌买卖,投资者可以像交易单个股票、封闭式基金那样在证券交易所直接买卖 ETF 份额;(2) ETF 基本是指数型的开放式基金,但与现有的指数型开放式基金相比,其最大优势在于,它是在交易所挂牌的,交易非常便利;(3) 其申购赎回也有自己的特色,投资者只能用与指数对应的一揽子股票申购或者赎回 ETF,而不是现有开放式基金的以现金申购赎回。

ETF 的主要特点有:

1. 分散投资,降低投资风险

投资者购买一个基金单位的华夏—上证 50ETF,等于按权重购买了上证 50 指数的所有股票。

2. 兼具股票和指数基金的特色

（1）对普通投资者而言，ETF 也可以像普通股票一样，在被拆分成更小交易单位后，在交易所二级市场进行买卖。

（2）赚了指数就赚钱，投资者再也不用研究股票，担心踩上地雷股了；但由于我国证券市场目前不存在做空机制，因此目前仍是"指数跌了就要赔钱"。

3. 结合了封闭式与开放式基金的优点

ETF 与我们所熟悉的封闭式基金一样，能够以"基金单位"形式在交易所买卖；与开放式基金类似，ETF 允许投资者连续申购和赎回。但是 ETF 在赎回的时候，投资者拿到的不是现金，而是一揽子股票；同时要求达到一定规模后，才允许申购和赎回。

（1）与封闭式基金相比，其同样可以在交易所挂牌交易，就像股票一样挂牌上市，一天中可随时交易。其不同之处在于：第一，ETF 透明度更高。由于投资者可以连续申购和赎回，要求基金管理人公布净值和投资组合的频率相应加快。第二，由于有连续申购和赎回机制存在，ETF 的净值与市价从理论上讲不会存在太大的折价或溢价。

（2）与开放式基金相比，其不同之处在于：第一，一般开放式基金投资者每天只有一次交易机会（即申购赎回）；而 ETF 在交易所上市，一天中可以随时交易，具有交易的便利性。第二，开放式基金往往需要保留一定的现金应付赎回，而 ETF 赎回时是交付一揽子股票，无需保留现金，方便管理人操作，可提高基金投资的管理效率。当开放式基金的投资者赎回基金份额时，常常迫使基金管理人不停调整投资组合，由此产生的税收和一些投资机会的损失都由那些没有要求赎回的长期投资者承担；而 ETF 即使部分投资者赎回，对长期投资者并无多大影响（因为其赎回的是股票）。

4. 交易成本低廉

ETF 在交易所交易的费用与封闭式基金的费用相当，远比开放式基金申购赎回费低。

5. 给普通投资者提供了一个日内套利的机会

例如，上证 50 在一个交易日内出现大幅波动，当日盘中涨幅一度超过 5%，而收市却平收甚至下跌。对于普通的开放式指数基金的投资者而言，当日盘中涨幅再大都没有意义，赎回价只能根据收盘价来计算。而 ETF 的特点就可以帮助投资者抓住盘中上涨的机会，由于交易所每 15 秒钟显示一次净值估值（IOPV），这个 IOPV 即时反映了指数涨跌带来基金净值的变化，ETF 二级市场价格随 IOPV 的变化而变化，因此，投资者可以在盘中指数上涨时在二级市场及时抛出 ETF，获取指数当日盘中上涨带来的收益。

第六节　QDII 和 QFII

一、QDII

QDII 是"Qualified Domestic Institutional Investors"（合格境内机构投资者）的英文首字母缩写。是指在资本市场未开放条件下，在一国境内设立，经该国有关部门批准，有控制地，允许境内机构投资境外资本市场的股票、债券等有价证券投资业务的一项制度安排。QDII 是一项投资制度，我国设立该制度的直接目的是为了"进一步开放资本账户，以创造更多外汇需求，使人民币汇率更加平衡、更加市场化，并鼓励国内更多企业走出国门，从而减少贸易顺差和资本项目盈余"，直接表现为让国内投资者直接参与国外的市场，并获取全球市场收益。QDII 制度由中国香港政府部门最早提出，与 CDR（预托证券）、QFII 一样，将是在外汇管制下内地资本市场对外开放的权宜之计，以容许在资本账户项目未完全开放的情况下，国内投资者前往海外资本市场进行投资。

通过 QDII 进行境外投资，除了要面临证券投资的一般风险（包括市场风险、信用风险、流动性风险、利率风险及投资管理人风险等）外，还要关注海外投资的特别风险，主要包括以下风险。

汇率风险。QDII 是以人民币计价，但以美元等外币进行投资。美元等外币相对于人民币的汇率变化将会影响 QDII 以人民币计价的基金资产价值，从而导致基金资产面临潜在风险。

境外市场投资风险。境外投资要考虑各国家或地区汇率、税收法规、政府政策、对外贸易、结算、托管以及其他运作风险等多种因素的变化导致的潜在风险。此外，境外投资的成本和境外市场的波动性均可能会高于本国市场，也存在一定风险。

新兴市场投资风险。相比较成熟市场而言，新兴市场往往具有市场规模较小、发展不完善、制度不健全、市场流动性较差、市场波动性较高等特点，投资于新兴市场的潜在风险往往要高于成熟市场，从而导致资产面临更大的波动性和潜在风险。

法律风险。由于各国家或地区的法律法规方面的原因，导致某些投资行为受到限制或合同不能正常执行，从而存在面临损失的可能性。

政府管制风险。所投资国家或地区可能会临时采取某些管制措施，比如资本或外汇控制、对公司或行业的国有化、没收资产以及征收高额税款等带来的不利影响。

政治风险。所投资的国家或地区政治经济局势变化（如罢工、暴动、战争等）或法令的变动，将对市场造成波动,会给投资收益造成直接或间接的影响。

金融衍生工具投资风险。投资于金融衍生产品,包括期货、远期、掉期、期权以及其他结构性产品,由于金融衍生产品具有杠杆效应,价格波动较为剧烈,在市场面临突发事件时,可能会导致投资亏损高于初始投资金额。

此外还有会计核算风险、税务风险、证券借贷风险、初级产品风险等其他风险。

二、QFII

QFII 是"Qualified Foreign Institutional Investors"（合格的境外机构投资者）的简称,它是一国在货币没有实现完全可自由兑换、资本项目尚未开放的情况下,有限度地引进外资、开放资本市场的一项过渡性的制度。这种制度要求外国投资者若要进入一国证券市场,必须符合一定的条件,得到该国有关部门的审批通过后汇入一定额度的外汇资金,并转换为当地货币,通过严格监管的专门账户投资当地证券市场。作为一种过渡性制度安排,QFII 制度是在资本项目尚未完全开放的国家或地区,实现证券市场有序、稳妥开放的特殊通道。包括韩国、中国台湾、印度和巴西等资本市场的经验表明,在货币未自由兑换时,QFII 不失为一种通过资本市场稳健引进外资的方式。在该制度下,QFII 将被允许把一定额度的外汇资金汇入并兑换为当地货币,通过严格监管的专门账户投资当地证券市场,包括股息及买卖价差在内的各种资本所得经审核后可转换为外汇汇出,实际上就是对外资有限度地开放本国的证券市场。

目前我国实施的 QFII 制度有以下特点。

(1) 引入 QFII 制度的跨越式发展,一步到位。按照国际上的一般经验,资本市场的开放要经过两个阶段,在第一阶段可以是先设立"海外基金"（中国台湾的模式）或者"开放型国际信托基金"（韩国模式）；而这一阶段中国台湾用了 7 年,韩国也用了 11 年。中国内地则是绕过第一阶段,一步到位,其后发优势不可估量。

(2) QFII 准入的主体范围扩大、要求提高。新兴资本市场的国家或地区为了加大监管和控制的力度,普遍以列举的方式明确规定了何种类型的境外机构投资者可以进入本国或本地区。此外,对 QFII 的注册资金数额、财务状况、经营期限等也有较为严格的要求。与此相反,我国对 QFII 主体范围的认定比较宽泛,而且赋予了境外投资者更多的自主权。然而,我国从保障国内证券市场的稳定和健康发展出发,对注册资金数额、财务状况、经营期限等指标的要求方面有了进一步的提高。

（3）QFII 规模发展迅猛。人民币升值迅速，QFII 闻风而动，QFII 的额度骤增 60 亿美元，QFII 当仁不让地成为 A 股市场最有想法、最有资金实力的多头主力部队。QFII 正成为推动 A 股市场发展的一只重要力量。来自 2007 年全国证券期货监管会议上的最新数据显示，截至 2006 年末，52 家 QFII 持有 A 股的总市值已经达到 971 亿元，占沪深两市 2006 年末流通总市值的比例达到 3.88%，一跃成为 A 股市场仅次于基金的第二大机构投资者。

第七节 延伸学习材料

一、证券投资基金分类及相关资料

从表 2-3 和图 2-1（见下页）中可知，我国基金主要分布在股票型和偏股型基金分别占据 49% 和 18%，其次是指数基金，平衡型基金、债券型基金和货币市场基金也占有较大的比重。

表 2-3 证券投资基金分类与规模

基金类型	总数（只）	资产净值（亿元）	净值市场份额（%）	基金规模（亿份）	规模市场份额（%）
股票型基金	146	9 988.92	49.90	10 957.90	49.62
指数型基金	17	1 305.55	6.52	1 392.74	6.31
偏股型基金	58	3 692.00	18.44	4 200.70	19.02
平衡型基金	33	1 567.54	7.83	1 709.23	7.74
偏债型基金	7	79.92	0.40	100.06	0.45
债券型基金	55	1 178.93	5.89	1 119.71	5.07
中短债型基金	1	21.68	0.11	21.67	0.10
保本基金	4	129.95	0.65	107.86	0.49
特殊策略基金	2	115.42	0.58	185.44	0.84
QDII	8	815.55	4.07	1 167.87	5.29
货币市场基金（A）	40	935.20	4.67	935.20	4.23
货币市场基金（B）	11	185.73	0.93	185.73	0.84
合 计	382	20 016.38	100.00	22 084.10	100.00

注：按银河证券二级分类。

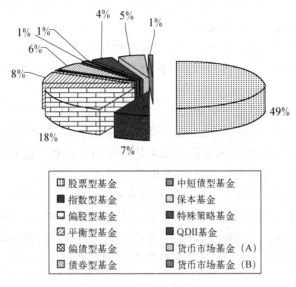

图 2-1 基金净值市场份额

二、其他阅读材料

（一）美国封闭式基金的投资特点

（1）美国封闭式基金的最大投资特点在于中长期投资业绩较好。封闭式基金在一定时期内基金规模固定，不需要应对投资者的申购和赎回申请，基金投资不会受到投资者进出的影响，因此封闭式基金与开放式基金相比，投资效率更高，在中长期投资方面优势明显。对比过去 5 年间封闭式基金和开放式基金的业绩，结果表明，随着时间延续，各种类型的封闭式基金投资业绩全面超越开放式基金。

（2）投资目标更为偏重实现总回报。封闭式基金的投资目标与开放式基金相比，更为重视总回报，即既追求长期资本增值，也要实现当期收益。封闭式基金由于不必应对投资者赎回申请，更容易投资于高收益债券、可转换债券、REITs、优先股等流动性较差但有较高收益的品种。

（3）投资范围更广。一般来说，封闭式基金不但可以与开放式基金一样，投资于普通股、优先股、债券、海外证券、REITs 和金融衍生品等证券品种，还可以投资于实物资产、收藏品、非上市证券和私人股权等品种。

（4）更高比例投资于流动性较差资产。流动性较差资产是指不能在 7 日内按照基金计算基金份额净值的价格卖出的证券，如新兴市场股票、小盘股、非上市证券等。作为对流动性的补偿，此类投资对象往往有较高的收益率，是封闭式基金提高收益水平的重要品种。

(5) 更少现金储备。封闭式基金没有变现压力，可以一直保持较高的投资比例，甚至不持有现金，灵活利用多种投资方法，集中投资于具有较好投资价值的资产。

(6) 更灵活地运用衍生金融工具。封闭式基金可以进行广泛的金融衍生产品投资，包括：权证、股票期权、股指期权、期权、利率互换和期权、汇率互换和信用互换等产品。除此之外，它还可以将其持有的股票资产或其他资产作为抵押，发行期权、权证等衍生金融工具，获取发行收入。

(7) 更低投资运作成本。为了满足投资者赎回要求，开放式基金需要将一些证券资产在短时间内变现，这在两方面给基金造成损失，一是买卖次数增加带来交易成本上升，二是短时间内变现资产可能会使资产折价出卖。而封闭式基金由于没有赎回压力，因此交易次数和换手率均少于开放式基金，投资运作成本也更低。

(8) 更多资金来源。按照相关法律的规定，封闭式基金可以根据实际需要，采用发行普通份额、优先份额、份额认购权证以及借贷的方式募集资金。封闭式基金通过这些方法募集资金，进行长期投资，扩大了基金的规模，有助于增加收益。

（二）美国封闭式与开放式业绩比较

长期来看，投资美国国内市场的封闭式基金在业绩上没有太大优势，而全球股票型封闭式基金以及债券型封闭式基金的收益明显超越开放式基金。从短期收益看，封闭式基金整体表现不及开放式基金。从近一年、三年、五年来看，封闭式基金的收益要高于开放式基金，且全球股票型的优势最大，其次是债券型基金，而本地股票型基金的优势不是很明显。

全球股票型封闭式基金以及债券型封闭式基金能战胜对应的开放式基金的主要原因可以归结为两方面：首先，一些新兴市场股票或高风险债券的流动性较差，因此规模相对固定的封闭式基金能获得较高收益；其次，债券型封闭式基金的杠杆比例较高，长期来看对收益的放大作用较为明显。

封闭式基金较开放式基金的优势主要是由于封闭式基金不能连续申购或赎回份额，不会面临预期外的现金流进流出问题。封闭式基金投资类别更为多元，可以投资流动性较差的品种，并有效避免因为申购赎回导致买卖受限证券的缺点。受到赎回要求的限制，开放式基金经理往往不愿投资那些短期内不能达到合理价位的股票；而封闭式基金经理可以投资那些流动性较差但潜在回报更高的证券,例如高回报债券、政府债券、企业债券、新兴市场证券,以及小盘股,等等。封闭式基金可以免受不当的现金流影响。当某一市场兴起时,资金便会流向该市场,开放式基金的经理可能被迫购买高价的证券——这对于投资者而言并不是一个很好的投资模式。

不当的现金流还可能造成基金收益的摊薄,从而导致基金分配能力被削减。如果降息,那么流向开放式基金的现金流就会迫使投资组合经理投资较低回报的证券,导致基金收益率的摊薄并可能削减红利。相反,封闭式基金的投资组合经理可以根据市场情况以及基金的战略来管理基金的投资组合,无需与进出基金的现金流发生冲突。无需不断申购份额意味着封闭式基金的费用一般较低。与开放式基金不同,封闭式基金通常只能在第一次公开发行的时候申购,因此其费用也较低。更高的手续费可以从基金的长期投资中提取。

封闭式基金与其他集合投资工具的另一个显著差别在于其对资产的杠杆调节能力,即运用贷款再购置资产。杠杆效应对投资组合的波动性有着巨大的影响,如果市场呈上涨趋势,则杠杆可明显提高封闭式基金的收益;若市场呈下跌趋势,那么杠杆也可以放大基金的损失。封闭式基金根据其交易价格进行交易,这就给了投资者追求更多回报的可能。如果某一封闭式基金的标的市场上涨并且该基金的折价缩小或溢价扩大,则该封闭式基金的价格回报就会高于基金净值的回报。

三、焦点问题资料

(一)成长型、收入型、平衡型基金的比较

三种基金的比较见表2-4。

表2-4 成长型、收入型、平衡型基金的比较

比较项目 \ 基金类型	成长型基金	收入型基金	平衡型基金
投资目标	资本长期增值	基金当期收入	既追求长期资本增值,又追求当期收入
投资对象	有较大升值潜力的小公司和新兴行业的股票	绩优股、债券、可转让大额定期存单等收入比较稳定的有价证券	债券、优先股和部分普通股在投资组合中有比较稳定的组织比例
收益分配	很少分红,投资所得将用于再投资,以实现资本增值	一般将所得红利、利息分配给投资者	总资产额的25%~50%用于优先股和债券,其余用于普通股投资
风险程度	较高	低	介于成长型和收入型之间

(二) 期货基金与期权基金

期货基金是以各类期货市场为主要投资标的的投资基金,期货投资的特点是以小搏大,风险与收益都很大。期权基金是指主要从事于期权交易的投资基金。

期货不仅有套期保值的功能,而且是一种高增值、高风险的投资工具。只要预测无误,投资期货,特别是金融期货在短期内就可获得较高的回报,因此成为基金宠爱的投资标的物。目前,称得上期货基金的多为黄金基金、资源基金、能源基金。

期货是一种杠杆型投资工具,采用保证金交易方式,以小搏大,带有很大的投机性,既可使投资获得高回报,又蕴藏着很高的风险。例如,保证金是期货资产值的1/10,当期货资产价格在合约规定期内上升10%,购入期货期间合约的持有人便可获得100%的投资回报;相反,如果期货资产价格在此期间下降10%,那么投资者就会落得血本无归。不过,期货交易是每个交易日结算一次的,当保证金少到一定比例时,投资者必须补仓,否则就会被迫斩仓。基金经理投资期货一般有两个目的:利用期货对冲,减少购入现货风险;谋求资本高增值。鉴于期货是一种高风险的投资工具,为了维护投资者的利益,基金市场管理当局对期货基金的经营一般均有严格的规定:投资期货的保证金不得超过基金资产净值的70%;未平仓的合约不得超过基金资产净值的5%;基金经理借贷不得超过基金资产净值的10%;期货基金经理必须具备管理期货基金所需的资格及经验;基金必须在相当大的程度上分散投资,而且必须在正式交易所进行期货投资;基金公开说明书必须注明该基金的内在风险及应付风险的投资策略,以及顾问与经纪费用。

(三) 指数基金

指数基金是指以某种证券市场的价格指数为主要投资对象的基金,指数基金以拟合目标指数、跟踪目标指数变化为原则,实现与市场的同步成长,其运作核心是通过被动跟踪指数,充分分散个股风险,以获取市场的平均收益。

指数基金根据投资操作方式不同,可分为完全意义上的指数基金和增强型指数基金,完全意义上的指数基金完全被动地追踪指数,而增强型指数基金则加入了积极投资的成分,在增加了风险和成本的基础上也提高了预期收益。目前我国证券市场上的指数基金主要有:银华—道琼斯88,长城久泰300指数,融通深证100指数,万家上证180指数,嘉实沪深300指数,华安中国A股指数,融通巨潮100指数,博时裕富指数,易方达50指数,华夏上证50指数ETF,易方达深证100指数ETF,华安上证180ETF,大成沪深300指数,友邦华泰上证红利ETF,华夏中小板股票ETF,长胜中证100指数等。

（四）开放式基金的优势

相对于封闭式基金,开放式基金有以下优势。

（1）市场选择性强。如果基金业绩优良,投资者购买基金的资金流入会导致基金资产增加。而如果基金经营不善,投资者通过赎回基金的方式撤出资金,导致基金资产减少。由于规模较大的基金其整体运营成本并不比小规模基金的成本高,使得大规模的基金业绩更好,愿意购买的人更多,规模也就更大。这种优胜劣汰的机制对基金管理人形成了直接的激励约束,充分体现良好的市场选择。

（2）流动性好。基金管理人必须保持基金资产充分的流动性,以应付可能出现的赎回,而不会集中持有大量难以变现的资产,减少了基金的流动性风险。

（3）透明度高。除履行必备的信息披露外,开放式基金一般每日公布资产净值,随时准确地体现基金管理人在市场上运作、驾驭资金的能力,对于能力、资金、经验均不足的小投资者有特别的吸引力。

（4）便于投资。投资者可随时在各销售场所申购、赎回基金,十分便利。良好的激励约束机制又促使基金管理人更加注重诚信、声誉,强调中长期、稳定、绩优的投资策略以及优良的客户服务。

第八节 重要团队活动提示

一、团队路演

团队路演是团队的第一次公开亮相,是展示团队的企业文化、团队实力、精神风貌的一个最佳时机,也为公司今后上市运作奠定基础。

团队路演的地点是课堂,届时,团队的全部成员都可能在讲台上公开亮相。时间长度估计在10—15分钟。

路演的形式可以由各个团队自行设计。一般应以新颖性、独特性和震撼效果为最佳展示目标。

教师和其他团队同学组成的评委团将会为团队的路演效果打分。如果想在这一环节获得高分,设计一个与众不同的、创意新颖的路演仪式是十分重要的。

二、团队课堂对抗

除了前期已经进行过的团队路演外,团队将从第一章起,首次开始尝试以教材内容为主体的团队对抗活动。这种对抗活动真正实现了以学生为中心的教学理念：投资基金课程的课堂理论知识学习，是以"学生对抗式讲课"和"学生团队辩论对抗赛"两种游戏形式来完成的。

（一）学生课堂主题讲课对抗

至少绝大多数学生是首次体验和实践这种新型的游戏式的专业学习过程。首先，全班同学中至少有相当一部分学生可以站上讲台，亲身体验做老师的感觉，这个人数的多少主要取决于课时计划的多少。

做老师难吗？说难也难，至少学习者需要做精心的备课准备，需要针对所负责讲授的专题查阅大量的参考资料。此外，还需要考虑讲课是否能够吸引大多数"学生"——其实是学习者的同学——的关注和激发他们的学习热情。事实证明，照本宣科是不大受学生们欢迎的，他们更喜欢看到本专业与社会实际有关的辅助材料。说不难其实真的也不难。个中滋味学习者亲自尝试一下就知道了。

不过，也不能大意，其他团队的某位同学也有一个相同的讲课任务，你们直接PK的结果还很难说，但主动权始终是掌握在自己的手中的。

实际上，团队对抗教学模式中，课程开始的时候，各个团队就已经通过抽签，成为某一章内容的擂主，其他团队的同学则作为打擂者也对同一部分进行讲解，实现团队之间的PK。

（二）学生团队辩论对抗赛

如果说对抗式讲课是考察个人单兵作战的能力，那么，团队辩论对抗赛考察的就是团队协同作战的水平了。在此前一周左右，老师会公布两个辩论的主题，团队需要分为两个辩论队来进行这个教学项目的准备。其中，每个辩论队的人数是5—6人，分别是一号辩手（阐述观点）、二号辩手（论证观点）、一号攻击手（针对对方一号辩手进行攻击）、二号攻击手（针对对方二号辩手进行攻击）、自由辩手（自由辩论）、三号辩手（总结陈词），如果人数为五人，三号辩手可以由一号、二号辩手中的一人兼任。辩论赛的具体程序和规定请查阅"实验教程"。

辩论赛的过程是非常激烈的，甚至使用任何描述战争的成语来形容都不过分。为了不成为其他团队的手下败将，除了需要队员拥有扎实的专业知识储备、伶牙俐齿和随机应变的能力以外，更多的是需要团队所有参与人员共同进行材料的准备，和对可能发生的所有现场状况进行假想和事前的对策预演。

为了方便现场评委团（包括老师在内）对团队个体角色的识别和评分，最好让队友能够在辩论赛时佩戴醒目的角色标识牌。

（三）现场评委团

现场评委团将由老师随机抽取非对抗团队的同学组成。他们将对讲课对抗和辩论对抗进行现场评分，并现场评判出优胜者。

现场评委团中的学生成员将会有一个现场点评的机会，教师会根据评委现场点评的表现给评委打分。

三、本章对抗辩题

（1）开放式基金是基金投资者的最佳选择（正方）；封闭式基金是基金投资者的最佳选择（反方）。

（2）契约型基金是投资基金的最佳存在形式（正方）；公司型基金是投资基金的最佳存在形式（反方）。

第三章 证券投资基金的起源与发展

当人类进入工业文明时代之后,生财、聚财之道也变得更加文明守序了。人们不仅创造了资本市场,让所有的产业经济在资本里交融汇聚,还发明了一种新型的以专业管理、集合投资、分散风险、利益共享、风险共担为特征的理财工具——投资基金,并且很快让它风靡全球,蓬勃发展。

学习重点

(1)国外基金的起源与发展。
(2)我国基金的起源与发展。
(3)美国共同基金业独立董事制度。
(4)你的团队所面临的各个金融市场。

团队活动指引:团队面临的金融市场及资金管理

关键词:校园模拟股市 沪深股市 外汇市场 影子账户 参考书目 资金管理

1. 校园模拟股市

这是本课程中最富有活力、学生参与最为直接的金融市场。所有交易品种的行情价格全部为师生共同委托产生。团队可以在这个市场中进行股票、基金、债券的IPO,完成资金募集、证券投资和投机、大资金运作、资产重组运作,等等。

2. 沪深股市

学生团队在指定网站注册100万元的沪深模拟账户(影子账户),然后教师以此账户的盈亏比例,计算出学生团队投入沪深股市的投资资金的盈亏额度。

3. 外汇市场

在相关国际金融研究中心网站为本课程的外汇投资模拟教学活动提供的网络交易平台上进行。

4. 参考书目

本章为学生学习投资专业知识提供了一批参考书目,供学生进行投资技术提升之用。

第一节 国外基金的起源与发展

一、基金在英国的起源和发展

了解过去是为了更好地把握未来;了解海外是为了以他山之石攻玉。一百多年的基金历史,跌宕起伏,但其蓬勃发展是不争的事实。让我们走近历史,去倾听来自异国他乡的财富之门洞开的声音;让我们也去审视迈向这扇财富之门的年轻脚步。

从基金发展的历史来看,开放式基金大体经过了四个发展阶段:

(1) 产生阶段。自 1868 年第一家公众投资基金——"外国和殖民地政府信托"(the Foreign and Colonial Government Trust)在英国成立到 1924 年美国波士顿成立世界上第一只公司型开放式基金——马萨诸塞投资信托基金为止。

(2) 初级发展阶段。从 1924 年到 1940 年美国《投资公司法》的颁布。

(3) 稳步成长阶段。从 1940 年到 20 世纪 80 年代。

(4) 迅速发展阶段。20 世纪 80 年代至今。

19 世纪的欧洲,一些达官贵人为了保管私人财产,专门聘请理财有方的律师及会计师管理运用他们的财产,只支付少量的管理费用。荷兰国王威廉一世于 1822 年创立了第一个私人基金,主要投资于市场上的有价证券,并从事欧洲和美洲之间的商品货币投资事业。这被世人公认为早期的证券投资信托基金。而作为社会化的理财工具,基金真正起源于英国。

英国是现代投资基金的发源地。18 世纪中期,英国在发生了第一次产业革命后,凭借发展工业和对外扩张积累了大量财富,使得国内利率不断下降,资金纷纷向外寻求增值的出路。但在那个年代,投资者极度欠缺国际领域的投资知识,对国际投资环境没有一个明确的了解,并且语言不相通,严重阻碍了投资者与被投资者的交流，使得投资者无力自己进行管理。此时，一些投机欺诈分子利用投资者急于向外投资的热情，设立了大量的股份公司，鼓励投资者高价购买他们的股票，然后宣布公司破产，携款逃之夭夭。大批投资者吃亏上当，为此倾家荡产，追悔莫及。投资者经过惨痛教训后，便萌发了集合众多投资人的资金，委托专人进行投资和管理的想法。这一想法得到了英国政府的支持，政府出面组织投资公司，委托具备专业知识的理财能手代为投资，并分散风险，让中小投资者能和大型投资者一样享受国际投资的丰厚报酬，同时委托律师签订文字契约以确保投资的安全与增值。这种集合众人资金委托专家经营的投资方式，很快得到了投资者的热烈响应。1868年，世界上第一家公众投资基金——"外国和殖民地政府信托"在英国诞生，它是第一个专门为小额投资人取得规模经济的投资目的而进行的集资。其以分散投资于国外殖民地的公司债券为主，总额达48万英镑，信托期限为24年，投资人每年得到7%以上的回报率，比当时英国政府债券3.3%的年利率要高出一倍多。这种基金跟股票类似，不能退股，也不能单位兑换，权益仅限于分红和派息。其运作方式类似于现代的封闭式契约型基金，通过契约约束各当事人的关系，委托代理人运用和管理基金资产并实行固定利率制。因此，契约型基金是最早的一种基金，比公司型基金的发展要早得多。同时，这只基金的一些特征还体现了现代共同基金的特点，如3%的销售费用以及25个基点的管理费用等。

投资基金的第一个全盛时期是在1868年之后。苏格兰人富来明被认为是投资信托的先驱。他经过实地的考察后，认为美国铁路建设急需大量的资金，于是，1873年在投资基金的发祥地——丹地市，第一家专业管理基金的组织"苏格兰美洲信托"成立。19世纪后期的英国法律为集合投资基金的发展提供了良好的环境。到1875年，已经有18个与海外和殖民地政府信托类似的信托产生，信托实收资本总额超过650万英镑。这些英格兰和苏格兰的投资信托与封闭式基金类似，总体上注重为投资人创造收入。1879年《英国股份有限公司法》颁布，从此投资基金从契约型进入股份有限公司专业管理时代，这也是基金发展史上的一次大飞跃。这种公司型基金取消了一些条款，比如对投资人支付实现确定股利等。投资证券及各类金融产品是它最大、也是唯一的经营活动。其运作体制有一些企业化的味道，信托的意义已不复存在。

从1870年起的60年时间内，英国共有200多个投资基金公司在全国各地成立。1931年，英国出现了世界第一只以净资产值向投资人赎回基金单位的投资基金，它成为现代投资信托基金的里程碑。

19世纪末和20世纪初是英国投资基金最为发达的阶段。英国的投资基金一直是以契约型封闭式基金为主。1943年,英国成立了"海外政府信托契约"组织,该基金除规定基金公司以净资产价值赎回基金单位外,还在信托契约中明确了灵活的投资组合方式,标志着英国现代证券投资基金的开端。20世纪60年代后,开放式基金的总资产规模稳步增长,20世纪80年代更以高于25%的年平均增长率增长,远远高于封闭式基金的增长速度,1984年后开放式基金的规模已经超过封闭式基金。1965年封闭式基金的总市值是开放式基金的6倍,而到1987年只有开放式基金的40%。

英国的封闭式基金一般以投资信托公司股份的形式向公众募资;而开放式基金一般以单位信托基金的形式存在,由大的金融机构,如银行、保险公司和投资集团等管理。单位信托基金的数量和管理资产总量,均超过投资信托公司。1987年,管理开放式基金的机构共有161家,其中最大的20家机构管理着2/3的资产。到1997年底,英国有单位信托基金管理公司154家,管理单位信托基金近1 600个,管理资产超过1 500亿英镑;而投资信托公司有570多家,管理资产580亿英镑。到2002年3月,英国大约有1 980只单位信托基金,由150家公司管理,资产规模约2 400亿英镑。截至2003年6月英国投资基金资产总值达2 150亿英镑,基金管理公司130家。

英国投资基金业隶属于资产管理业,规范英国投资基金业的法律主要是1986年《金融服务法》,1997年《开放式投资公司法》以及2001年生效的《金融服务与市场法》。

英国的投资者更倾向于投资股票基金。1999年,股票基金的资产价值占英国基金的84%左右,债券基金占8%左右,余下的为混合型基金或平衡型基金。英国货币市场基金的资产几乎可以不计,管理的资产不到总额的1%,英国投资者把共同基金主要视为长期的投资工具。英国股票基金发达而货币市场基金规模偏小,主要是因为英国银行和住房互助协会对小额储蓄存款利息不限制,证券市场交易活跃,故很少有投资者将资金投资于货币市场基金,这种情况与美国大相径庭,亦与其他欧洲国家显著不同。

虽然英国投资者对开放式基金的赎回量每年都在增加,但认购的速度增长得更快,其结果便是每年开放式基金的净投资额迅速增加。从中可以看出,英国的开放式基金出现的较为迟缓,但出现之后发展迅速,远远超过了庞大的封闭式基金的规模,并且这种趋势随着开放式基金的发展日趋明显。

二、基金在美国的发展

投资基金起源于英国,在20世纪20年代传入美国后,得到极大的发展和普及。1980年,仅有1/16的家庭投资于共同基金,而时至今日,这个数字已经超过了1/3,美国已经从一个由储户构成的国家演变成一个由投资人构成的国家。今天,美国的投资基金业拥有世界上最大的资产量和最完备的管理系统,号称基金的王国。

通过对美国共同基金历史的回顾,我们能够在很大程度上解释共同基金业为何按现在的模式进行构造。这段历史发生在20世纪,并跨越几个明显的时期。

（一）开始阶段

第一次世界大战后,美国经济空前繁荣,国民收入急剧增长,国内外投资活动异常活跃,同时经济活动也日益复杂化。英国投资信托制度就是在这样的情况下被引入美国。

19世纪末20世纪初,在美国出现了一些与英格兰和苏格兰的投资信托类似的投资工具,如1889年成立的纽约股票信托、1893年成立的波士顿个人财产信托以及1904年成立的铁路和电灯证券公司。而诸如此类的各种投资信托所代表的美国人的投资比例是微小的,在美国家庭金融资产价值中所占的比重远不到1%。

（二）喧嚣的20世纪20年代和"大崩溃"

第一次世界大战改变了美国和欧洲之间的债权人和债务人地位,战争摧毁了欧洲大部分工业基础,并为美国工业奇迹般地扩展并进入这一新市场提供了契机。在20世纪20年代,美国人的收入不仅能够满足消费,而且更有富余的部分用于投资。对基金业同样重要的是,战争期间,美国政府向国内投资者出售自由债券,且其中一些面额小到50美元,这使得2 000万美国人学会了投资。20年代的牛市吸引了很多美国人直接投资于普通股票,但投资信托的优越性也吸引了很多投资者。

信托投资的具体组织类型随信托类型而变化,20年代投资信托大致分为两种类型:(1)最流行的是类似于英格兰和苏格兰的投资信托,或我们目前所称的封闭式基金。1921年4月,美国出现了第一个投资基金组织——美国国际证券信托,该基金的运作与之前的英国基金基本雷同,亦为封闭式基金,即基金发行在外的受益凭证数量固定不变,投资人只能在市场上进行受益凭证的交易,其价格由供求关系调节。从1924年开始至1929年的5年中,美国共建立了56个封闭式投资信托。在"大危机"发生时,89个公开发售的封闭式投资信托向公众披露其所持有的资产价值总额约为30亿美元。(2)20世纪20年代首次出现的主要的投资公司类型是开放式基金,有时也被称为波士顿型投资信托。虽然在20年代之前已经形成了一些开放式投资信托,但是这些信托并未公开发行。例如,1907年设立的亚历山大基金已开始作为小范围朋友圈内投资的一种选择——尽管这种基金最终公开发行。亚历山大基金是一种开放式基金,因为其章程规定基金的购买者可以在任何时候要求基金发行人赎回其所购基金,并按照当日的单位净值得到现金。

1924年,美国出现了第一只在设立时就向公众出售的开放式基金——马萨诸塞投资信托(Massachusetts Investment Trust, MIT)。1924年内,这只基金吸引了200名投资者,32 000份单位信托共价值39.2万美元。MIT在今天也应该被称为大市值股票基金。它是从投资于19只蓝筹股、14只铁路股、10只公共事业股和2只保险公司股开始的,并把销售费用有效地控制在5%的水平上。它最初的资产规模只有5万美元,是由哈佛大学200名教授出资组成的,宗旨是为投资人提供专业化投资管理,其管理机构是马萨诸塞金融服务公司。这一基金发展到今天,资产已经超过10亿美元,有85 000多个投资人。开放式基金作为新生事物在历史上第一次真正诞生了,它的诞生必将给基金业的发展带来一场新的革命。在此,我们要纪念开放式基金的塑造者:爱德华·莱夫勒。他还是一名证券销售商时,就对小投资者所遭受的待遇感到不满,认为理想的投资工具应该具有专业化的管理,能够降低风险的组合投资,在需要的时候易于变现的特征。莱夫勒花了三年的时间宣传他的开放式基金理念。1936年,在参加证券交易委员会听证会时,莱夫勒继续表明其对个人投资者利益的关注,这一关注对共同基金行业的形成建立了不朽的功勋。虽然继MIT之后,其他开放式基金纷纷效仿,但是,开放式基金远不如封闭式基金盛行,到1929年,仅有19只开放式基金,其总资产仅为1.4亿美元。美国股市在19世纪20年代持续繁荣了8年后,由于有关法律不完备,随着20年代末资本主义世界经济危机的爆发和1929年10月全球股市的崩溃,空头市场持续了4年时间,1929—1930年,道·琼斯工业平均指数下跌了34%,封闭式基金资产净值下跌了72%。结果封闭式基金成了投资者的毒药——整个30年代美国没有再推出一个新的封闭式基金。股市的崩溃也同样降低了开放式基金的市值,但它也展现了其优势,例如,可以随时赎回、不能过度借款、保持较好的投资组合流动性等。由于这些原因,开放式基金较封闭式基金的情况要好得多。例如,在1929年9月到1932年7月,与道·琼斯工业平均指数下降了89%相比,MIT市值下降了83%,同期MIT赢得了新投资者和新资金的进入。使众多投资者遭受创伤的1929年"大崩溃"对羽翼尚未丰满的共同基金业是一个严峻的考验。"大崩溃"暴露出喧嚣的20年代思维方式造就的封闭式结构的缺陷,而特别展现出开放式结构的基本价值。

(三) 20世纪30年代,萧条和调整的年代

1932年,富兰克林·罗斯福当选总统,其倡导通过更加激进的管理方法代替共和党自由放任的政府基金政策。经过7年的调整,联邦政府付诸努力制定一些保护措施,遏止由于自由放任政策造成的金融服务领域的诸多问题。伴随着对金融行业的立法活动,国会通过了四个影响共同基金行业的主要法律。

1933年美国公布了《证券法》,涵盖了较共同基金更为广阔的领域。建立了公开发行证券的规则。

1934年美国公布了《证券交易法》,提出了公开交易有价证券的交易规则,建立了销售机构和过户代理人必须遵守的规则,同时过户代理人必须在相应的政府管理机构注册登记。

1940年美国公布了《投资公司法》,详细规范了投资基金的组成及管理的要件,特别关注实践中发生的对国家公共利益和投资人造成的不利影响等八个问题。为投资者提供了完整的法律保护,从而奠定了投资基金健全发展的法律基础。

1940年美国公布了《投资顾问法》,要求任何给共同基金提供投资咨询服务的组织必须在证券交易委员会注册;还对投资顾问和基金公司所签合约做出了严格的限制。

当1934年《税法》颁布时,共同基金行业获得了重要的税收减让。《税法》确立共同基金投资公司——这是官方提及基金行业时,第一次使用共同这一术语——在满足规定的条件要求时,可以不向联邦政府支付收入所得税。因此,较封闭式基金而言,开放式基金具有明显的优势,从而促使其日趋流行。1929年,封闭式基金在大约30亿美元基金总资产中所占比重超过95%;1940年,封闭式基金所占份额下降到57%;1943年,开放式基金市场份额首次超过封闭式基金,并且开放式基金相对份额从此之后一直增长。

在此时期,共同基金行业更加呈现出现代的基金形态。在1932年之后设立的基金已经具有我们现在称之为开放式基金的属性:可随时赎回,不使用融资杠杆经营,仅发行不同份额等。

(四) 20世纪40年代至70年代,缓慢但稳步增长的年代

在随后的40年中,美国基金行业缓慢但稳步增长。基金持有的有价证券价值的增加和投资者购买的增加,使基金公司管理资产年增长率达到13%。新基金同样稳步增加。从1940年的68只增加到1951年的103只,再增加到1967年的204只;1970年时,美国已有投资基金361个,总资产近500亿美元,投资者逾千万人。但到1980年,基金总数仍未达到500只。

进入20世纪50年代,投资基金逐步从储蓄保值型走向增长型,人们开始

重视对各类成长型股票进行投资。到 1965 年有 50% 的投资基金是以股票作为投资对象的,这也促进了美国股市的繁荣。1940—1970 年,相对于银行储蓄,共同基金几乎没有增长;1978 年,共同基金总资产大约为 550 亿美元,而当年美国国内生产总值为 2.3 亿美元。

到 1960 年,共同基金的增长使得国会对基金行业的研究提出了新的要求。1962 年、1963 年和 1966 年由美国证券交易委员会调查及委托调查的三份报告指出,基金份额持有人和基金管理公司之间存在的潜在利益冲突日益凸显。这些报告敦促国会起草 1970 年修订案,对 1940 年《投资公司法》进行修订,以调整对共同基金的管理,特别是增加国家对基金份额持有人的保护,防止基金公司收取超额管理费。有关的 70 条修订条款对鼓励人们对投资顾问的超额收费提起诉讼起到了作用。

进入 20 世纪 70 年代后,大部分投资基金从封闭型走向开放型,封闭型基金不断萎缩。随着货币市场的发展,出现了一种短期市场基金——货币市场基金(MMF)。它使投资基金从长期投资为主转向长短期并重的均衡型。投资基金不断跨入银行业务领域,从而打破了银行与证券的分工壁垒。同时,开放式基金出现了一些新的特点,它的产品和服务趋于多样化,其格局和规模也发生了巨大的变化。例如,1970 年以前,大多数开放式基金是股票基金,仅在组合中包括一部分的债券。到了 1972 年,已经出现了 46 只债券和收入个人基金,1992 年更进一步达到了 1 629 只。同时,退休投资工具的变革对开放式基金的发展也起到了重大的推动作用。1974 年,退休账户出现;1976 年,第一只免税政府债券基金出现;1978 年,401(K)退休计划和自雇者个人退休计划出现,这些工具极大地促进了对开放式基金的需要。与基金发展相适应的,其服务也上了一个新的台阶,投资者开始享受到更多的不同的服务:24 小时电话服务,计算机化的账户信息,经常性的股东信件等。这些也预示着开放式基金的又一个飞速发展阶段的即将来临。

(五) 20 世纪 80 年代和 90 年代,现代基金业的起飞阶段

进入 20 世纪 80 年代后,美国国内利率逐渐降低并趋于稳定,经济的增长和股市的兴旺亦使投资基金得以快速发展。尤其在 80 年代中后期,股票市场长期平均收益高于银行存款和债券利率的优势逐渐凸显,投资基金的发展出现了一个很大的飞跃。进入 90 年代,世界经济一体化的迅速发展使得投资全球化的概念主导了美国投资基金的发展,同时克林顿执政时期美国国内经济的高速增长使得股市空前高涨,股票基金也得以迅速膨胀。

1982 年,共同基金资产的 3/4 是货币市场基金。这一年,国会颁布法律取

消了对银行的限制,允许银行向投资者提供一种所支付的利息与共同基金类似的储蓄账户。此举虽然减缓了大量资金从银行流向共同基金,但几乎没有已经投向共同基金的资金倒流回银行。投资者已经认识了共同投资基金,并喜欢上了它。

短暂的货币市场的繁荣对将投资者带到共同基金的世界有着重要的作用。20世纪70年代持续的熊市造成了共同基金业资产的萎缩。持有人账户数目也从1971年的近1 100万下降到了1978年的850万。从1979年开始,货币市场基金的迅速增长推动了持有人账户增加,在1983年总数已逾2 100万。随后,当货币市场共同基金增长放慢时,80年代的牛市使得长期基金再次具有吸引力,出现了普遍的恢复性增长。自1980年以来,总资产、每种基金资产、基金数量和持有人账户数量等均呈现出两位数的复合年增长率。新的资金主要来源于投资者重新调整其投资组合,把一些投资于其他工具的资金转入投资共同基金。

1981年《税收改革法》允许每一个美国人用其收入所得建立一个个人退休账户,并且在许多情况下,允许将税前收入作为年度缴款资金划入该账户。个人退休账户使得大量资金进入共同基金。这种强大的现金流持续数年一直延续到1986年。到1999年末,退休储蓄已占共同基金资产的38%,其中个人退休账户和雇主发起的缴费确定型计划各占一半。

在20世纪80年代和90年代,投资基金出现了一些新的销售渠道,作为传统分销渠道的重要补充。包括:共同基金超市、打包一揽子销售计划、理财顾问、银行销售渠道和网上销售等。20世纪80年代之前,购买共同基金份额的投资者购买的是共同基金专业化的管理,以求得投资收入和资本的增值,仅此而已。在20世纪80年代和90年代,竞争驱使共同基金管理公司将其为顾客所提供的单纯服务转向多方位的产品,以尽可能满足不同类型投资者的需求。共同基金类别从1970年的5类增加到2000年的33类。同时基金管理公司还大量使用广告和品牌等市场营销手段。共同基金产品发展的结果,巩固了共同基金在美国金融服务领域的地位,1980年,每20个美国人中仅有1人持有共同基金;而到2000年,不到3个美国人中就有1人持有共同基金。

第二节 我国基金的起源与发展

基金作为一种现代化的投资理财方式,以其制度的优越性、诚信的内涵,必将与各种理财方式一起,成为国人理财的有效途径。我国的投资基金是在计划经济体制向市场经济体制的过渡中出现的。总体来说,我国基金的发展大致可分为四个阶段:萌芽与起步阶段,迅猛发展阶段,调整与规范阶段,稳步发展阶段。

一、萌芽与起步阶段

中国基金业真正起步于20世纪的90年代,在一系列宏观经济政策纷纷出台的前提下,中国基金业千呼万唤,终于走到了前台。

1991年8月,珠海国际信托投资公司发起成立珠信基金,规模达6 930万元人民币,这是我国设立最早的国内基金。同年10月,武汉证券投资基金和南山风险投资基金分别经中国人民银行武汉市分行和深圳市南山区人民政府批准设立,规模分别达1 000万人民币和8 000万人民币。但投资基金这一概念从观念和实践引入我国则应追溯到1987年,当年中国人民银行和中国国际信托投资公司首开中国基金投资业务之先河,与国外一些机构合作推出了面向海外投资人的国家基金,它标志着中国投资基金业务开始出现。1989年5月,第一只中国概念基金即香港新鸿信托投资基金管理有限公司推出的新鸿基中华基金成立,之后,一批海外基金纷纷设立,极大地推动了中国投资基金业的起步和发展。

二、迅猛发展阶段

1992年,中国投资基金业的发展异常迅猛,当年有各级人行批准的37家投资基金出台,规模共计22亿美元。同年6月,我国第一家公司型封闭式投资基金——淄博乡镇企业投资基金由中国人民银行批准成立。同年10月8日,国内首家被正式批准成立的基金管理公司——深圳投资基金管理公司成立。到1993年,全国各地大大小小的基金约有70家左右,规模达40亿元人民币,已经设立的基金纷纷进入二级市场开始流通。这一时期是我国基金发展的初期阶段。1993年6月,9家中方金融机构及美国波士顿太平洋技术投资基金在上海建上海太平洋技术投资基金,这是第一个在我国境内设立的中外合资的中国基金,规模为2 000万美元。1993年8月,淄博基金在上海证券交易所公开上市,以此为标志,我国基金进入了公开上市交易的阶段。同年10月,建业、金龙和宝鼎三家面向教育界的基金批准设立。20世纪90年代初期,我国投资基金无论在数量上还是在资金规模上,都取得了骄人的成绩,从政策的出台到中外合资基金的出现,再到基金的上市交易,我国的投资基金走了一段迅速发展的道路,取得了长足的进步。

三、调整与规范阶段

由于我国的基金从一开始就发展势头迅猛,其设立和运作的随意性较强,存在发展与管理脱节的状况,调整与规范我国基金业成为金融管理部门的当务之急。

1993年5月19日,中国人民银行总行发出紧急通知,要求省级分行立即停止不规范发行投资基金和信托受益债券的做法。通知下达后,各级人民银行认真执行,未再批设任何基金,把精力放在已经设立的基金的规范化和已批基金的发行工作上。

1994年7月底,证监会同国务院有关部门推出股市新政策,提出发展我国的共同投资基金,培育机构投资人,试办中外合资基金管理公司,逐步吸引国外基金投资国内A股市场。国内基金与海外证券基金业联络、商洽、设计和申报了一批中外合资基金的方案。截止到1996年,我国申请待批的各类基金已经达数百家,但由于法律的滞后,基金发展基本上处于停滞的状态。

1998年3月23日,开元、金泰两只证券投资基金公开发行上市,这使封闭式证券投资基金的发展进入了一个新的历程。1998年,我国共成立了第一批5只封闭式基金:基金开元、基金金泰、基金兴华、基金安信和基金裕阳。

四、稳步发展阶段

到2001年,我国已有基金管理公司14家,封闭式证券投资基金34只。2001年9月,经管理层批准,由华安基金管理公司成立了我国第一支开放式证券投资基金——华安创新,我国基金业的发展进入了一个崭新的阶段。2002年,开放式基金在我国出现了超常规式的发展,规模迅速扩大,截至2002年底,开放式基金已猛增到17只。2003年10月28日由全国人大常委会通过的《证券投资基金法》的颁布与实施,是中国基金业和资本市场发展历史上的又一个重要的里程碑,标志着我国基金业进入了一个崭新的发展阶段。

我国基金发展的历史起源于1992年,规范的基金起源于1998年3月。尽管我国规范基金的历史并不长,但基金也经历了多次的起伏跌宕。我国基金发展的历史说明了股票型投资基金是长期理财的工具,而不是作为短期投机炒作的发财工具。

第三节 中美基金的现状特征

一、我国基金的现状特征

我国证券市场自建立以来的十多年的发展历程已被打上了高度投机的鲜

明印记,而以散户为主的投资者结构一直被认为是中国股市波动剧烈的主要原因。有鉴于国外成熟市场发展的经验,中国证监会于 1997 年 11 月出台《证券投资基金管理暂行办法》,实施超常规发展机构投资者的策略。1998 年 4 月 7 日,基金金泰和基金开元分别在上海证券交易所和深圳证券交易所挂牌上市,我国规范的封闭式证券投资基金开始纳入正式的制度安排;2001 年 9 月 21 日,华安创新证券投资基金发行,标志着我国第一只开放式基金登上投资基金的发展舞台;2004 年 6 月 1 日,《证券投资基金法》颁布实施,重点鼓励和扶持开放式基金发展的指导思路被确立为促进中国股票市场健康发展的重要指导思想。近年来我国证券投资基金发展迅猛,基金规模不断壮大,截至 2006 年 12 月 31 日,我国证券市场共有基金 321 只,其中封闭式基金 53 只,开放式基金 268 只,基金的净值总额合计是 8 564.61 亿元,约占沪深两市 A 股流通市值总和的 1/4。毫无疑问,基金已成为我国证券市场最为重要的机构投资者之一,证券投资基金作为我国金融产业的一个重要组成部分已经初具规模,并已成为中国证券市场举足轻重的影响力量。随着证券投资基金的发展,它已经初步显示出有助于有效配置金融资源、改善产业结构和经济结构、树立正确的市场投资理念、抑制投机气氛、改善证券市场的投资者结构,以及促进投资金融制度创新和金融工具多元化等方面的积极作用。

二、美国基金的现状特征

(一) 美国基金的发展状况

美国一直是世界上最大的共同基金市场,根据美国投资公司协会(ICI)的统计,截至 2005 年底,全球共同基金的资产总额已经达到 17.8 万亿美元,其中美国以 8.9 万亿的资产占据了全球共同基金市场 50% 的份额。

美国的共同基金份额一直占据着世界的主导地位,2001 年以前,美国共同基金的市场份额接近 60%,而 2001 年的"9·11"事件直接导致了美国股市的下跌,从而使美国共同基金市场份额也有所萎缩。虽然经历三年的连续下降,美国共同基金市场份额仍然以 50% 的比例高居第一,目前这种下降的趋势已基本得到扭转。

在共同基金刚兴起的年代,基金的发起人数量非常有限,并且它们一般都以公募基金作为主要业务,而到目前,共同基金行业的格局已经完全不同以往了:金融咨询公司、银行、保险公司、证券经纪商,以及其他金融服务公司都开始涉足共同基金这一领域,共同基金也仅仅是它们为了满足投资者需求而提供的众多金融产品中的一种。

从2005年底的情况来看,将近60%的共同基金都由金融咨询公司所管理,而它们旗下的共同基金资产也达到总量的50%,其余的50%则分别由银行、保险公司、证券经纪公司以及海外发起人所控制。美国的共同基金业的低进入门槛使得不断有新的发起人进入到行业中来,这些新鲜血液的加入令整个行业一直处于相对激烈的竞争状态下,并不因为行业已经成熟而降低竞争。1985年排名前25位的共同基金当中,仅仅只有16家在2005年依然处于前25位的位置,美国基金业竞争的激烈程度由此可见一斑。这种持续的激烈竞争使得个别优质的基金公司很难实现行业的垄断。根据Herfindahl-Hirschman指数的测度:美国基金业2005年的指数仅有400,属于非常分散的行业,趋近于自由竞争,市场份额的变化也显示了竞争的激烈,虽然排名前5位基金的市场份额在这20年间几乎没有变化,但排名前10位和前25位的基金市场份额都有一定程度的下降。

投资者对持续高收益的追逐,使得基金业的资产都集中于那些能够长期保持超额业绩的基金公司,历史数据也证明了这一点,以2005年为例,46%的资产集中于10年收益率排名前25%的基金族中,37%的资产集中于排名25%—50%的基金族中,也就是说,长期排名位于前50%的基金获得了3/4以上的资产。这一市场趋势也促进了基金追求长期业绩的良好竞争环境的逐步形成。

在美国的基金产业中,个人投资者占共同基金资产的大部分份额,机构占的共同基金资产的比重较小。在2005年末,个人持有共同基金资产77 968亿美元,占共同基金总资产的87.6%,机构持有11 083亿美元的共同基金资产,占共同基金总资产的12.4%。个人和机构的持有比例自2000年以来一直保持不变。就具体的各类基金而言,股票型、混合型以及债券型基金个人和机构的比例一直很稳定,不过个人账户占货币市场基金资产的比重出现明显的下降,由2000年的76.5%下降到2005年的69.33%,而机构账户占共同基金资产比重则明显上升。

(二)美国共同基金的特点

1. 法律、监管体系完整

美国基金通常按公司制组建,称为投资公司。管理和规范基金投资公司的法律非常完善。1933年《证券法》对投资公司充分披露信息作出了严格规定,1934年《证券交易法》对投资公司的公平交易提出了详尽要求。1940年《投资公司法》更为严格,要求投资公司严格遵循已公布的投资策略和投资限制运作,禁止某些类型的投资,限制和关联机构的交易,对投资顾问和基金销售安排进行了具体规定。同时,法律上还对投资公司董事会的选举、资本结构安排、托管协议,以及账户选择作了明确而详尽的规定。美国共同基金的监管大致可分为3个层次。美国证监会为第一层次的监管主体,其受国会委托,对基金运作行使全面、集中、统一的监管职能,负责基金的注册,根据各项法规对基金的发行、交易进行监管,检查和监督基金公司的经营活动,监督各项法规的执行情况。同时,美国证监会拥有一定的立法权和司法权。行业自律组织是共同基金的第二个监管主体,承担基金行业自我管理的作用。在美国,对基金市场影响较大的行业自律组织是美国证券交易商协会,该协会于1934年建立,负责监督分销共同基金股份的经纪自营商、制定公平交易规则、负责从业人员培训等。基金公司董事会是第三个监管主体。董事会由基金持有人选举产生,根据基金的规模不同,基金董事会由5—11人组成,负责基金的全面管理并对基金公司和投资顾问进行密切监督。为保证基金董事会的相对独立性和权威性,法律规定,独立董事的人数不得少于董事会总人数的40%,并且要求重大事件必须得到大多数独立董事的同意。

2. 内部监察受到高度重视

美国的法律要求任何一个证券机构都必须有从事监察业务的人士,否则将会面临证管机关的诉讼,或由顾客发起的对公司或雇员的诉讼。对一个证券机构内部监察工作的要求有两个:一是公司必须有完善的监察制度和程序,能在事前有效地发现问题;二是监察人员必须能够有效地履行职责。为防范风险,各基金公司一般对从业人员买卖股票会有比较详细的要求,美国的基金从业人员并不被禁止买卖股票,但是买卖股票的行为必须事先向公司申报,投资获益后,必须在一定时间之后才能卖出股票。这些规定,在某种程度上限制了基金从业人员滥用信息买卖股票。基金业内部严格的监察工作,对维持公众对基金业公正形象的信心起到很重要的作用,无形中促使投资者积极参与基金业,促进基金业的健康发展。

3. 专业化分工

如今的美国基金业已发展成为一个高效运作的专业化分工行业,基金的运作过程由不同机构协同完成。基金管理公司负责管理基金资产及新产品开发;托管银行负责安全保管基金资产及由此派生出的其他业务;注册登记人负责基金持有人记录的建立及保管、红利分配、税务报告;律师事务所负责基金申报材料的准备和上报工作;会计师事务所负责基金运作过程的审计。这些公司分工协调、互相监督,共同保护基金持有人的合法权益。专业的基金业绩评估公司(比如 Morning Star),通过建立科学的标准和指标体系、以市场和同类基金作参考,评价基金的表现,为投资者投资基金提供专业化的指导意见。与此同时,许多美国的基金管理人设有独立的研究部门,基金经理依靠券商、托管银行、社会咨询机构提供研究报告。基金经理的工作就是分析利用这些分析报告,寻找投资机会。基金经理也成为一个专门的阶层,明星基金经理对市场的看法甚至能引导整个市场,如基金经理彼得·林奇就在业内非常具有传奇色彩。

4. 信息披露制度完整

美国现行的证券信息披露制度非常完整和严密,通过公开披露信息,由市场来监管基金经理的行为。在基金募集阶段,美国证监会有权对基金招募说明书进行严格审阅和批准,以保证招募说明书能够将充分、准确的信息提供给投资者,并将其审阅基金招募书的程序在全面披露的宗旨下制度化,法律对招募说明书的内容也进行了详细规定。在基金销售阶段,任何销售资料都不得误导投资人;特定信息的广告中不得有基金业绩的说明条款;投资者在作出投资决策前,有权得到招募说明书的全文,如果招募书存在误导,投资者有权退回股份。此外,基金及其承销商的广告材料,通常要由美国证券交易商协会审查,如果广告材料没有遵守联邦证券法或协会规则,协会将向有关人士询问。在基金运作阶段,基金募集的资金必须按照招募说明书规定的投资策略进行,如果基金公司希望改变投资方向,必须上报美国证监会并召开股东大会,获得大多数股东认可。基金管理公司可以委托投资顾问代为管理基金的投资,但投资顾问的契约必须得到股东大会批准。

5. 发达、成熟的金融市场

优秀的上市公司是投资基金健康发展的基石,美国资本市场成熟、规范,共同基金等机构投资者作为纯粹意义上的投资者,为投资收益的最大化而积极参与上市公司治理结构完善的构建过程。美国拥有一个充满竞争性的产权收购市场,可以通过企业兼并收购形成对企业经营者的外部压力,所有股东都有充分的权利监督企业经理层的行为,以保护自身利益。正因为上述严格的市场规则,使得美国基金投资人的利益得到了最大限度的保护,市场和信息都是非常透明的,有着许多保护投资者不受内幕交易、操纵股市等不正当手段侵害的机制和手段存在。成熟的市场能够为企业提供长期资本供应,减少对银行的依赖性,银行的不良资产也能够通过证券化的形式在资本市场消化,有利于金融和经济的稳定发展,反过来又对基金业的发展提供了良好的环境和资金支持。

第四节　延伸学习材料

一、中美基金大事记

表 3-1　美国基金简史表

时　间	大　事　件
1924 年	美国最早的共同基金;马萨诸塞州投资信托;道富投资信托
1928 年	由萨德史蒂文斯和克拉克引进第一只以净资产出售的基金
1929 年	经济危机,引入最早的平衡型基金;1935 改名为惠灵顿基金
1940 年	颁布《投资公司法》界定三类投资公司:面值证书公司;单位投资信托;资产管理公司
1953 年	纽约交易所启动"月度投资计划";引入成本分摊法
1960—1968 年	共同基金的"奔腾年代":投资组合管理明星在公众中被推崇;公众首次对基金进行重大的投资
1972 年	第一只货币市场共同基金产生
1973—1974 年	两年的严重熊市持续到 1974 年:道·琼斯指数蒸发 50% 的价值;投资者逃离股市和基金
1975 年	《1975 年证券法修正案》规定固定佣金违规
1976 年	第一只指数基金创立
1979 年	货币市场基金税收减免
1980 年	SEC 通过 12b-1 规则收费
1981 年	1981 年《税法》产生了个人退休账户
1982 年	历史上持续时间最长的牛市开始,银行提供货币市场经常账户来与货币市场共同基金竞争
1983 年	麦瑞林奇引入双轨定价:同一基金中存在不同种类的份额(A&B)
1990—1995 年	共同基金数量和现金流入急剧增长;基金的数目超过在交易所上市的股票数量;美国人投资共同基金总额超过投资住房,ONESOURCE 和共同基金超市投放市场,能使投资者购买以资产净值出售的许多公司的基金并收到合并报表
1995 年	SEC 通过了共同基金可以用来销售份额的招募说明书概要
2000 年	麦哲伦基金被预期总资产净值超过 1 000 亿——大于 1984 年所有的股票类基金,也大于 1979 年全行业总资产

表3-2 中国基金大事记

时间	大事件
1997年11月14日	国务院批准发布了《证券投资基金管理暂行办法》
1997年12月12日	中国证监会发布《关于申请设立基金管理公司有关问题的通知》,规定申请设立基金管理公司、证券投资基金的程序、申报材料的内容及格式
1998年2月24日	中国工商银行作为第一家证券投资基金的托管银行,成立了基金托管部
1998年3月	国泰、南方基金管理有限公司成立,这是我国成立的第一批基金管理公司。我国首批封闭式证券投资基金也在同月设立,分别是基金金泰和基金开元
1998年9月	证监会基金监管部正式成立,下设综合处、审核处、监管一处和监管二处。该部于1997年10月开始运作
1999年3月30日	全国人大财经委在人民大会堂召开了基金法起草组成立大会。基金法被列入了全国人大常委会的立法规划
1999年8月27日	中国证监会转发中国人民银行《基金管理公司进入银行同业市场管理规定》,10家基金管理公司获准进入银行间市场
2000年6月18日	中国证监会举办首届基金从业资格考试
2001年4月24日	财政部、国家税务总局联合发出通知,规定对投资者购买中国证监会批准设立的封闭式证券投资基金免收印花税及对基金管理人免收营业税
2001年6月15日	中国证监会发布《关于申请设立基金管理公司若干问题的通知》,引入了"好人举手"制度。从此,发起设立基金管理公司申请人的范围扩大
2001年8月28日	中国证券业协会基金公会成立
2001年9月21日	中国首只开放式基金——华安创新基金设立,首发规模约为50亿份基金单位
2001年10月	《开放式证券投资基金试点办法》颁布,使得证券投资基金管理的基本框架进一步得到了完善
2001年12月22日	中国证监会公布《境外机构参股、参与发起设立基金管理公司暂行规定》(征求意见稿),中外合作基金管理公司进入实质性的启动阶段
2002年6月1日	中国证监会颁布《外资参股基金管理公司设立规则》,该规则自2002年7月1日起实施
2002年8月23日	起草工作历时3年之久的《证券投资基金法》(草案)首次提交全国人大常委会审议
2002年10月16日	国安基金管理公司成为首家获准筹建中外合资基金的公司
2002年11月27日	中国证券登记结算公司发布《开放式基金结算备付金管理暂行办法》、《开放式基金结算保证金管理暂行办法》
2002年12月3日	中国证监会发布《证券投资基金管理公司内部控制指导意见》
2002年12月9日	中国证券业协会证券投资基金业委员会在深圳成立

续表

时　　间	大　事　件
2002年12月19日	南方、博时、华夏、鹏华、长盛、嘉实等六家基金公司,被全国社保基金理事会首批选定为具备社保基金管理资格的基金公司
2003年3月3日	因清理最后一只老基金而设立的基金管理公司——巨田基金管理有限公司获准开业
2003年4月28日	第一只由中外合资基金管理公司管理的基金,也是我国第一只系列基金,招商安泰系列基金成立
2003年6月23日	全国人大法律委员会向十届人大常委会第三次会议提交《证券投资基金法》(草案)的二审稿
2003年9月22日	《人民日报》发表中国证监会主席尚福林署名文章《大力发展证券投资基金培育证券市场中坚力量》
2003年10月23日	全国人大法律委员会向十届人大常委会第五次会议提交《证券投资基金法》(草案)的三审稿
2003年10月28日	十届人大常委会第五次会议以146票赞成、1票反对、1票弃权的结果,表决通过《证券投资基金法》。至此,历时近4年的《证券投资基金法》制定工作获得圆满成功
2004年3月	海富通收益增长与中信经典配置基金的首发规模双双超过100亿份。我国证券投资基金的规模首超2 000亿份
2004年6月1日	《中华人民共和国证券投资基金法》正式施行
2005年9月29日	《证券投资者保护基金管理办法》实施
2005年11月22日	发布《关于货币市场基金投资银行存款有关问题的通知》
2006年6月23日	发布《证券投资基金管理公司治理准则》(试行)
2006年8月26日	发布《合格境外机构投资者境内证券投资管理办法》
2007年8月30日	发布《上海证券交易所证券投资基金上市规则》
2008年2月22日	发布《基金管理公司年度报告内容与格式准则》
2008年5月5日	发布《关于证券投资基金管理公司在香港设立机构的规定》

二、推荐阅读材料：美国共同基金业独立董事制度及其主要特征

通过不断完善的独立董事制度来提高投资基金业的公信力和治理结构的效率,是美国投资基金制度的一个重要特征,这也是伴随着美国投资基金业发展的一个渐进的过程。早在美国1940年《投资公司法》中,就已经要求董事会中的关联董事不超过董事会的60%,而2001年2月15日颁布实施的"关于1940年《投资公司法》共同基金独立董事有关条款的修正案"则在很大程度上对美国共同基金的独立董事制度进行了进一步的完善。从历史发展看,20 世纪 30 年代中期美国许多基金的经营出现问题,促使美国证监会高度关注投资公司经常性地为关联人谋利的问题,并促使美国国会在 1940 年通过了《投资公司法》。1962 年,宾夕法尼亚大学沃顿商学院受美国证监会委托的基金调查表明,在当时的市场环境下,美国不少基金的实际决定权依然在那些与基金顾问有着多重身份关系的人手里,基金顾问向基金收取的费用倾向于比向大多数同等资产规模的非基金客户收取的费用要高得多,这直接促使了美国证监会在 1966 年发布了关于投资公司增长的公共政策含义的报告,强调从法律上加强投资公司独立董事的地位和作用,其中的一个重要内容就是要求其对顾问和承销合同条款作出评估。1992 年美国证监会进一步建议对《投资公司法》关于独立董事的规定作出修改,独立董事制度在美国基金业发展中的重要作用日益引起关注。

要简洁地总结美国基金业独立董事制度的特征,美国证监会主席在加利福尼亚共同基金与投资管理大会上的演讲中提出的一系列政策建议可以说是一个十分清晰的框架。他提出的四项措施将成为美国证监会对于改进共同基金治理结构一项主要计划的重要基石。这四项措施主要包括:

第一,基金董事会应该包括过半数的独立董事。

第二,任何新的独立董事均应由独立董事提名。

第三,董事的外部法律顾问应独立于管理层,以确保董事得到客观准确的信息。

第四,基金股东应能得到更多具体的信息,用以判断基金董事的独立性。

同时,建议对独立董事的职责要经常性地提出三个方面的反思性问题。

第一,独立董事真的起作用了吗?

第二,独立董事能对管理层进行有效监督吗?

第三,独立董事能视投资者的利益高于一切吗?

可以简要地将美国基金业的独立董事制度的主要特征归纳为以下几个方面。

(1) 独立董事多数原则。

具体来说,2001 年"修正案"要求董事会成员的大多数须由独立董事组成,至少达到简单多数。由于美国证监会期待独立董事对可能产生冲突的一些领域进行监察,如关于基金购买有其关系人参与的承销辛迪加所承销的证券、关于管理基金与关系方的关联交易等。独立董事的多数原则无疑有助于从机制上提高独立董事的影响力。实际上,目前在美国符合这样标准的投资公司董事会还不十分普遍,许多基金董事会也因此处于调整之中。

(2) 独立董事的自我任命原则。

独立董事如何任命直接影响到其行为模式。如果从职能上说美国证监会期望独立董事要代表公司整体利益和中小股东利益,要积极监督大股东及其派出的董事、高级管理人员以及其他在公司中代表控股股东利益者,逻辑上就不应该由控股股东或其控制的董事会选择或决定独立董事候选人,防止独立董事与董事会共进退而使董事会成为一个利益交易的俱乐部和一个自我永存的团体。

因此,美国证监会希望独立董事的选举和任命由在任独立董事进行。同时,还严格禁止基金投资顾问、主承销及某些关联方的前高级职员或董事担任基金独立董事。美国证券交易委员会认为,独立董事的这种自我繁衍机制,有利于形成一个具有独立意志的董事会,确保董事会可以优先考虑基金投资人的利益。美国基金界对于这一举措评价相当高,有的评论甚至指出:"基金独立董事的独立性就是自我任命的权力。"事实上,独立董事的自我任命制度尽管并不能完全保证独立董事的独立,但是比较其他提名方式,毕竟可以更好地保持独立董事的独立性和稳定性。

(3) 独立董事在信息获得方面的保证原则。

独立董事在保持良好独立性基础上履行独立的监督职能,有赖于公司向其提供的信息质量。从现实情况看,公司的管理层可能会通过歪曲的信息披露,或者是非欺骗性的信息误导或信息提供的不完全性误导独立董事的决策。有鉴于此,需要采取多方面的制约安排。为了使独立董事的律师能在基金和其服务提供者之间有潜在利益冲突的一些领域提供客观建议,他们必须独立于投资顾问和基金其他服务提供者。新基金的律师经常是由管理人代表基金聘请的,独立董事应有权更换。另外,独立董事在遇到特别的问题或动议时也应能从独立会计师和其他第三方获得专家意见,而且独立董事也必须注意所咨询的专家要独立于基金投资顾问及其他服务提供者。

(4) 独立董事的职能定位原则,其中主要包括对公司管理层的有效监督和将投资者的利益放在首位的原则。

根据美国对基金独立董事制度的阐述,美国共同基金独立董事的主要责任是"监督基金的运作,并负责处理基金与管理人及其他服务机构之间的利益冲突"。强调独立董事将投资者的利益放在首位,是因为相对于基金管理人而言,基金持有人在信息的获得、行为能力等方面,均属于弱势群体,因此,法律应该给予他们更多的保护。

独立董事对公司管理层的监督职能需要许多制度安排来保证。例如,独立董事应当主导基金董事会审计委员会的组织和运作。美国的投资公司法规定审计师的选择应由独立董事控制；必要时独立董事应单独举行会议。对基金管理人提高管理费用的提议或涉及基金与其相关服务提供者之间安排的一些重大变化，独立董事的独立会议都是非常必要的。

（5）对独立董事履行职责的状况动态进行评估和约束的原则。

正是由于独立董事在基金业公司治理中的重要作用，美国证监会一直十分关注对独立董事履行职责情况的评估和约束。目前看来，对于独立董事的约束渠道主要包括声誉上的约束、法律上的约束以及报酬方面的约束，同时不少公司在积极探索由独立董事自主确定薪酬水平。

三、焦点问题资料：初次买基金该怎样做

（一）了解基金的种类

根据投资对象的不同，证券投资基金可分为：股票型基金、债券型基金、货币市场基金、混合型基金等。60%以上的基金资产投资于股票的，为股票型基金；80%以上的基金资产投资于债券的，为债券型基金；仅投资于货币市场工具的，为货币市场基金；投资于股票、债券和货币市场工具，并且股票投资和债券投资的比例不符合债券、股票基金规定的，为混合型基金。从投资风险角度看，几种基金给投资人带来的风险是不同的。其中股票型基金风险最高，货币市场基金风险最小，债券型基金的风险居中。相同品种的投资基金由于投资风格和策略不同，风险也会有所区别。例如股票型基金按风险程度又可分为：平衡型、稳健型、指数型、成长型、增长型。当然，风险度越大，收益率相应也会越高；风险小，收益也相应要低一些。

（二）选择适合自己的基金

首先，要判断自己的风险承受能力。若不愿承担太大的风险，就考虑低风险的保本基金、货币基金；若风险承受能力较强，则可以优先选择股票型基金。股票型基金比较适合具有固定收入，又喜欢激进型理财的中青年投资者。承受风险中性的人宜购买平衡型基金或指数基金。与其他基金不同的是，平衡型基金的投资结构是股票和债券平衡持有，能确保投资始终在中低风险区间内运作，达到收益和风险平衡的投资目的。风险承受能力差的人宜购买债券型基金、货币型基金。

其次，要考虑投资期限。尽量避免短期内频繁申购、赎回，以免造成不必要的损失。

第三，要详细了解相关基金管理公司的情况，考察其投资风格、业绩。一是

可以将该基金与同类型基金收益情况作一个对比。二是可以将基金收益与大盘走势相比较。如果一只基金大多数时间的业绩表现都比同期大盘指数好,那么可以说这只基金的管理是比较有效的。三是可以考察基金累计净值增长率。基金累计净值增长率=(份额累计净值-单位面值)÷单位面值。例如,某基金目前的份额累计净值为1.18元,单位面值1.00元,则该基金的累计净值增长率为18%。当然,基金累计净值增长率的高低,还应该和基金运作时间的长短联系起来看,如果一只基金刚刚成立不久,其累计净值增长率一般会低于运作时间较长的可比同类型基金。四是当认购新成立的基金时,可考察同一公司管理的其他基金的情况。因为受管理模式以及管理团队等因素的影响,如果同一基金管理公司旗下的其他基金有着良好的业绩,那么该公司发行新基金的赢利能力也会相对较高。

由于我国目前尚未建立起较为成熟的基金流动评价体系,也没有客观独立的基金绩效评价机构提供基金绩效评价结论,投资者只能靠媒体提供的资料,自己作出分析评价。

(三)费用如何计算

购买开放式证券投资基金一般有三种费用:一是在购买新成立的基金时要缴纳"认购费";二是在购买老基金时需要缴纳"申购费";三是在基金赎回时需要缴纳"赎回手续费"。一般认购费率为1.2%,申购费率为1.5%,赎回费率为0.5%(货币市场基金免收费用)。

基金认购计算公式为:认购费用=认购金额×认购费率;净认购金额=认购金额-认购费用+认购日到基金成立日的利息认购份额。

基金申购计算公式为:申购费用=申购金额×申购费率;申购份额=(申购金额-申购费用)÷申请日基金单位净值。

基金赎回计算公式为:赎回费=赎回份额×赎回当日基金单位净值×赎回费率。

(四)基金投资有技巧

投资基金与投资股票有所不同,不能像炒股票那样天天关心基金的净值是多少,最忌讳以"追涨杀跌"的短线炒作方式频繁买进卖出,而应采取长期投资的策略(货币市场基金另外)。以下一些经验可供初购基金的投资者参考。

(1)应该通过认真分析证券市场波动、经济周期的发展和国家宏观政策,从中寻找买卖基金的时机。一般应在股市或经济处于波动周期的底部时买进,而在高峰时卖出。在经济增速下调落底时,可适当提高债券型基金的投资比重,及时购买新基金。若经济增速开始上调,则应加重偏股型基金比重,以及关注已面市的老基金。这是因为老基金已完成建仓,建仓成本也会较低。

（2）对购买基金的方式也应该有所选择。开放式基金可以在发行期内认购,也可以在发行后申购,只是申购的费用略高于发行认购时的费用。申购形式有多种,除了一次性申购之外,还有另外三种形式供选择。一是可以采用"金字塔申购法"。投资者如果认为时机成熟,打算买某一基金,可以先用1/2的资金申购,如果买入后该基金不涨反跌,则不宜追加投资,而是等该基金净值出现上升时,再在某价位买进1/3的基金,如此在上涨中不断追加买入,直到某一价位"建仓"完毕。这就像一个"金字塔",低价时买的多,高价时买的少,综合购买成本较低,盈利能力自然也就较强。二是可采用"成本平均法",即每隔相同的一段时间,以固定的资金投资于某一相同的基金。这样可以积少成多,让小钱积累成一笔不小的财富。这种投资方式操作起来也不复杂,只需要与销售基金的银行签订一份"定时定额扣款委托书",约定每月的申购金额,银行就会定期自动扣款买基金。三是可以采取"价值平均法",即在市价过低的时候,增加投资的数量;反之,在价格较高时,则减少投资,甚至可以出售一部分基金。

（3）尽量选择后端收费方式。基金管理公司在发行和赎回基金时均要向投资者收取一定的费用,其收费模式主要有前端收费和后端收费两种。前端收费是在购买时收取费用,后端收费则是赎回时再支付费用。在后端收费模式下,持有基金的年限越长,收费率就越低,一般是按每年20%的速度递减,直至为零。所以,当你准备长期持有该基金时,选择后端收费方式有利于降低投资成本。

（4）尽量选择伞形基金。伞形基金也称系列基金,即一家基金管理公司旗下有若干个不同类型的子基金。对于投资者而言,投资伞形基金主要有以下优势:一是收取的管理费用较低。二是投资者可在伞形基金下各个子基金间方便转换。

第五节　团队活动提示：公司经营资金与市场

特别提示：

（1）重点了解公司资金的管理与调拨技巧、资金的来源与使用方法。

（2）了解各个市场的运行规则,进行合理的投资。

（3）了解提升投资技能的办法和途径。

在各个市场的投资活动中,如何有效利用本团队在投资方面的人才资源,高效地调动他们的积极性,是非常重要的课题。要注意部门的规章制度的建设,强化对个人职责的考核,尽量避免少数学生"搭便车"现象的产生。

一、团队的资金管理

(一)公司获得资金的基本途径

公司的运营资金可以通过以下几种基本渠道获得:

(1)发起资金。此为老师给予每个公司发起人的基本资金,构成公司期初资本。

(2)上市募集资金。一旦获得在校园模拟股市上市的机会,公司将通过证券市场获得较多的募集资金。

(3)企业债券。学习者可以通过校园模拟股市发行债券获得借款,但可发行债券金额最多不得超过公司净资产的40%。

(4)公司间资金拆借。跟其他资金富裕团队进行资金拆借。

(5)经营收入。

(6)银行贷款。如果并行的其他课程存在银行类的学生公司,则可以从这些公司获得贷款。

(二)公司资本投向

1. 市场投资

资金可以分配到校园模拟股市、沪深股市和外汇市场。金融市场的风险很大,但是可以控制的。在这三个市场中,外汇市场风险最大,这是因为外汇市场采用的是杠杆式保证金制度,但风险和利润成正比,也可能是一个使用少量资金便可以获得较大利润的投资机会。

公司的资金每周可以调动一次,应该根据这几个市场操盘手的盈利状态,将多数资金集中流动到盈利最大的市场中。不过需要注意的是,在规定必须介入的市场中如果没有资金投入,或一周没有一次操作,则会被课程扣分。

2. 放贷

公司可以通过放贷获得利息收益。放贷的形式有两种:购买在校园股市中上市发行的企业债券或者公司之间进行资金拆借。一般来说,后者的风险比前者略大。

3. 银行存款

如果存在银行类型的公司,多余的资金也可以存入银行获得利息。

4. 委托理财

一般投资公司均有委托理财项目，如果本公司操盘手水平有限，或者为了分散风险，可以委托操作水平较高的公司为本公司进行委托理财。

5. 购买保险

为了最大限度地控制公司风险，如果市场存在保险公司，可以在保险公司购买相应保险，使得公司在经营不善的情况下，可以获得部分的赔偿。

（三）资金管理常容易出现的问题

以下行为可能会被课程扣分：

（1）闲置资金过多。每周老师将会对各个团队闲置资金情况进行排序，资金闲置比例越多，被扣分可能越多。

（2）一些市场在规定必须进行操作以后仍无资金调入（即空账户）。

（3）外汇账户出现强行平仓或者爆仓，资产为负时无资金的补充调入。

二、团队经营活动所面临的市场

在本课程中，团队的业务活动将在校园模拟股市、沪深股市和外汇市场等金融市场中进行，团队将会根据各个市场的具体情况，将自有资金投入这些市场中开展相关的投资活动。

（一）校园模拟股市

校园模拟股市是为金融投资类相关课程设立的，在校园中运作的一个微型的模拟证券市场。可以完成校园模拟的学生股份公司和投资基金上市融资、债券发行和证券交易的场所。

在校园模拟股市中，团队可以进行以下专业活动：

债券发行：发行公司债券。

资金募集：通过本公司股票或基金上市运作，完成资金的募集。

证券投资与投机：通过校园模拟股市进行证券投资，以获得投资收益。

机构投资运作体验：各团队可以使用大资金进行市场操纵，获得机构证券市场的运作体验，如坐庄、投机炒作，等等。

资产重组：可以通过校园模拟股市完成公司的兼并，实现资产重组运作。

各团队在这一市场的投资业绩和操作结果将会影响团队的周评分、期末评分。

（二）沪深股市

每一个团队都必须利用自有的模拟资金，在沪深股市中进行相应投资操作。各团队在这一市场的投资业绩将会影响团队的周评分。具体做法是各个团队通过相关网站,建立沪深股市投资的模拟证券投资账户,我们称为"影子账户",然后根据其操作盈亏比例,将公司分配到沪深股市的资金额度折合出真实的盈亏额度。

影子账户与沪深股市模拟账户的关系计算的实例:

A公司在沪深股市有320万元的模拟资金。在网络注册了100万元初始值的影子账户,结果一周下来经过操作,影子账户的资产总额变为125万元,盈利25%,则公司在沪深股市的资产变化为:

$$320(万元) \times 1.25 = 400(万元)$$

若影子账户的资产总额变为80万元,为亏损20%,则公司在沪深股市的资产变化为:

$$320(万元) \times 0.80 = 256(万元)$$

(三)外汇市场

某国际金融研究中心为本课程的外汇投资模拟教学活动提供了网络资源,使得学生可以有机会接触金融投资最前沿的实战活动。每一团队可以获得该国际金融研究中心提供的两个模拟外汇账户。

三、如何提高团队专业投资水平

欲在本课程中取得良好的成绩,应该具备以下条件:

(1)良好的团队合作。

(2)良好的团队专业投资水平。

(3)尽早团队上市。

其中,专业水平的提高,需要投资部和风险控制部成员具有良好的金融市场投资技术水平。这些同学需要阅读以下书籍:

(1)证券与外汇技术分析类。

罗伯特·D·爱德华,约翰·迈吉:《股市趋势技术分析》。

王鲁志:《外汇投资原理与实战技能初级教程》(本书也适用于证券投资技术分析)。

王鲁志:《外汇冷投资》。

(2)投资心理与市场实质类。

拉斯·特维德:《投资心理学——掌握市场波动的真谛》。

巴顿·比格斯:《对冲基金风云录》。

戴维·德罗萨:《金融危机真相》。
宋鸿兵:《货币战争》(本书观点偏激,但也值得一看)。
(3) 公司、基金组建参考书籍。
袁文平:《投资基金》。
郑鸣等:《投资银行学教程》。

四、本章课堂对抗主题

(1) 成熟的金融市场是(不一定是)投资基金健康发展的基础。
(2) 基金投资的风险小于(大于)股票投资的风险。

第四章　证券投资基金的设立和运营流程

基金的发起与设立,是本课程学习的重要内容。在本章中,我们将要学习在我国成立投资基金的基本程序和相关运作要求,同时可以在校园环境中进行实践,设立一只投资基金,并学习和实践相关的运营程序。

学习重点

(1) 投资基金的设立步骤、申请文件和内容。
(2) 基金的销售。
(3) 封闭式基金与开放式基金的区别。
(4) 开放式基金的认购、申购与赎回。
(5) 基金的转换、托管和拆分。
(6) 了解校园教学中,基金的成立条件与现实社会中的区别。
(7) 在校园中组建一家公司,发起一只基金。

团队活动指引：基金及公司组建

关键词：基金公司组建　团队分工　对抗式讨论

1. 组建基金公司或者投资公司,并准备相关文件

在校园内组建基金与投资公司,程序相对简单。但运作上市就会比较复杂。

2. 公司岗位设置与分工

在组建公司时,需要针对不同的市场设置不同的职位,并根据团队成员的特长进行相应的岗位分工。一般情况下,一旦进行了分工,在本学期内将不得变更,否则在期末统计成绩时将会被扣分。

3. 对抗式讨论

本章出现对抗式讨论方式,这与辩论对抗有少许的区别。

第一节 证券投资基金的设立

我国基金事业的发展尚属初级阶段,而基金的设立又是基金运作的第一步,因此,为了保证基金成立后能够规范正常地管理、运作,需要严把基金设立关,实行严格的"核准制"。

一、基金设立的主要步骤

(1)确定基金性质。按组织形态不同,基金有公司型和契约型之分;按基金券可否赎回,又可分为开放型和封闭型两种,基金发起人首先应对此进行选择。

(2)选择共同发起人、基金管理人与托管人,制定各项申报文件。根据有关对基金发起人资格的规定慎重选择共同发起人,签订"合作发起设立证券投资基金协议书",选择基金保管人,制定各种文件,规定基金管理人、托管人和投资人的责、权、利关系。

(3)向主管机关提交规定的报批文件。同时,积极进行人员培训工作,为基金成立做好各种准备。

(4)发表基金招募说明书,发售基金券。一旦招募的资金达到有关法规规定的数额或百分比,基金即告成立;否则,基金发起便告失败。

二、申请设立基金应提交的文件和内容

根据《证券投资基金管理暂行办法》及其实施细则,基金发起人在申请设立基金时应当向证监会提供的文件有以下几项。

(一)申请报告

主要内容包括:基金名称、拟申请设立基金的必要性和可行性、基金类型、基金规模、存续时间,发行价格、发行对象、基金的交易或申购和赎回安排、拟委托的托管人和管理人以及重要发起人签字、盖章。

(二)发起人情况

包括发起人的基本情况、法人资格与业务资格证明文件。

(三)发起人协议

主要内容包括:拟设立基金名称、类型、规模、募集方式和存续时间;基金发起人的权利和义务,并具体说明基金未成立时各发起人的责任、义务;发起人认购基金单位的出资方式、期限以及首次认购和在存续期间持有的基金单位份额;拟聘任的基金托管人和基金管理人;发起人对主要发起人的授权等。

(四) 基金契约与托管协议

(五) 招募说明书

(六) 发起人财务报告

包括主要发起人经具有从事证券相关业务资格的会计师事务所及其注册会计师审计的最近3年的财务报表和审计报告,以及其他发起人实收资本的验资证明。

(七) 法律意见书

具有从事证券法律业务资格的律师事务所及其律师对发起人资格、发起人协议、基金契约、托管协议、招募说明书、基金管理公司章程、拟委任的基金托管人和管理人的资格,本次发行的实质条件、发起人的重要财务状况等问题出具法律意见。

(八) 募集方案

包括基金发行基本情况及发行公告。

申请设立开放式基金时,除应报送上述材料外,基金管理人还应向中国证监会报送开放式基金实施方案及相关文件。

第二节 证券投资基金的销售

我国开放式基金的销售逐渐形成了银行代销、券商代销、基金公司直销的销售体系,三方均建立了各自的组织体系、管理办法、客户经理和营销网络等。而其中商业银行更是以其遍布全国的众多营业网点优势在基金销售份额中占绝大比例。除此以外,投资者还可以通过邮局、网络、电话等渠道进行购买。不同销售渠道在基金本身的好坏、便捷性、服务性方面有着较大的差别。在购买基金之前,投资者应该从便捷性、费用、服务性这三方面来进行充分的考虑。

一、银行柜台和网上银行代销基金销售模式

在国内,通过银行购买基金仍然是很大一部分投资者惯用的方式。银行在广大的投资者中有着很好的信誉,而且银行的网点多,对于一般的投资者来说极为方便;并且在银行柜台,可以咨询到相关的信息和建议。但是应该注意,不是所有的银行对同一款基金的申购价都是一样的。通过不同银行购买基金公司直销的同一基金的申购费率相差甚至可超过5倍,若投资者申购金额较大,那么这5倍的费率差异也使得申购成本相差巨大。如表4-1所示。

表4-1 随机挑选8只基金通过不同银行购买的费率优惠比较

基金＼银行	南方稳健	南方宝元	华夏回报二号混合	华夏成长混合	嘉实量化	易方达策略成长二号	广发聚富	富国基金
工行	8折	8折					8折	—
建行	8折(手机网银7.5折)	8折(手机网银7.5折)	8折	8折	8折	8折	8折	8折
招行	8折	8折						8折
农行	7折	7.5折	7折	7折	7折	7折	7折	7折
中行	3.75折(深圳外)	7.5折	4折	3.33折	4折	3折		
中信		7.5折					3折	4折
民生		7.5折						4折
广发	3.75折	7.5折	4折	3.33折	4折	1.5折	4折	
农信社	3.75折	7.5折	4折	3.33折	4折	3折	—	
浦发	3.75折	7.5折	4折	3.33折	4折	3折		4折
兴业	3.75折	7.5折	4折	3.33折	4折	3折	4折	4折

注：以上费率优惠均为申购金额在100万以下标准。
资料来源：中国经济网，http://finance.ce.cn/fund/shou/jjgdbd/200907/11/t20090711_14761472.shtml。

通过银行代销，也存在不少的缺点。

（1）在银行购买的手续费相对来说是比较昂贵的。

（2）一家银行不太可能销售一家基金公司所有的产品，所以这对基金转化等业务来说很不方便。

（3）需要在银行工作的时间内办理基金业务，这对上班族来说，不是很方便。

二、证券公司代销销售模式

除了银行代销外，通过证券公司销售基金也是一种重要的代销模式。通常，大多数投资者在购买基金这一投资品种时，首选是去商业银行，却不知道另一种购买渠道——证券公司。

相对于银行的渠道，证券公司有以下优点：

（1）相对优惠的费率。相对来说，申购或认购的费用低廉。由于基金公司大多是证券公司下属公司(如：申万巴黎基金管理有限公司由申银万国与法国巴黎资产管理有限公司共同发起设立；广发证券控股广发基金管理有限公司等),因此,大多数基金公司都会给在证券公司购买基金的投资者优惠的申购或认购费用。

(2)交易的便捷性。由于一般投资者通过商业银行购买基金,需要在银行柜台办理,有时需要排较长的队伍并浪费较长的时间;而通过证券公司办理基金的申购和赎回,都只需通过网上交易即可,省去了较多的时间和精力。

(3)提供投资者较为专业的理财服务。基金组成的产品基本都是证券市场上的,而证券公司作为专业的做市商,往往可以提供给投资者最为专业的投资方向和把握,给投资者合理的建议。

三、基金公司直销销售模式

基金公司通过直销的方式主要两种:柜台直销和网络直销。

(1)柜台直销。一些大型的基金公司会在全国主要城市设立理财中心,投资者只要前往这些理财中心便能开户买卖基金。但理财中心通常接待 VIP 客户,对申购金额有一定的要求,投资者在前往前应先打电话问清楚。与其他销售渠道相比,基金公司直销是费率掌握最为灵活的一个,大额申购可以同客户经理商谈要求费率优惠。

(2)网络直销。只要一张银行卡,投资者就可以足不出户完成基金开户和买卖。网上直销有很大的费率折扣,目前大多数公司的网上直销申购费率为 0.6%,远低于 1.5% 的正常费率。另外,网上直销节省了基金公司和代销渠道之间资金转化的时间,赎回基金后资金到账速度也相应提高。

网上直销也存在一些缺点:

(1)不同基金公司要求的结算卡不同,所以,可能办理不同的基金需要用不同的银行卡。

(2)相对于证券代销渠道,当购买的基金比较多且涉及多家基金公司时,基金公司直销就显得比较费时间。

(3)需要支付银联转账费用:0.5 万以下,每笔 2 元;0.5 万—5 万,每笔 3 元;5 万—10 万之间,每笔 5 元;10 万元以上,每笔 8 元。

第三节 开放式基金与封闭式基金

一、开放式基金与封闭式基金的概念

根据基金单位是否可申购或赎回,可分为开放式基金和封闭式基金。

开放式基金,是指基金规模不是固定不变的,而是可以随时根据市场供求情况发行新份额或被投资人赎回的投资基金。

封闭式基金,是相对于开放式基金而言的,是指基金规模在发行前已确定,在发行完毕后和规定的期限内,基金规模固定不变的投资基金。

开放式基金不上市交易,一般通过银行申购和赎回,基金规模不固定;封闭式基金有固定的存续期,期间基金规模固定,一般在证券交易场所上市交易,投资者通过二级市场买卖基金单位。

二、开放式基金与封闭式基金的区别

(1) 交易地点的不同。封闭式基金在股票(A股)市场买卖;而开放式基金基本上在基金指定的银行进行申购与赎回。

(2) 交易方式的不同。封闭式基金发行结束以后,只能在证券市场流通,也即进行转让(买卖),不能进行申购与赎回,从而,其份额在存续期内是固定不变的,其存续期是在发行时就确定的;而开放式基金在发行结束以后,基本上可以随时进行申购与赎回,但是不能流通(转让),从而,其份额是经常变动的。

(3) 交易手续费率的不同。封闭式基金通过互联网进行买卖时,买卖一个来回的手续费仅为成交金额的0.1%~0.3%;而开放式基金进行申购与赎回一个来回的手续费,有时高达成交金额的2%,几乎是封闭式基金的8倍。

(4) 交易手续繁简的不同。开放式基金进行申购与赎回的手续比较麻烦,而且提出赎回申请以后,要等一周左右才能拿到现金。

(5) 定价的不同。开放式基金的定价是"净资产(净值)+手续费",每天只有一个价格,波动比较缓慢;而封闭式基金的价格由市场的供求状况决定,价格时刻在变化,波动比较激烈。

三、开放式基金与封闭式基金的优缺点

(1) 目前封闭式基金的买卖比较方便、迅速,可以在网上及时进行,而且手续费低廉,卖出以后,第二天就可以拿到现金。而开放式基金申购与赎回的手续比较麻烦,而且赎回以后,要等一周左右,才能够拿到现金。

(2) 由于开放式基金随时可以赎回,所以开放式基金的经理们比较谨慎小心,违规操作相对较少。相对而言,封闭式基金的道德风险较大。不过,开放式基金经理们可能会过分谨慎小心,再加上我国开放式基金规定必须保持大比例的现金,这都有碍于业绩的提高。

(3) 封闭式基金的价格有时会大大低于其净值。基金持有的股票一般只

占净值的70%,也即1元净值的基金,其中股票仅占0.7元,其他0.3元是现金与债券。所以,基金价格低于净值的60%时,我们用0.6元买进1元净值的基金,这相当于用0.3元买进基金持有的0.7元股票。也即,基金持有股票的价格仅为市价的 3/7 = 43%。

四、封闭式基金与开放式基金的交易要点

在对封闭式基金与开放式基金进行买卖与申购赎回时,必须注意以下两点。

首先,必须在股票价格指数比较低的时候逐步逢低买进或申购,而在股票价格指数比较高的时候逐步逢高卖出或赎回。例如,在2004年3—4月,上海证券交易所综合股价指数最高冲到1 783点的时候,由于早几个月购买了开放式基金的投资者,个个都赚了不少,所以当时形成了购买开放式基金的高潮,这短短的两个月中,开放式基金销售了几百亿元。但是,正是这些投资者,现在已经亏损累累。这主要是因为,他们在股价指数比较高的时候购买了开放式基金。实际上,那时不应该申购,而应该逐步赎回。

其次,在购买封闭式基金或申购开放式基金时,必须选择比较好的品种。注意与比较各种基金净值的近期变化情况与趋势。

第四节 开放式基金的认购、申购与赎回

一、开放式基金的认购

(一) 认购的概念

投资者在开放式基金募集期间、基金尚未成立时购买基金单位的过程称为认购。投资者认购基金应在基金销售点填写认购申请书,交付认购款项。注册登记机构办理有关手续并确认认购。大部分基金的认购费率为1%~1.2%。

(二) 认购的步骤

投资者参与认购开放式基金,分为开户、认购、确定三个步骤。不同的开放式基金在开户、认购、确定的具体要求上有所不同,具体要求以基金份额发售公告为准。

个人投资者办理开放式基金认购申请时,需要在资金账户中存入足够的现金,并填写基金认购申请表进行基金的认购。机构投资者办理开放式基金认购申请时,需要先在资金账户中存入足够的现金,并填写加盖机构公章和法定代表人章的认购申请表进行基金的认购。一般情况下,基金认购申请一经提交,

不得撤销。

投资者 T 日提交认购申请后，一般可以在 T+2 日后到办理认购的网点查询认购申请的受理情况。投资者在提交认购申请后应及时到原认购网点打印认购成交确定情况。申请的成功确定应以基金登记人的确定登记为准。认购申请被确定无效时，资金将会退还投资者。

（三）认购方式和认购费率

（1）认购方式：采取金额认购的方式。在扣除相应费用后，再以基金面值为基准转换为认购数量。

（2）前端收费模式和后端收费模式。前者指投资者在购买开放式基金时就支付申购费的付费方式，后者则是等到卖出时才支付申购费的付费方式。

后端收费的设计目的是为了鼓励投资者能够长期持有基金。因此，后端收费的费率一般会随着持有基金时间的增长而递减。某些基金甚至规定如果投资人能在持有基金超过一定期限后才卖出，后端收费可以完全免除。

（3）认购费率。在认购费用的收取上，按认购金额的一定比例计算认购费用。这种认购费率的计算方法被称为"内扣法"。以前，我国大部分基金都是采用这种方法。2007 年 3 月 15 日，中国证监会基金部给所有基金管理公司和基金托管银行下发通知，要求修改有关基金认购、申购费用的计算方法，并要求在 3 个月内调整完毕。根据通知要求，基金公司统一采用"外扣法"。公式如下：

$$净认购金额 = 认购金额 / (1 + 认购费率)$$

$$认购费用 = 净认购金额 \times 认购费率$$

$$认购份额 = (认购金额 - 认购费用) / 基金份额面值$$

购买基金的费用采用"外扣法"后，意味着投资者用同样的钱，购买的基金份额将会比"内扣法"方式购买的多。

（4）不同基金类型的认购费率。《证券投资基金销售管理办法》规定开放式基金的认购费率不得超过认购金额的 5%。在具体实践中，基金管理人会针对不同类型的开放式基金、不同认购金额设置不同的认购费率。目前，我国股票型基金的认购费率大多在 1%~1.5%，债券型基金的认购费率在 1% 以下，货币型基金一般不收取认购费。

二、开放式基金的申购

（一）申购的流程

开放式基金的申购流程见图 4-1。

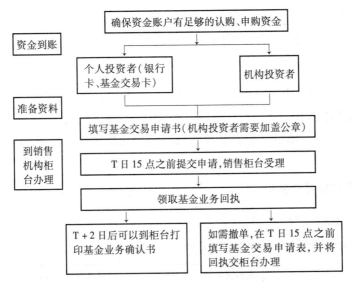

图 4-1 开放式基金申购流程图

（二）申购的概念

在开放式基金成立之后，投资者通过销售机构申请向基金管理公司购买基金单位的过程称为申购。一般只要基金存在，就一直都是申购阶段，一般的申购费率为 1.2% ~ 1.5%。

开放式基金的基金合同生效后，可有一段短暂的封闭期。根据《证券投资基金运作管理办法》规定，开放式基金的基金合同生效后初期，可以在基金合同和招募说明书规定的期限内只接受申购，不办理赎回，但该期限最长不得超过 3 个月。封闭期结束后，开放式基金将进入日常申购、赎回期。基金管理人应当在每个工作日办理基金份额的申购、赎回业务。基金合同另有约定的，按照其约定执行。

（三）申购的一些规定

（1）申购价格的确定。基金管理人接到投资人的购买申请时，应按当日公布的基金单位净值加一定的申购费用作为申购价格。

（2）申购的时间。基金管理人应在申购、赎回开放日前 3 个工作日在至少一种中国证监会指定的媒体上刊登公告。申购的工作日为证券交易所交易日，具体的时间也与交易所的交易时间相同。

（四）申购的计价方式

申购采用"未知价"原则，通常按照"金额申购"的方式进行，以申请日的基金单位资产净值为基础进行交易。申购费用的计算采用"内扣法"，申购金额包括申购费用和净申购金额。同认购类似，申购也存在类似的前端收费与后端收

费。采用"内扣法"计算的后端收费计算公式为:

$$申购费用 = 申购金额 \times 申购费率$$

$$净申购金额 = 申购金额 - 申购费用$$

$$申购份额 = 申购金额/申请日基金单位资产净值$$

(五)申购费用

申购费用按每笔申购申请金额所对应的申购费率乘以每笔确认的申购金额计算。

三、开放式基金的赎回

(一)赎回的流程

开放式基金的赎回流程见图4-2。

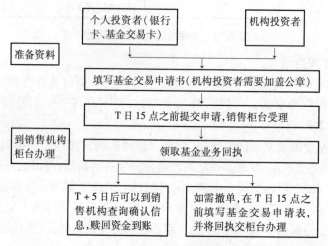

图4-2 开放式基金赎回流程图

(二)赎回的概念

赎回是指基金在存续期间已持有基金单位的投资人要求基金管理人购回持有的基金单位的行为。基金的赎回以书面方式或经认可的其他方式进行。

(三)赎回的计价方式

在我国,赎回采用"未知价"法,按照"份额赎回方式"进行,以申请日的单位资产净值为基础进行交易,公式为:

$$赎回费 = 赎回当日基金单位资产净值 \times 赎回份额 \times 赎回费率$$

$$赎回金额 = 赎回当日基金单位资产净值 \times 赎回份额 - 赎回费$$

赎回费率随赎回基金份额持有年限的递增而递减,直至为0。

(四)赎回的时间

投资者赎回基金的时间和申购的时间相同,都是在证券交易所的交易时间内进行。

(五)申购、赎回的注册登记

投资者申购基金成功后,注册登记机构一般在T+1日为投资者办理增加权益的登记手续;投资者自T+2日起有权赎回该部分基金份额。投资者赎回基金份额成功后,注册登记机构一般在T+1日为投资者办理扣除权益的登记手续。

(六)巨额赎回的认定及处理方式

(1)巨额赎回的认定。单个开放日基金净赎回申请超过基金总份额的10%时,为巨额赎回。单个开放日的净赎回申请,是指该基金的赎回申请加上基金转换中基金的转出申请之和,扣除当日发生的该基金申购申请及基金转换中该基金的转入申请之和后得到的金额。

(2)巨额赎回的处理方式。出现巨额赎回时,基金管理人可以根据基金当时的资产组合状况决定接受全额赎回或者部分延期赎回。

当发生巨额赎回及部分延期赎回时,基金管理人应该及时向中国证监会备案,并于3个工作日内在至少一种中国证监会指定的信息披露媒体公告,说明有关的处理方法。

基金连续2个开放日以上发生巨额赎回,如基金管理人认为有必要,暂停接受赎回申请;已经接受的赎回申请可以延缓支付赎回款项,但不得超过正常支付时间20个工作日,并应当在至少一种中国证监会指定的信息披露媒体公告。

第五节 基金的转换、托管和拆分

一、基金的转换

(一)转换的概念

基金转换是指投资者在持有某公司发行的任一开放式基金后,可将其持有的基金份额直接转换成该公司管理的其他开放式基金的基金份额,而不需要先赎回已持有的基金单位、再申请目标基金的一种业务模式,其可以节约手续费用。基金转换只能为本公司管理的、同一注册登记人登记存管的、同一基金账户下的基金份额,并只能在同一销售机构进行。

（二）基金转换的好处

（1）当证券市场发生较大变化的时候，投资者通过不同类型基金之间的转换，可回避因市场波动带来的投资风险。

（2）当投资者收入状况或风险承受能力发生改变的时候，通过转换业务，可以变更投资目标的基金产品。

（3）通过转换业务变更基金投资品种，比正常的赎回再申购业务享有较大幅度的费用优惠。

（三）转换的费用

（1）在"前端"转"前端"的情况下，投资者每次转换需缴纳转出基金的赎回费，如果投资者转入基金的申购费率高于转换前曾缴纳的最高申购费率时，应在转换时补交两者差额所对应的申购费用，转换份额在 1 000 万份以上补差额为零。

（2）在"后端"转"后端"的情况下，投资者每次转换需缴纳转出基金的赎回费，在未来赎回基金时，需要交纳其转入或转出基金中的最高申购费率为基准计算的后端申购费用，持有时间从投资者初始认（申）购确认日开始计算。

二、基金的转托管

（一）转托管的概念

转托管是指同一投资人将托管在某一个销售网点的基金份额转出至（可以是不同销售机构，但需是代理销售所转托管的基金的机构）另一销售网点的业务。

（二）转托管的类型

（1）系统内转托管。适用于证券营业部之间、代销机构之间的转托管。

（2）跨系统转托管。适用于登记在证券登记系统中的基金份额与 TA 系统之间的转托管。

（三）转托管的收费

从场外转场内的系统内转托管或从场外转场内的跨系统转托管均不收费。通过交易所系统的转托管，不论系统内转托管或跨系统转托管，同一投资者从同一转出方转托管到同一转入方，不论金额大小、当日笔数多少及基金种类，转托管费用为 20—30 元/笔。

（四）注意事项

（1）投资者转托管必须分转出和转入两步完成。投资者必须先到原托管点办理转出手续并确认后（T+2 日以后），再到新的托管点办理转入手续。投资者在办理转托管转入时,要注意正确填写转托管转出申请单编号、基金代码、基金账号。

(2) 基金持有人在进行转托管转入时,可以全部转出也可以部分转出。部分转出时应遵循与赎回相同的数额限制,即部分转托管时不得低于1 000份基金单位,且剩余的份额不低于1 000份基金单位。若低于最低金额,则该转托管应确认为不成功。若投资者原本基金份额低于最低份额,转托管时必须一次全部申请转出,若申请数量不是全部数量,注册登记过户部门应将该转托管确认为不成功。

三、基金的拆分

(一) 拆分的概念

基金拆分是在保持投资人资产总值不变的前提下,改变基金份额净值和基金总份额的对应关系,重新计算基金资产的一种方式。

基金拆分后,原来的投资组合不变,基金经理不变,基金份额增加,而单位份额的净值减少。基金份额拆分通过直接调整基金份额数量达到降低基金份额净值的目的,不影响基金的已实现收益、未实现利得、实收基金等。

举个简单例子:假设投资者持有某基金1万份,该基金份额净值为2元,那么他的基金资产为2万元。如果该基金按1:2的比例进行拆分,则基金份额净值变为1元,总份额加倍,该投资者持有的基金份额由原来的1万份变为2万份,所对应的基金总资产仍为2万元。基金拆分对原来的持有人资产总额没有影响,只不过基金份额发生变化。

(二) 拆分的原因

按照基金公司的解释,基金拆分可以降低投资者对价格的敏感性,有利于基金持续营销,有利于改善基金份额持有人结构,有利于基金经理更为有效地运作资金,从而贯彻基金运作的投资理念与投资哲学。

拆分基金的原因主要是过往业绩较优秀,基金净值较高,为了满足投资者的投资心理需求,使得投资者能以相对便宜的价格购买到好基金。基金份额拆分还能有效解决"被迫分红"的问题,有效降低交易成本,减少频繁买卖对证券市场的冲击。

因此,一些业绩表现优良而规模相对较小的老基金,可能会采取基金拆分这种对原持有人不产生影响的形式,来吸引更多的投资者进入,以改善持有人结构和基金规模。拆分的基金一般规模较小,拆分后规模扩大反而有利于基金的操作。

(三) 拆分的优势

基金拆分可以将基金份额净值精确地调整为1元,而大比例分红难以精确地将基金份额净值正好调整为1元。

此外,为达到大比例分红的目的,基金有可能强行地卖出部分股票,将未实现利得短期内变现为已实现收益,会存在损害投资者利益的风险,使得投资者可能丧失投资机会。拆分则可以不影响基金的已实现收益、未实现利得、实收基金等会计科目及其比例关系,对投资者的权益无实质性不利影响。

第六节 延伸学习材料

一、证券投资基金基本资料

表4-2 某基金利润分配表

序号	数据日期	2009-6-30	2008-12-31	2008-6-30	2007-12-31
1	证券买卖差价收入	未公布	未公布	未公布	未公布
2	其中:股票	413 222 058.08	-1 750 771 901.65	512 835 351.18	5 562 239 071.60
3	债券	-14 931 274.98	-11 236 290.79	-35 808 143.72	204 043 659.44
4	其他	未公布	未公布	未公布	未公布
5	投资收入	443 136 406.31	-1 690 339 381.34	509 581 888.12	6 132 757 267.18
6	其中:股息收入	44 410 274.96	46 706 858.39	29 430 151.48	36 132 223.42
7	债券利息收入	26 696 015.36	86 791 047.34	46 715 232.52	60 973 123.97
8	其他	未公布	未公布	未公布	未公布
9	其他收入	3 556 922.13	6 056 738.27	3 856 293.20	18 793 170.72
10	收入合计	3 935 262 326.55	-5 813 422 705.00	-3 715 550 835.21	8 953 790 131.57
11	管理费	69 943 899.43	146 034 203.67	86 139 309.49	174 980 339.38
12	托管费	11 657 316.59	24 339 033.95	14 356 551.63	29 163 389.89
13	其他费用	192 755.79	435 267.02	235 177.86	418 372.34
14	净收益	未公布	未公布	未公布	未公布
15	上年未分配净收益	未公布	未公布	未公布	未公布
16	本期已分配收益	未公布	未公布	未公布	未公布
17	期末未分配收益	未公布	未公布	未公布	未公布
18	利息收入	44 410 274.96	46 706 858.39	29 430 151.48	36 132 223.42

续表

序号	数据日期	2009-6-30	2008-12-31	2008-6-30	2007-12-31
19	发行费用结余收入	未公布	未公布	未公布	未公布
20	申购冻结利息收入	未公布	未公布	未公布	未公布
21	提取业绩报酬	未公布	未公布	未公布	未公布
22	回购交易费用	未公布	未公布	未公布	未公布
23	回购利息支出	未公布	未公布	-8 582 054.79	41 329 414.11
24	上市年费	未公布	未公布	未公布	未公布
25	审计费用	未公布	未公布	未公布	未公布
26	律师费	未公布	未公布	未公布	未公布
27	持有人大会费	未公布	未公布	未公布	未公布
28	信息披露费	未公布	未公布	未公布	未公布
29	可供分配基金净收益	未公布	未公布	未公布	未公布

二、推荐阅读材料

（一）如何选择申购基金的时机

首先，根据经济发展周期判断买入时点。我们常说，股市是经济的晴雨表，如果股票市场是有效的，股市表现的好坏就能大致反映经济发展的景气状况。经济发展具有周期性循环的特征，一个经济周期包括衰退、复苏、扩张、过热几个阶段。一般来说，在经济周期衰退至谷底到逐渐复苏再到有所扩展的阶段，投资股票型基金最为合适。当明确认为经济处于景气的谷底阶段时，应该提高债券型基金、货币基金等低风险基金的持有比重。如果经济处于发展的复苏阶段，应加大股票型基金的投资比重。当经济发展速度逐渐下降的时候，要逐步获利了结，转换成稳健收益类的基金产品。综合内地目前的股票市场和经济发展的情况，预期未来几年都有很好的发展，目前应该是投资股票型基金的大好时机。

其次，基金募集的热度。股市中的一个屡试不爽的真理是行情在情绪高涨中结束，在悲观中展开。当平时不买股票的人开始谈论股票获利的可能性，当买卖股票成为全民运动时，距离股市的高点就为时不远了。相反，当散户们纷纷退出市场时，市场可能就要开始反弹了。其实判断市场的冷和热，从基金募集情形就可窥见一斑。经验显示，募集很好的基金通常业绩不佳，募集冷清的基金收益率反而比较高。这是因为投资人总是勇于追涨杀跌,怯于逢低介入。

再次,要注意基金营销的优惠活动,节省交易费用。目前,基金公司在首发募集或者持续营销活动期间,为了吸引投资者,通常会举办一些购买优惠活动。尤其值得注意的是,在持续营销活动中,基金公司一般会选择业绩优良的基金,投资这些基金通常比较安全,加上还能享受费率优惠,何乐而不为呢?

（二）货币基金

如果你阅读一个货币基金的基金合同,你会发现它写着本基金投资范围是诸如"久期小于397天,央行票据,同业存款"等字眼,别去管它! 其实简单地说"货币基金"就是把我们拿出来的钱去购买国家或优质企业的短期债券,以及做定期存款等投资,所以投资的本金基本上无风险,当然收益也不会很高,平均一年2%左右。看到这里,可能你会问:存银行、买国债我自己也会,何必买基金呢? 原因很简单:流动性!

你自己把钱存了银行或者买了债券之后,不能提前兑现(除非你愿意损失利息,按活期计算)。而所有的货币基金都是开放式基金,你可以随时赎回。譬如,你哪天需要现金的时候,最多只要提前2个工作日提出赎回申请就可以了(有些是1个工作日)。有人觉得2%的收益过低,没必要投资,可是请问难道你会把家里所有的钱都拿去投资股票或其他基金吗? 我想每个家庭总会预备千余元的活动资金吧。每个月工资发了几千块,留下几百元平时小地方用,然后其他的统统买成货币基金,平时消费尽量使用信用卡,等快到信用卡还款日的时候,提前2天赎回把账单一付,又可以准备进行下个月的申购了。记住:货币基金可是没有任何申购费和赎回费的。我们每个人都应该投资一部分货币基金,作为活期存款或者半年期以下定期存款的替代品,收益率其实应该是放在第二位的因素,我们选择货币基金的时候应该优先考虑的是流动性。另外我们需要知道的一点是:货币基金的面值永远都是1元,所以你今天去银行买和你明天去银行买,价格不会有任何差别。同样,当你赎回的时候也是按照1元1份来赎回,那我们的收益在哪里呢? 别着急,是这样的,基金公司每天都会公布一个叫做"每日万分收益"的货币基金的数据。比如"嘉实基金公司"公布"嘉实货币基金"2月1日的万分收益是0.06,什么意思呢? 打个比方,如果你在1月31日买了1万元的嘉实货币基金,持有一天后,你的收益将是0.6元,可变化的并不是你的基金价格,而是数量,也就是说你持有的数量变为了10 000.6份。

现在我们总结一下货币基金的5个特点。

(1) 投资货币基金,我们的本金基本是无风险的。

（2）我们的平均年收益大约在2%左右。

（3）我们首要考虑的是流动性，它是胜过银行定期存款的最大好处，其次才是收益率。

（4）价格永远是1元/份，不用挑时间买入和卖出。

（5）货币基金没有申购和赎回费用，也就是通常所说的手续费。

资料来源：台财社网，www.tzcn.com。

三、焦点问题资料

（一）购买基金选择前端还是后端收费

购买开放式基金的收费方式分为前端收费和后端收费。前端收费是在购买时便支付认（申）购费用，后端收费则是在购买时不支付认（申）费用，而等到赎回时才一次性支付。前端收费适合短期投资者。每当股市火爆的时候，基金投资者就会大量增加，其中很多人并不是想进行长期投资，而是趁着股市好的时候利用基金赚取短期收益。因部分基金公司规定短期投资的后端收费较高，所以，这时选择前端收费会节省投资成本。同时，并不是所有的基金都设有后端收费方式，如果基金业绩较好或增长潜力较大，则不必刻意寻找开设后端收费的基金。

投资期限高于两年宜采用后端收费方式。基金公司开设后端收费的目的是为了鼓励投资者长期持有基金，后端收费的费率一般也会随着持有基金时间的增长而递减，比如广发基金公司旗下的广发聚富、广发稳健等基金规定持有5年以上，后端申购收费的标准则可降为零，持有两年以上赎回费也降为零。因此，投资者如果有长期投资的打算，则最好选择后端收费方式，这样除节省费用之外，还可以规避市场短期波动带来的投资风险。

（二）基金的投资收益，你会算了吗

投资者王女士在2006年2月投资10 000元基金，4月得到现金分红，8月全部赎回。如表4-3所示。

表4-3 基金投资收益比较表

月份	投资操作	投资收益与成本的计算	
		内扣法	外扣法
2月	申购，申购费率1%（前端）	申购费用：10 000×1%=100（元）	净申购金额：10 000/(1+1%)=9 900.99（元）
	申购时基金份额净值0.99元	申购份额：(10 000-100)/0.99=10 000（份）	申购份额：(10 000-99.01)/0.99=100 001（份）

续表

月份	投资操作	投资收益与成本的计算	
		内扣法	外扣法
4月	现金分红每10份0.5元	现金分红： (10 000/10)×0.5=500(元)	现金分红：(10 001/10)×0.5=500.05(元)
8月	赎回，赎回费率0.5%，赎回时基金份额净值1.00元	赎回费用： 10 000×1×0.5%=50(元)	赎回费用：10 001×1×0.5%=50.01(元)
		赎回金额： 10 000×1−50=9 950(元)	赎回金额：10 001×1−50.01=9 950.99(元)
	收益率	(9 950+500−10 000)/10 000=4.5%	(9 950.99+500.05−10 000)/10 000=4.51%

通过上述案例，我们可以清晰地比较出"内扣法"与"外扣法"的区别，发现采用"外扣法"所计算出的手续费要略低于"内扣法"。以"外扣法"代替"内扣法"之后，投资者的投资成本可以得到小幅降低，同一笔资金可认购的份额略有所增加，相应的投资者的收益率也有所提高，对投资者更为有利。

第七节 团队活动提示：基金及公司组建

本课程中的团队可以成为基金公司或者投资顾问公司。以何种形式存在基本上是以抽签方式决定的。如果团队对其中一种形式更感兴趣，建议在抽签以后，立即找到愿意互换形式的团队进行更换。

一、基金公司的组建步骤及需要准备的文件

（一）基金成立

在本课程中基金上市以前，属于私募基金的性质，组建的条件相对比较宽松。基本步骤如下：

（1）确定发起人，签订发起人协议书。
（2）确定基金名称。
（3）确定基金经营运作的各个岗位人选与部门人员。

（二）向指导教师报批备案

上交申请报告、合作发起设立投资基金协议书、团队分工名单。

（三）资金规模

基金的自有资金规模，由指导教师统一规定。

第四章 证券投资基金的设立和运营流程

（四）申请上市

申请上市时，还必须提交上市申请报告、基金章程、信托契约、基金招募说明书等文件，详见第六章相关内容。

二、投资顾问公司的组建步骤及需要准备的文件

（一）公司设立程序

(1) 确定发起人，签订发起人协议书。

(2) 确定公司名称。

(3) 确定公司经营运作的各个岗位人选与部门人员。

（二）向指导教师报批备案

上交申请报告、发起人及协议书、团队分工名单。

（三）资金规模

公司的自有资金规模，由指导教师统一规定。

（四）申请上市

申请上市时，还必须提交上市申请报告、公司章程、股票招募说明书等文件。

三、本章课堂对抗辩题

（一）对抗主题（讨论对抗方式）

对抗标题一：如何通过解读公司招股说明书了解投资对象的投资价值。

对抗标题二：如何解读上市公司/基金的财务报表。

（二）对抗方式

本章采用主题讨论对抗方式进行对抗。

与前面几周的情况略有不同，主题讨论对抗方式较为自由一些。对抗方式如下：

(1) 每个团队由6人组队，分主讲团队和攻击团队。

(2) 每个对抗标题安排3个主讲团队和3个攻击团队。

(3) 主讲团队先进行5分钟的主题陈述（可以使用多媒体），然后由攻击团队对主讲团队的评述进行挑战。

(4) 每个团队仍然按照辩论赛的角色佩戴标识牌，但发言为自由辩论方式，每次发言需要说明身份。

第五章　基金管理公司

学习重点

(1) 基金管理人的职责、必须具备的条件。
(2) 基金管理公司的设立条件、主要业务、组织结构。
(3) 基金管理公司的财务管理与基金财务管理。
(4) 基金托管人的资格、职责与业务。
(5) 了解校园股市的基本特征。

团队活动指引：校园模拟股市

关键词：校园模拟股市　投资　投机　上市　债券　兼并与重组　机构大资金运作

1. 校园股市的市场特征
2. 校园股市中可以运作的专业项目
3. 校园股市的特殊规定
4. 对本学期团队校园股市相关项目进行设计和实践

第一节　基金管理人

一、基金管理人的概念

基金管理人，是指凭借专门的知识与经验，运用所管理基金的资产，根据法律、法规及基金章程或基金契约的规定，按照科学的投资组合原理进行投资决策，谋求所管理的基金资产不断增值，并使基金持有人获取尽可能多收益的机构。基金管理人是负责基金的具体投资操作和日常管理的机构。

基金管理人在不同国家和地区有不同的名称。例如,在英国称投资管理公司,在美国称基金管理公司,在日本多称投资信托公司,在我国台湾地区称证券投资信托事业,但其职责都是基本一致的,即运用和管理基金资产。基金管理人是投资运作的核心(见图5-1)。

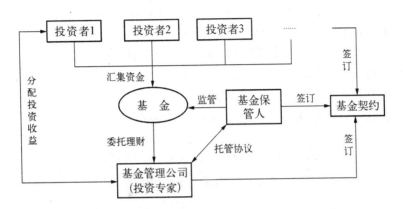

图5-1　投资基金运作流程简图

二、基金管理人的职责

（1）依法募集基金,办理或者委托经中国证监会认定的其他机构代为办理基金份额的发售、申购、赎回和登记事宜。

（2）办理基金备案手续。

（3）对所管理的不同基金财产分别管理、分别记账,进行证券投资。

（4）按照基金合同的约定确定基金收益分配方案,及时向基金份额持有人分配收益。

（5）进行基金会计核算并编制基金财务会计报告。

（6）编制季度、半年度和年度基金报告。

（7）计算并公告基金资产净值,确定基金份额申购、赎回价格。

（8）办理与基金财产管理业务活动有关的信息披露事项。

（9）召集基金份额持有人大会。

（10）保存基金财产管理业务活动的记录、账册、报表和其他相关资料。

（11）以基金管理人名义,代表基金份额持有人利益行使诉讼权利或者实施其他法律行为。

（12）中国证监会规定的其他职责。

三、基金管理人需具备的条件

对于基金管理人的要求,各个国家和地区有不同的规定,但通常要包括以下几个方面:

(1) 具有一定数额的资本金,如《证券投资基金法》中规定拟设立的基金管理公司的最低实收资本为1 000万元。

(2) 与托管人在行政上、财务上和管理人员上相互独立。

(3) 有完整的组织结构。

(4) 有足够的、合格的专业人才。

(5) 具有完备的风险控制制度和内部管理制度。

第二节 基金管理公司的组织结构和治理结构

一、基金管理公司设立的条件

证券投资基金的依法募集由基金管理人承担。基金管理人由依法设立的基金管理公司担任。担任基金管理人应当经国务院证券监督管理机构核准。根据《证券投资基金法》的规定,设立基金管理公司,应当具备下列条件:

(1) 有符合《证券投资基金法》和《公司法》规定的章程。

(2) 注册资本不低于1亿元人民币,且必须为实缴货币资本。

(3) 主要股东具有从事证券经营、证券投资咨询、信托资产管理或者其他金融资产管理的较好的经营业绩和良好的社会信誉,最近3年没有违法记录,注册资本不低于3亿元人民币。

(4) 取得基金从业资格的人员达到法定人数。

(5) 有符合要求的营业场所、安全防范设施和基金管理业务有关的其他设施。

(6) 有完善的内部稽核监控制度和风险控制制度。

(7) 法律、行政法规规定的和经国务院批准的国务院证券监督管理机构规定的其他条件。

二、基金管理公司的主要业务

(一) 发起设立基金

发起设立基金是指基金管理公司为基金批准成立前所做的一切准备工作,

包括基金品种的设计、签署基金成立的有关法律文件、提交申请设立基金的主要文件及申请的审核与批准。

(1) 基金管理公司根据市场投资者群体不同的投资需求结合本身管理基金特长,有重点、有步骤、有选择地推出新的基金品种。

(2) 当基金管理公司确定要发起设立的基金品种和发行的总体方案之后,就可以起草并与有关当事人共同签订基金设立的有关法律文件,如基金发起设立协议书、基金契约、基金托管协议书、基金承销或代销协议书等,完成申请前的准备工作。

(3) 做好准备工作后,基金管理公司作为基金发起人就应向监管部门提出基金设立申请,监管部门根据国家的法律、法规对基金设立申请进行审核,对符合投资基金设立要求的给予批准。

(二) 基金管理业务

基金管理业务是指基金管理公司根据专业的投资知识与经验投资运作基金资产的行为,是基金管理公司最基本的业务之一。作为基金管理人,基金管理公司最主要的职责就是组织投资专业人士,按照基金契约或基金章程的规定制定基金资产投资组合策略,选择投资对象、决定投资时机、数量和价格,运用基金资产进行有价证券的投资。向基金投资者及时披露基金管理运作的有关信息和定期分配投资收益。

(三) 受托资产管理业务

受托资产管理业务是指基金管理公司作为受托投资管理人,根据有关法律、法规和投资委托人的投资意愿,与委托人签订受托投资管理合同,把委托人委托的资产在证券市场上从事股票、债券等有价证券的组合投资,以实现委托资产收益最大化的行为。随着机构投资者的不断增加,法律、监管的市场环境的逐渐完善,受托资产管理业务将逐渐成为基金管理公司的核心业务之一。

(四) 基金销售业务

基金销售业务是指基金管理公司通过自行设立的网点或电子交易网站把基金单位直接销售给基金投资人的行为。基金管理公司可以直接销售基金单位,也可以委托其他机构代理销售基金单位。从长远来看,基金管理公司应该选择直销与代销相结合的方式,建立自己的直接销售体系,设立销售分支机构,树立自己的品牌形象,与机构投资者建立良好的业务关系,逐步完善客户服务功能,努力扩大基金销售规模。

(五) 投资咨询服务

2006年2月,中国证监会基金部发布《关于基金管理公司向特定对象提供投资咨询服务有关问题的通知》(以下简称《通知》),《通知》规定,基金管理公司不需报经中国证券会审批,可以直接向合格境外机构投资者、境内保险公司及其他依法设立运作的机构等特定对象提供投资咨询服务。

其禁止行为包括:
(1) 侵害基金持有人和其他客户权益。
(2) 承诺投资收益。
(3) 与投资咨询客户约定分享投资收益或者分担投资损失。
(4) 通过广告等公开方式招揽投资咨询客户。
(5) 代理投资咨询客户从事证券投资。

三、基金管理公司治理结构的基本要求

(一) 基金管理公司治理结构的一般要求

一般公司治理结构的有关特征对基金管理公司具有普遍意义。基金管理公司完善的治理结构必须体现"利益公平、信息透明、信誉可靠、责任到位"的基本原则。

基金管理公司治理结构通常应符合以下要求:
(1) 公司治理结构能够使股东会、董事会、监事会和经营层之间的职责明确,既相互协助、又相互制衡;各自能够按照有关法规、公司章程和基金合同的规定分别行使职权。
(2) 实行独立董事制度,并保证独立董事充分发挥作用。
(3) 建立完善的内部监督和控制机制。

(二) 我国对基金管理公司治理结构的主要规定

我国基金管理公司全是有限责任公司,它们必须满足《中华人民共和国公司法》中所有对有限责任公司公司治理结构的规定。

1. 总体要求

建立健全职责划分清晰、制衡监督有效、激励约束合理的组织机构治理结构,保持公司规范运作,维护基金份额持有人的利益。

2. 基金管理公司治理方面的基本原则

公司独立运作原则,所有与股东签署的技术支持、服务、合作等协议均应上报。

3. 独立董事制度

基金管理公司应当建立健全独立董事制度。独立董事人数不得少于3人,且不得少于董事会人数的1/3。

董事会审议下列事项应当经过 2/3 以上的独立董事通过：
（1）公司及基金投资运作中的重大关联交易。
（2）公司和基金审计事务，聘请或者更换会计师事务所。
（3）公司管理的基金的半年度报告和年度报告。
（4）法律、行政法规和公司章程规定的其他事项。

四、基金管理公司组织结构

有效的组织构架是实现有效管理的基础。
（一）专业委员会
（1）投资决策委员会。投资决策委员会是基金管理公司管理基金投资的最高决策机构。
（2）风险控制委员会。风险控制委员会是非常设议事机构，一般由副总经理、监察稽核部经理及其他相关人员组成。
（二）投资管理部门
（1）投资部。投资部负责根据投资决策委员会制定的投资原则和计划进行股票选择和组合管理，向交易部下达投资指令。
（2）研究部。研究部是基金投资运作的支撑部门，主要从事宏观经济分析、行业发展状况分析和上市公司投资价值分析。
（3）交易部。交易部是基金投资运作的具体执行部门，负责组织、制定和执行交易计划。交易部的主要职能有：执行投资部的交易指令，记录并保存每日投资交易情况；保持与各证券交易商的联系并控制相应的交易额度；负责基金交易席位的安排、交易量管理等。
（三）风险管理部门
（1）监察稽核部。监察稽核部负责对公司进行独立监控，定期向董事会提交分析报告，直接对总经理负责。
（2）风险管理部。风险管理部负责对公司运营过程中产生或潜在的风险进行有效管理。该部门工作主要对公司高级管理层负责，预防风险的发生。
（四）市场营销部门
（1）市场部。
（2）机构理财部。机构理财部是适应业务向受托资产管理方向发展需要而设立的独立部门。
（五）基金运营部门
工作职责包括基金清算和基金会计两部分。基金清算是基金份额和资金的交收情况；基金会计是有关基金业务的有关处理。

（六）后台支持部门

（1）行政管理部。

（2）信息技术部。

（3）财务部。

第三节　基金管理公司财务管理

一、基金管理公司内部财务控制

（一）基金管理公司财务管理办法

《基金管理公司财务管理办法》是依据《中华人民共和国会计法》、《中华人民共和国公司法》、《企业财务通则》、《企业会计准则》、《证券投资基金管理暂行办法》及有关法规，结合基金管理公司作为一个独特行业的实际情况制定的。

基金管理公司财务管理的基本原则是，建立健全内部财务管理制度，做好财务管理基础工作，如实反映基金管理公司财务状况，依法计算和缴纳国家税收，保证投资者合法权益不受侵犯。

（二）财务管理体制与权限

基金管理公司内部财务管理的决策机构为公司董事会，财务管理的执行及监督机构为公司管理机构，集体组织实施的机构为公司财务部门。基金管理公司财务管理权限通常按以下分工。

1. 基金管理公司董事会在财务管理体制中的职权范围

（1）审议决定公司的发展规划、重大投资方案。

（2）审定公司年度财务预算方案、决算方案。

（3）审定公司的利润分配方案和弥补亏损方案。

（4）审定公司增加或减少注册资本的方案。

（5）审定公司的产权转让、股权收购方案。

（6）审议决定公司的内部财务制度。

2. 基金管理公司管理机构在财务管理体制中的职权范围

（1）决定公司日常经营的各项开支和资金支付。

（2）决定授权范围内的投资性、融资性财务事项。

（3）拟定公司的发展规划、重大投资方案。

（4）拟定公司年度财务预算方案、决算方案、利润分配方案和弥补亏损方案。

（5）决定公司员工的奖惩事项。

（6）拟定公司的财务管理制度。

3. 基金管理公司财务管理部门的职责范围

（1）负责会计核算，即编制会计凭证、记账算账、编制各种财务报表等。

（2）审核各项费用并予以支付，对未经领导批准或手续不全的财务收支有权拒收支付。

（3）负责企业信贷资金管理和核算。

（4）审核公司新项目投资的可行性。

（5）参与制定公司的财务管理制度。

二、基金管理公司基金财务管理

本部分内容主要是阐述基金管理公司中围绕基金财务管理而应设置的岗位，以及各项基金财务管理的业务范围及流程。

（一）基金财务管理岗位设置

基金管理公司内部的财务管理部门对基金的财务管理设立专门的机构及岗位，予以专门管理，其管理机构及岗位的设置如图5－2所示。

（二）基金财务管理室职责

基金财务管理室隶属于基金管理公司财务管理部，是基金管理公司内设的管理基金财务运作方面有关工作的专门部门。其主要职责如下：

（1）制定基金管理公司运作基金的各项财务制度，确立基金管理公司管理基金的财务原则。

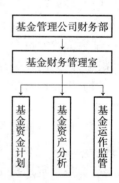

图5－2 基金管理公司财务岗位设置

（2）审核基金资产的各项资产购置及支出计划表。

（3）审核基金资产及投资分析报告。

（4）审核每一笔基金资金的付出手续，以保证付出资金的安全。

（5）审核基金有关单据的合规性、合法性、合理性及有效性。

（6）组织以基金财务运作为内容的融资财务计划。

（7）审计与基金信托人之间财务管理的各种文件。

（8）设计并增减有关基金财务运作的岗位及有关人员。

（9）负责与基金信托人就基金财务衔接等进行有效地沟通。

基金财务管理室内设三个岗位,分别为基金资金计划岗位,基金资产分析岗位,基金运作监管岗位。

基金资金计划岗位的主要工作是统筹安排基金的整体资金运作。其具体职责如下:

(1) 编制基金在未来一年、一季、一月的资金计划安排,并通知基金信托人。

(2) 定期编制基金资金状况变动报告,及时提交给各业务部门。

(3) 受理业务部门的资金调拨申请,并及时地向基金信托人下达指令。

(4) 追踪业务运作部门的资金回笼情况,及时通知基金信托人对应收而未达的款项予以追讨。

(5) 审核业务部门的资金需求报告,在符合信托契约的有关规定范围以内,予以统筹安排。

(6) 制定完善资金调拨的有关规定及业务流程,对资金调拨的及时性及合规性负责。

(7) 负责传递基金管理公司及基金信托人之间有关资金调拨的一切单据及指令。

基金资产分析岗位的职责主要是从财务角度对基金整体资产状况进行分析、跟踪,并提出相关意见。其具体职责如下:

(1) 主要职责是定期提交基金资产财务分析报告,给投资业务部门及公司高层决策人员。

(2) 负责定期提交基金资产中各类资产的投资比例分析,提交投资比例分析报告。

(3) 负责定期提交基金资产中各类资产的投资收益率分析报告。

(4) 负责定期追踪基金资产中涉诉资产及纠纷资产的处理进度情况,及时控制不良资产的增长。

(5) 及时自基金信托人处取得并审核基金估值表。

(6) 及时自基金信托人处取得并审核基金的各会计报表:资产负债表、损益表、现金流量表。

(7) 审核投资部提交的基金投资项目的申请报告,并提出财务上的可行性报告。

(8) 遇有重大及突发事件时,依据基金财务的现状,及对基金可能形成的影响,提出财务分析报告。

基金运作监督岗位的主要职责是监督投资部门及基金信托人的财务行为

是否符合基金信托契约及有关规定的要求。其具体职责如下：

（1）监督基金管理人的资金划拨指令是否符合契约及有关规定的要求，以及基金信托人是否在规定的时间内完成该项指令。

（2）监督基金各项应收款项及应收的收益是否在规定的时间内回收完毕，并督促基金信托人尽快予以回收。

（3）监督基金管理公司投资业务部门，有关合同文件及相关单据及时、完整地移交给基金信托人。

（4）监督基金信托人的具体保管业务依据基金信托契约的要求进行，并定期提出咨询报告。

（5）监督基金管理人内部设计基金运作的各项资金业务过程及投资过程科学合理，并符合有关规定要求。

（6）审核基金信托人的各项会计报表及基金估值报表的准确、完整以及时效性，并提出相应的书面意见。

（7）审核对外公告的各项会计数据的准确性，内容的合法性及措辞的合理性，提出修改及确认意见。

（8）定期提交基金运作各项业务的监督检查报告给基金管理公司决策领导部门，必要时抄送给基金信托人。

第四节 基金托管人

一、基金托管人概念

基金托管人是依据基金运行中"管理与保管分开"的原则对基金管理人进行监督和对基金资产进行保管的机构。基金托管人与基金管理人签订托管协议，在托管协议规定的范围内履行自己的职责并收取一定的报酬。基金托管人是投资人权益的代表，是基金资产的名义持有人或管理机构。为了保证基金资产的安全，基金应按照资产管理和保管分开的原则进行运作，并由专门的基金托管人保管基金资产。在我国，根据《证券基金投资管理暂行办法》的规定，目前只有中国工商银行、中国农业银行、中国银行、中国建设银行、交通银行五家商业银行符合托管人的资格条件。为充分保障基金投资者的权益，防止基金信托财产被挪作他用，各国的证券投资信托法规都规定：凡是基金都要设立基金托管机构，即基金托管人，来对基金管理机构的投资操作进行监督和对基金资产进行保管。

二、基金托管人要求

我国《证券基金投资管理暂行办法》规定,经批准设立的基金应委托商业银行作为托管人,主要的条件如下:

(1) 设有专门的基金托管部。
(2) 实收资本不少于 80 亿元。
(3) 有足够的熟悉托管业务的专职人员。
(4) 具备安全保管基金全部资产的条件。
(5) 具备安全、高效的清算、交割能力。

三、基金托管人的职责

基金托管人的主要职责有:

(1) 安全保管基金的全部资产。
(2) 执行基金管理人的投资指令,并负责办理基金名下的资金往来。
(3) 监督基金管理人的投资运作,发现基金管理人的投资指令违法违规的,不予执行,并向中国证监会报告。
(4) 复核、审查基金管理人计算的基金资产净值及基金价格。
(5) 保存基金的会计账册、记录 15 年以上。
(6) 出具基金业绩报告,提供基金托管情况,并向中国证监会和中国人民银行报告。
(7) 基金章程或基金契约、托管协议规定的其他职责。

四、基金托管人业务

(一) 业务范围

基金托管人的设置主要是为了保障基金资产的安全。通常,基金托管人都是大型的金融机构,它们要有良好的社会公信力、庞大的资产、良好的财务状况。基金经理人和基金托管人之间有明确的分工界限,它们之间是一种既分工又合作,既监督又共存的关系。基金经理人主要负责基金的投资运作,而基金托管人的职责主要是保管基金的资产,监督基金经理人的运作是否违背了基金契约,是否有损害基金的行为,按照基金经理人的指令在不违反国家的有关法律规定和基金契约的前提下办理基金的各项有关业务。具体的业务主要有:

(1) 安全、妥善地保管基金资产及其有关的凭证,包括任何有价证券、股权及其他所有权凭证。

（2）依照基金经理人的指示申购、认购、出售或以其他方式处理基金的资产。

（3）依照基金经理人的指示由基金托管人同意代理基金签订与基金有关的合同或契约。

（4）依照基金经理人的指示支付基金的投资款、其他与基金投资及托管代理业务有关的费用和税款。

（5）按照基金经理人的指示代理基金借贷及还付本息。

（6）收取、催收基金所应得的股息、红利、利息以及其他的收入和收益。

（7）依照基金经理人的指示即时办理证券投资的开户、销户、资金调拨、清算与交割，信托人应于每个交易日向经理人提交结算与交割清单。

（8）对基金的所有交易进行详细的记录，确保这些记录的准确无误并妥善保存。

（9）对基金进行估值，并依照契约和有关法规的规定对外定期公布资产净值。

（10）建立并记录基金的账务，定期及时向基金经理人报告基金的会计账目，与基金经理人一起编制基金的中期报告和年度报告。

（11）建立并保存受益人名册。

（12）根据基金经理人提出的并已经受益人大会通过的基金分配方案，完成基金的收益分配。

（二）基金托管人部门岗位设置及人员要求

根据基金托管人所从事的业务，至少要求其设置如下岗位：基金会计岗位；基金清算岗位；基金出纳岗位；基金托管人业务主管。

对基金托管部门人员的要求包括对人员的素质的要求和对从业人员的工作要求。基金会计要求有良好的专业会计经验，至少要有会计专业大学文凭，有良好的财务理论和实践水平，至少要有三年以上的相关会计工作经验，熟悉证券市场的有关法规，熟悉基金财务业务和证券市场业务。

基金清算岗位人员要求大学财会专业毕业，熟悉证券业务和券商的运作，并且已获得清算员的资格。

基金出纳要求大学财会专业毕业，有较好的出纳工作经验，熟悉银行业务，懂得国家的有关财经法规，有较强的责任心和原则性。

基金托管人业务主管要求有较高的理论水平和丰富的实践经验，财会专业硕士以上学历，有五年以上的财务管理经验，有专业的会计师工作经验，有较强的财务管理能力和组织能力,精通会计准则和财务通则,熟悉基金的运作,精通国家的财经法规、证券业务法规,包括《基金法》、交易所方面的规定、证券买卖的规定、信息披露的规定等,熟悉相关部门的运作如基金经理人、交易所、券商、证券监管部门的运作,有较好的沟通协调能力。

除了对不同岗位的人员的不同素质要求以外,作为基金托管人的从业人员必须具备一些共同的职业素质,那就是要有较强的工作责任心,对所接触的业务严守保密,不得向外泄露基金的机密,对外的任何信息发布必须在法规和基金契约的许可下通过正式途径进行。

第五节 延伸阅读材料

一、基金公司的投资决策、组织结构与运作

基金管理公司投资决策图见图5-3。

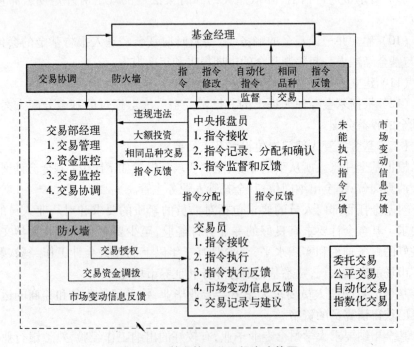

图5-3 基金管理公司投资决策图

基金公司组织架构图见图5-4。

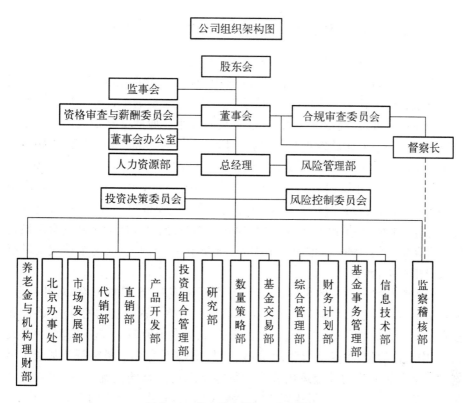

图 5-4 基金管理公司组织结构图

投资基金运作示意图见图 5-5。

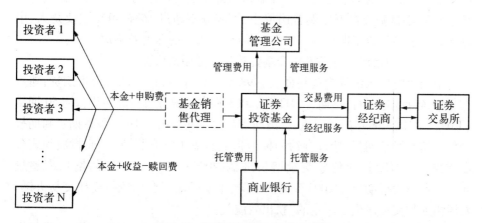

图 5-5 证券投资基金运作示意图

二、推荐阅读：其他国家和地区证券投资基金参与股指期货概况

（一）美国证券投资基金参与股指期货概况

美国在1982年推出股指期货后，经过短短20多年的发展，2005年股指期货的年成交量达到4亿手，占全球股指期货产品成交量的44.5%。股指期货交易品种体系完善，已经形成了大盘股、中盘股和小盘股的交易指数体系。股指期货电子化和小型化的发展势头迅猛。1992年，芝加哥商业交易所（CME）启动了电子化交易平台Globex，最初用于在公开喊价交易时段结束后，为CME产品提供晚间电子化交易。后来CME推出基于Globex平台的电子化迷你型（E-mini）合约，这种合约几乎全天24小时交易，一经推出，立即受到投资者的热烈追捧。1996年推出的E-mini S&P500合约，目前已经成为全球成交量最大的股指期货合约；1999年推出的E-Mini Nasdaq100合约，也成为全球成交量第三大股指期货合约。

美国参与股指期货的机构比较广泛，包括养老基金、共同基金、对冲基金、期货基金、投资银行、保险公司等。根据晨星公司的投资风格箱的方法，将证券投资基金分为9类：大盘平衡型、大盘成长型、大盘价值型、中盘平衡型、中盘成长型、中盘价值型、小盘平衡型、小盘成长型和小盘价值型。考察每类基金3年的业绩排名前十位的基金运用股指期货等金融衍生品的情况，考察的数据为2006年3月31日基金的股指期货等金融衍生品投资占净资产的百分比，其中：大盘基金参与金融衍生品的比例为53%，中盘基金参与金融衍生品的比例为60%，小盘基金参与金融衍生品的比例为23%。参与金融衍生品的基金中，大盘基金投资的比例都不超过5%；中盘基金除个别比例较高外，投资的比例都不超过2%；小盘基金投资比例普遍偏小，大部分不超过1%。可见主要是大、中盘证券基金参与股指期货等金融衍生品市场，参与的深度并不深。

（二）中国台湾地区证券投资基金参与股指期货概况

中国台湾地区证券投资基金从1998年开始起步，首先推出台指期货，随后在2001年推出小型台指期货（MTX），2003年推出成分股指数期货台湾50期货（T5F）。在短短8年的时间里，台湾期货交易所共推出了10个股指期货和期权合约。这些股指期货、期权合约的标的指数涵盖了综合指数、行业指数和成分股指数。台湾股指期货成交量增长迅猛，2000—2004年每年的增长率超过40%。台湾股指期货在2005年有所下降，主要是由于台湾股指期权交易火爆，对股指期货交易产生了一定的"挤出效应"。

中国台湾地区参与股指期货的投资主体为证券自营、期货自营、证券投资

基金、期货基金、境外合格投资者(QFII)和自然人等。

从中国台湾地区的投资主体参与期货的情况来看,自然人股指期货的市场占有率呈现逐年下降的趋势,由最初的高达95%降至目前的不足40%。市场特征由散户为主转为机构参与为主。从台湾股指期货推出的第2年即1999年起,允许期货公司从事自营业务,股指期货及期权的期货自营市场占有率逐年增加,截至2006年8月31日,2006年期货自营的市场占有率达到56%。1999年,允许合格的境外机构投资者(QFII)参与股指期货和期权交易,QFII的市场占有率逐年增加,在2004年达到峰值,将近5%,随后的比例逐年减少。截至2006年8月31日,市场占有率约2.5%。

证券投资基金从2000年开始参与股指期货和期权交易,市场占有率不超过0.6%,对市场的影响可以忽略不计。

虽然证券基金在整个股指期货和期权交易中的市场占有率很小,但是从绝对量来看,证券基金运用股指期货和期权的数量增长势头迅猛。2000—2003年,证券投资基金利用股指期货、期权还比较谨慎。中国台湾地区证券基金是从2004年开始较大幅度介入股指期货、期权市场。到2004年后,证券基金投资股指期货、期权的资金明显放大,较上一年度增长了440%。截至2005年底,中国台湾地区一共有286家证券投资基金,大部分在招募说明书中载明投资股指期货、期权,其中109只基金运用了股指期货及期权,参与的比例大约为38%。运用股指期货、期权投机性头寸的价值总额都不超过净资产的15%,平均比例为5%。

对中国台湾地区证券投资信托暨顾问公会公布的数据进行整理归纳,2006年7月份中国台湾地区证券投资基金参与股指期货和期权的共38家基金,参与的比例为13%。其中利用股指期货和期权进行资产配置或投机的有8家,利用股指期货和期权进行套期保值的有28家,其中2家参与了套利交易。可见证券投资基金参与股指期货、期权的主要目的是套期保值。其中参与投机交易的合约价值占基金的净资产的比例最高为14.38%;参与套保交易最高的套保率为92.52%。

三、焦点问题资料

(一) 基金投资"十戒"

购买基金时要讲究策略,避免一些不良的交易习惯,这样才能获得稳定的收益:

一戒喜低厌高。开放式基金并没有贵贱之分,在某个时间点上,所有的基金不问净值高低,都是站在同一起跑线上的,基金管理人的综合能力和给投资者的回报率才是取舍的依据。

二戒喜新厌旧。老基金乏人问津,而新基金的绩效虽然没有经过市场检验却分外热销。须知新基金在相当长的发行期、封闭期和建仓期里不会产生效益,这就增加了机会成本,而经过市场考验的老基金早已长缨在手,只要选择得当,就能迅速分享投资收益,理应成为投资者的首选。

三戒炒股思路。把基金等同于股票,以为净值高了风险也高,用高抛低吸、波段操作、追涨杀跌、逢高减磅、短线进出、见好就收、买跌不买涨等股票炒作的思路来对待基金,常常既赔了手续费,又降低了收益率。

四戒组合不当。也有人把大笔资金全投在一只基金上,虽然基金本身的投资组合具有分散风险的功能,但对因管理人失误造成的风险难以规避,应以同类基金不重复选择,核心与非核心基金配置比例适当为原则进行组合。

五戒束之高阁。基金受管理人变动、投资理念更替,操作策略变化等因素影响,业绩会有很大的波动,持有人应依据投资目标、收益预期以及风险承受能力,适时调整投资组合,以实现自身收益的最大化。

六戒跟风赎回。没有主见,看到别人赎回,唯恐自己的那份资产会受损失,也跟着赎回。决定投资者进退的依据,应该是基金管理公司的基本面、投资收益率和对后市的判断。

七戒分红即走。基金是否具有投资价值,应参照其累计净值和一贯表现。对运作良好的基金,往往只能在更高的价位上才能补回,实践证明,分红即走不是明智之举。

八戒不设止损。以为基金不是股票,可以不设止损点,这个观念也是错误的。众多封闭式基金从大幅溢价到折价25%左右,也说明买基金止损的重要。

九戒惟数据论。挑选基金远不像比数目大小那么简单,而且业绩好的基金往往是风险较大的股票型基金,如果投资者的资金是作为养老、购房或者子女读书用的,就应该把风险控制放在首位。

十戒不问费率。频繁进出做差价的基金,支付的佣金成倍地高于其他基金。费率的高低直接影响到基金的绩效,根据对国外基金的考察,运作费率分别为0.5%和2%时,基金收益会有很大的差别,费率低、绩效好的基金理财能力更强,会买的投资者选择基金时会考虑费率因素,以期获取更好的投资回报。

(二) 投资基金"四误区"

投资基金似乎是比较懒的做法,因为基金由专家进行操作,相当于代替自己在资本市场投资。但投资基金的懒人请注意,懒人理财的含义极其丰富,要有懒的理念,却要避免懒的行为,所以要尽力避开以下四个误区。

误区一:不用比较。

懒人们大多认为,面对市场上的各类名目繁多的基金。只要听听朋友的意见,看看近期的介绍,大致了解一下行情,就能进行基金投资了。

改善方法:必须做好关键性选择。需事先对基金公司背景、过往业绩、产品类型、操作便捷等方面做好比较。最后选择一个优秀的基金公司,并保持对其产品充分信任,这样懒人们就可以在今后的理财中减少同类产品的比较,加速懒惰的进度。

误区二:无需计划。

有人认为,选好了基金公司,只要将钱全部购买其基金产品就行了,也不去理会这些产品的优缺点。这种没有计划的理财方法,只能让自己的资金处于无序的状态。

改善方法:制订一个理财规划。根据自己的实际情况、未来预期收益,来购买理财产品,并做到长期、短期相辅相成,才能做到懒而不盲目。

误区三:无需变动。

懒人们不喜欢经常关注和变动其基金账户。但是,理财正是需要其不断变动配置来达到最优组合。

改善方法:懒人们应该选择能给自己带来最大便捷的基金投资的操作工具,能在轻松的环境中时刻加强对基金产品的监控。

误区四:无视小支出。

很多人对于日常的小开销无须多加控制。这正犯了另一个错误:小钱的过度支出往往是理财的盲区。

改善方式:用货币基金赚取小钱。货币基金申购赎回免费,流动性仅次于活期储蓄,收益率却高于税后1年期定存利率。有了闲置的小笔金额,就买入货币基金,虽然赚的是小钱,但毕竟可以积少成多。

第六节 团队活动提示:校园模拟股市之市场特征

一、市场特征

校园模拟股市是与沪深股市完全不同的市场。主要特征如下:

(1) 投资者数量较小,交投不活跃。因为条件的限制,校园股市参与人数极少,所以交投不活跃。

(2)委托及交易手段比较落后。由于模拟交易平台不一定是在实验室运行,所以委托条件比较简陋。其具体做法是:操盘手通过QQ(或其他指定信息联络工具)将委托订单提交给校园教学助理,校园教学助理将委托数据输入后,将委托数据包传递给教师,教师将数据纳入平台,并进行交易撮合以后,再通过QQ群发布行情及成交信息。目前校园股市交易系统正在开发互联网版,一旦完成,则会形成一个与正规交易市场不相上下的证券市场。

(3)教师充当了众多散户、超级机构的角色。为了让市场更加逼真,教师在这个市场中充当了多种角色,包括证监会、众多散户、超级机构等角色。

(4)目前正在开发校园股市互联网交易平台,一旦开发成功,上述问题将会得到改善。

二、在校园股市里可以做什么

(1)证券投资运作。在校园股市中,考察研究上市公司的业绩和经营状况,对其进行长线的持有,使得公司的现金资产能够获得有效增值。与沪深股市不同,校园股市的长线投资,一般指持有时间超过半个月的运作,基本上可以理解为一种战略性的操作。

(2)校园股市投机运作。针对校园股市的上市品种短期的行情走势,寻找短期操作的盈利机会,一般操作周期可能在几天或者半个月之内。

(3)股票上市发行。股票和基金的上市在第六章中有详细论述。

(4)发行债券。债券的发行在第十章中有详细论述。

(5)兼并与重组。兼并与重组在第七章中有详细论述。

(6)机构大资金运作。在校园股市中可以体验大机构操盘手的实战过程,并为学生今后进入大机构操作提供了必要的锻炼。在股票市场中——尤其在我国,也包括国外——价格的形成并不是一种简单的市场供求现象和价值投资运作,很多时候存在着围绕内幕消息的非正常交易,尽管这些交易也必须要遵守市场监管当局的监管法规。在校园股市也存在一定的监管,但有效利用校园股市的游戏规则,完成一定程度的内幕交易,却也是校园股市操盘手应该去尝试的一种专业作业。

三、校园股市的特殊规定

在校园股市中,因为市场存续周期较短以及期末团队成绩结算等原因,有一些与沪深股市不一样的政策规定,各团队在运作时必须充分考虑这些特殊规定。下面列举几个主要的特殊规定：

（1）在期末结算时，股票以最后五个交易日收盘价的均值为结算价；基金以单位净值为结算价。

（2）基金在期末结算时不得持有全部任意一种基金（包括本基金），凡持有的以零值结算。

（3）各团队在期末结算时不得持有本团队的上市证券品种，凡持有的以零值结算；在半个月内成功完成反收购的团队除外。在半个月内成功完成反收购的团队，可以持有本团队的最大证券数量，不得超过发起人证券数量，超过的数量以零值结算。

（4）期末结算时，各团队持有的校园证券品种的结算值合计，不得超过本团队总资产的三分之二，超出部分以零值计算。在半个月内成功完成兼并与重组的团队，持有的校园证券品种的结算值合计可以达到总资产的80%，超出部分以零值计算。

四、团队校园股市投资建议

（1）建立价值投资的理念。因为校园股市存在透明度极高的特殊情况，各团队投资部必须对校园上市公司与基金的财务数据进行充分的研究分析，以确立正确的投资原则和方法。

（2）积极参与新股申购。与沪深股市一样，校园股市的新股申购蕴含着极大的盈利机会。所以建议各团队对于新股申购应予以重视。

（3）建立长线（以一学期为限）投资计划。

（4）尝试以部分资金进行短期投机。

五、本章课堂对抗辩题

（1）三分技术七分心态（正方）；七分技术三分心态（反方）。

（2）视钱财如粪土是（不是）投资人必须具备的心理常态。

第六章 基金的费用、估值、税收与收益分配

一只投资基金募集设立后,具有专业投资经验的基金经理就会对其资产进行积极的投资运作,以达到投资者分散风险、获取收益的目的。基金经理的投资业绩一般会在基金的价值上反映出来,实力较强的基金管理公司通常业绩较好,会主动公布评估的基金单位当日的净值,以吸引更多的投资者。因此,对广大投资者来说,基金的费用、税收与收益分配政策的好坏直接影响其投资决策。

学习重点

(1) 基金净资产的计算、投资基金估值的一般原则、基金的估值方法。
(2) 基金估值的程序、特殊证券的估值。
(3) 投资基金销售与服务费用(销售费用、赎回费用、12b-1费用)。
(4) 基金管理费用(管理年费、托管年费、其他费用)。
(5) 基金的交易费用。
(6) 基金的税收(营业税、印花税、所得税)。
(7) 基金的收益与分配(权益登记日、除息日、红利发放日)。
(8) 现金分红与红利再投资。
(9) 基金拆分与大比例分红。
(10) 尝试在校园股市对基金进行拆分运作。
(11) 团队(公司)在校园股市的上市运作。

团队活动指引:团队在校园模拟股市的上市运作

关键词:校园模拟股市 上市

1. 团队在校园股市上市的重要意义
2. 团队在校园股市中上市的文件准备和审批步骤
3. 运行团队上市

第一节 基金资产估值

一、基金资产净值

基金净资产（Net Asset Value，NAV），是指某一时点一个基金单位实际代表的价值。它是基金向投资者出售新的股份的基础。

基金资产净值的计算公式为：

NAV = 基金净资产总值/基金单位总数

= (基金资产总值 - 基金负债总值)/基金单位总数

假设，某投资基金总资产为 20 亿元，负债总额为 2 亿元，已发行的股份数为 10 亿份，那么，每股净资产价值为 1.8 元，即：(2 000 000 000 - 200 000 000)/1 000 000 000 = 1.8(元)。

基金的总资产是指基金拥有的所有资产的价值，不仅是其投资组合的价值，包括现金、股票、债券、银行存款和其他有价证券。基金的总负债是指基金应付给基金管理人的管理费、基金托管人的托管费和基金销售的其他一切费用开支。

从公式中可以看出，只要基金投资组合市场价值变化，基金的净资产价值就可能每日都在变化。如果基金发行的股份数保持不变，而其投资组合价值增加，那么，基金的净资产价值也会增加，反之亦然。

因为开放基金申购和赎回的价格是依据基金的净资产值计算出来的，所以如何公平计算基金净资产价值对投资人利益的保障有重大的意义。

二、投资基金的估值

所谓投资基金的估值就是对运用基金资产购买的一切有价证券按照一定的价格进行估算，其实质是资产的再次确认和计算。这里要注意的主要是两个方面：一是基金资产估值主要是对基金投资资产的重估（一切有价证券），基金的银行存款、现金和应收款项等不列入重估范围。这是因为，银行存款、现金均以货币形式存在，其价值固定，无需评估；而基金的应收款项只有在无法收回的可能性较大时,才有必要重估,这种情况极少出现。二是对于估值时所采纳的证券的价格问题,用什么样的价格来估值才是最公允的,这一点将在后文中详细论述。

一般基金成立后就开始投资运作,基金管理人根据基金契约或基金招股说明书的规定,定期对基金资产估值并履行相关的信息披露职责。目前,我国的基金每个交易日均估值,封闭式基金每周披露一次单位净资产,开放式基金每个开放日均需披露单位净值资产。基金估值的频率是由基金的组织形式、投资对象的特点等因素决定的,并在相关发行的法律文件中明确。

（一）基金资产估值的重要性

（1）通过资产估值以确定基金资产的账面价值。一般来说,投资基金按其所投资的有价证券的市价平均或收盘价来估值,这与传统的按历史成本法或成本于市价孰低法确定投资价值的方法又有很大不同。基金资产的价值处于不断变动之中,通过估值可以对基金资产的价值和基金的运作状况及时作出判断。

（2）基金估值有助于对基金管理者的业绩评价,促使其有效利用基金资产。投资者投资于基金,一方面是为了取得红利分配,另一方面也是希望投资资产不断增值。因此,基金的分红率和基金资产的增值率变成了考核基金管理工作者工作绩效的重要指标。良好的基金管理者通常主动向投资者报告基金资产价值的变动情况,从而吸引投资者。同时也激励了基金管理者尽最大努力管好基金资产。

（3）基金管理人的管理费用和基金托管人的托管费用通常都是以基金净资产为基础计提。因此基金资产净值是否反映其真实价值也关系到所付管理费用和托管费用的多少。

（4）基金估值有利于真正体现投资基金的价值,并且是公开报价的重要依据。对于封闭式基金而言,通过及时披露基金资产净值可以为封闭式基金的上市交易提供价格参考,防止价格过度偏离价值。对于开放式基金而言,其申购和赎回价格高度依赖于基金单位净值的估值。而计算净资产价值的核心在于确定投资资产的价值,其中的重要步骤便是进行投资估值。估值的准确性所产生的后果,对投资者而言也是非常重要的。

（二）基金估值的一般原则

国外很多基金不仅可以投资于期货、期权等衍生金融工具,而且全球基金还可以投资于世界各地的证券市场,并且由于国外的法规允许基金投资于垃圾债券等信誉等级比较低的证券,所以基金的估值问题比较复杂。

由于我国基金的投资品种比较简单,所以国内的估值问题比国外的估值问题简单得多。我国《证券投资基金管理暂行办法》规定:基金的投资对象为上市公司的股票、政府债券和企业债券(包括可转换债券),配股权证是目前唯一一种基金可投资的金融衍生产品;单个基金投资于股票、债券的比例不得低于该基金资产总值的80%。

最初从"老基金"开始直至1998年,基金持有的股票是按照当日交易日的收盘价来估值,1999年根据《证券投资基金管理暂行办法》实施准则第五号的有关规定,改为按照当日交易的平均价值来估值。管理层出台这一规定的主要目的是为了避免某些基金披露期限日,例如周末,一些基金通过人为操纵重仓股票去拉高收盘价的方式提高基金的周末净排名,使得周末收盘前几分钟基金重仓股票往往波动剧烈。在基金价格估值改为采用股票和债券的当日交易均价计算基金净值后,上述迹象随即消失。2001年财政部颁发了《证券投资基金会计核算办法》,首次明确了基金的估值原则:

(1) 任何上市流通的有价证券,以估值日该有价证券交易所挂牌的市价(平均价或收盘价)估值;估值日无交易的,以最近交易日的市价估值。

(2) 未上市的股票应区分两种情况处理。配股和增发新股,按估值日在证券交易所挂牌的统一股票的市价估值;首次公开发行的股票按成本价估值。

(3) 配股权证,从配股除权日起到配股确认日止,按市价高于配股价的差额估值;如果市价低于配股价,则按配股价估值。

(4) 如果有确凿证据表明上述方法对基金资产估值不能客观反映其公允价值,基金管理人可根据具体情况,并与基金托管人商定后,按最能反映公允价值的价格估值。

(5) 如有新增事项,按国家最新规定估值。

虽然核算办法仍然将收盘价作为可选择的标准之一,但是目前我国的投资基金几乎都是采取平均价来估值的。此外,核算办法还设置了"未实现利得"科目,用以核算按照前述估值原则对资产估值所形成的未实现利得。

(三) 基金的估值方法

传统的估值方法有账面价值法、直接比较法、市价法、股票与债券市场价格的方法和折现法。目前在基金投资估值中对上市流通股实际采用的是按公允价值来计算,所谓公允价值是指投资在有成交意愿的交易对手间的现行交易价格(不包括强制性出售或破产出售的情况)。公允价值的具体表现形式随金融工具性质、交易方式、交易市场的不同也有所不同,它的表现形式包括以下几种。

1. 收盘价

在活跃市场上公开交易的金融工具,市价是其公允价值的最好体现。通常,公开市场交易证券以估值日该证券最后成交价格(收盘价)估值。

若该证券于估值日在主要交易商场未发生交易,则以活跃程度仅次于主要市场的收盘价估值。

2. 其他市场价格

如果收盘价不能体现其公允价值,基金可以采用买入价、卖出价、买入及卖出的平均价、买入价及卖出价区间内被认为可最好反映公允价值的某价格来估值。但是,考虑到交易的方向性,通常对基金持仓的证券估值时不允许仅采用卖出价,应该考虑买入价;对基金卖空的证券估值时不允许仅采用买入价,应该考虑卖出价。

对于无法取得市场报价的证券在购入日按成本估值,购入次日起按公允价值估值;除非以前的交易价格被认为不再反映其公允价值,否则可采用最近交易日的收盘价估值。

3. 价格服务商提供的证券价格

国外存在一些证券服务商,它们有自己的信息网络,接受世界各地的证券交易信息,整理汇总后提供给证券投资基金等信息使用者。此外,它们还建立了一系列定价模型,为金融衍生工具定价。各价格服务商的报价基本一致,但个别证券也会存在差异,基金在发行设立的文件中会向投资人介绍基金采用哪家价格服务商提供的价格来估值。有的基金还会采用不同服务商报价的平均值来估值。

4. 定价模型等确定的价格

基金管理公司内部或价格服务商有时会采用期权定价模型、矩阵定价模型、折现现金流模型、类似金融工具的可靠报价或其他公式化的定价方法来为证券估值。

(四) 基金估值的程序

在我国,基金资产的估值问题还主要被定义为"会计问题"。由于我国证券投资基金基本上为契约型,并且无第三方中介机构可以代为履行基金会计核算的职能,所以基金资产的估值职责是由基金管理人与基金托管人共同履行的,基金管理人、托管人均要对估值的结果承担相关责任。通常估值的程序是:

(1) 基金管理公司的会计核算部门根据估值日的交易情况及基金持仓证券的行情进行估值。

(2) 基金托管人对管理人的估值结果进行复核,若两者的估值结果不一致,应共同找出原因,由错误一方更正。

(3) 双方核对无误后,由基金管理人在规定的时间内进行相关的信息披露。

(五) 基金持有特殊证券的估值

尽管《证券投资基金会计核算办法》希望尽可能地使投资估值公允、客观,但是投资估值中出现的一些问题往往使之不能达到这一目的。尤其是对于一些问题证券的估值。对于这些证券的估值不适宜以市价进行估值。如 2001 年 8 月 3 日至 9 月 9 日,银广厦停牌期间,基金管理公司与基金托管银行仍然按照停牌前的 30.53 元对银广厦进行估值,显然这样的估值方法不符合实际价值。银广厦由于涉嫌虚构巨额利润,导致会计信息失真,造成极其恶劣的影响,市场对其期望很低,其实际价值不值那么高,停牌前的市价并未反映真实的投资价值,但是基金管理公司和托管银行仍按 30.53 元进行估值,并以此为基础计提管理费与托管费,损害了投资者的利益。

所以对于问题证券的净值评估绝对不能等同于优良资产的评估。如何确定一个"公允"价亟待妥善解决。如果一开始不采取审慎、公允的措施处理,立即调整问题证券的估值方法,持有人会产生强烈的预期,会争先恐后地抛出或要求赎回。

对于问题证券应该按照最能反映出该证券预期变现价格或真实价值的价格估值。监管当局还没有制定出对问题证券估值的统一规定。实际操作中只能由基金管理公司把握和控制。这里只对这些问题证券做简单介绍。

(1) 暂停交易证券。对于暂停交易的证券,无论其暂停交易时间的长短,在暂停交易期间该证券都没有市场交易价格。对于暂停交易时间较短的证券,如果证券本身和市场行情没有发生剧烈变化,那么该证券在暂停交易以前价格可以基本合理地反映该证券的实际价值;但是对于那些暂停交易时间较长或上市公司发生重大变化的证券,暂停交易前的交易价格可能与该证券的实际价值相差甚远。在估值时需要全面考虑该公司的经营状况、盈利水平、成长速度,因为它们是决定股票价格的实际因素。

(2) 涨跌停板证券。涨跌幅限制是证券交易市场为了防止市场的过度投机,而对证券交易价格波动采取的一种限制措施。在我国证券市场,某证券连续多日涨、跌停而且成交量很低,同时有大量买入或卖出委托不能成交的现象非常常见。如果基金大量持有这样的股票,要计算基金的实际价值,必须根据这些股票的基本情况进行全面分析,寻找导致股票涨跌停的真正原因。

(3) 流动性不足证券。这类证券主要指交易清淡而使流动性不足的证券。流动性不足主要是由于公司基本面(包括公司的经营状况、市场形象、股东结构等发生变化)和市场交易情况两方面的变化引起的。对于这类股票,在估值时基金管理公司应该通过与类似的公司进行比较分析,结合证券市场相关指数的变化,并向有经验的市场研究人员、行业研究人员和基金经理人等咨询,以达到对该资产的实际价值的合理评价。

(4)退出证券。我国证券市场已经建立起退市机制,随之出现证券投资基金投资退市股票的现象。我国目前对基金投资的股票退市时基金净值的计算没有特别的规定。那么按照核算办法的规定,估值日无交易的股票以最近交易日的市价估值,即退市股票应该按照退市前一交易日的市场交易进行估值。这种做法显然不能真实地反映基金资产的实际价值。

证券投资基金的估值,尤其是对问题证券的估值是一个主观性、判断性很强的工作。对于同一个证券,由于信息占有程度、分析方法及分析工具、分析人员的未来预期的不同,不同分析人员可能会得出不同的结论,形成不同的估值价格。"按照公允价值估值"是一个很抽象的概念,缺乏可操作性。但是相信随着我国基金管理公司经验的累积、从业人员素质的提高、公司内部制度的完善,这个问题将逐步得到解决。

第二节 证券投资基金的费用

相对于直接投资于证券市场而言,投资者通过购买基金间接作用于证券市场可以获得不少好处:可以实现通常只有大额资金才能实现的投资行为,享受规模经济效益;可以利用基金管理人的专业技能和风险控制的优势,在很大程度上避免风险;可以节约时间和精力,免去收集、整理信息,选择具体的证券,进行决策评价等繁琐的劳动。与这些好处相对应,投资者必须付出一定的费用,而这些费用也是基金的管理人、托管人以及其他当事人的收入来源。

一般来说,基金的费用包括三类:一是在基金的设立、销售和赎回时的费用,该部分费用由投资者直接承担;二是基金在运作过程中的管理费用;三是基金在买卖证券时的交易费用,后两类费用都是由基金支付,投资者间接负担。

一、销售与服务费用

(一)销售费用

基金在设立和发行过程中,会支出一定的费用用于审计、律师和广告,同时,如果基金是通过承销商销售的话,还得支出一定的承销费用。因此投资者向基金管理公司或承销商申购基金单位时,必须支付一定的销售费用,该部分费用都计算在基金的销售价格中。需支付销售费用的基金一般称作前端收费基金。

有的国家和地区对销售费用占销售价格的比例有最高的比例限制。如美国要求销售费用最高不得超过8%,平均4%~5%;而在中国台湾地区,基金收益凭证的销售费用不得超过2%。一般来说,基金销售费用的比率不是固定的,而是随着投资者认购基金的规模的增加而减少,这一措施有利于大额的投资者,但是小额的投资者也可以从中间接受益,因为基金规模的过大可以产生规模效益,能减少单位基金所负担的固定费用。

我国目前证券投资基金在发行时,发行费用为面值的1%,即每单位为0.01元。它包括会计师费、律师费、发行费、发行协调费、发行公告费、材料制作费和上网发行费等。

(二) 赎回费用

有的开放式基金在投资者赎回时,要求投资者支付一定比例的赎回费。它的方式是按照赎回金额的一定比例收取,并且收费的比例是和投资者持有基金单位的时间有关,持有的时间越长,收取的比例越低。其目的是为了使投资者不要在购入基金份额后很快就赎回。此项费用的费率是不固定的,投资者持有的时间越长费率越低。在美国,当持有时间在5年以上的,投资者在赎回时便不必支付该项费用(见表6-1),这种做法是为了鼓励投资者长期持有基金份额。

表6-1 赎回费用率

持有时间	<1年	1—2年	2—3年	3—4年	4—5年	>5年
费用率	5%	4%	3%	2%	1%	0

(三) 买卖基金费用

由于封闭式基金在首次发行后,投资者只能在证券交易所买卖基金单位,投资者在买卖基金时,必须支付交易手续费和交易印花税。在我国,投资者买卖基金单位时的交易手续费为成交金额的0.3%,免交易印花税。

(四) 12b-1 费用

12b-1费用是基金费用中的一种特殊费用。12b-1费用是根据12b-1规则收取的。该规则是美国证券管理委员会在1980年12月28日核准的,准许基金管理公司动用小部分基金资产,以促进基金证券的发行与承销,吸引新的投资者,如广告费、宣传品费用,支付股票经纪人及财务顾问的佣金、银行介绍费和客户的费用等。在12b-1规则未制定前,这些费用都由证券投资基金组织本身负担,禁止动用基金资产,或采用收取专门的销售费等方式。采用该规则的投资基金不是在销售基金证券的时候向投资者一次收取销售费用,而是每年从基金资产中按净值资产价值的 0.5%~1% 提取,该费用一般称作 12b-1 费用。12b-1 费用实际上是将销售费用分摊到每一年并不断收取,投资者实际支付的费用可能比一次支付的销售费用还要多。

二、基金管理费用

(一) 基金管理年费

管理费即基金管理公司和投资顾问收取的经营费用。管理费一般是以基金资产净值的一定比率,逐日累计,每月计提,按年收取。这部分费用通常从基金股息(或债券利息)收益中,或者从基金本身扣除,无需向基金持有人收取。其标准一般按基金净资产的一定比例确定,比率大小与基金规模成反比,与基金风险大小成正比。通常为基金净资产的 0.25%~2.5%。该费用按月支付,其计算公式为:每月应提取的基金管理年费=该月基金估值日基金资产净值×费率/12。

在美国,每年的管理费不超过基金净资产的 1%,一般为 0.7% 左右,而在中国台湾地区,管理费为基金净资产的 1.5%。目前我国证券投资基金的管理费用按前一日的基金资产值的 2.5% 的年费率计提。基金管理人的报酬每天计算,逐日累计至每月最后一个工作日,由基金管理人一次性支取。为了激励基金管理人,有的基金设立了绩效管理费,通常是根据基金资产增长的情况,按照一定比例提取。

(二) 基金托管年费

基金托管年费是基金支付给基金托管人的费用,与基金管理费一样,也是按照基金净资产的一定比例定期从基金资产中支付。每年为总资产的 0.25% 左右,是按日累积,按月支付。计算公式为:每月应提取的基金资产保管年费=估值日基金资产净值×费率/12。在美国和中国台湾地区,费率一般为 0.2% 左右。我国的证券投资基金的托管费提取比例为基金净资产的 0.25%,计提的方法与基金管理费的计提方法一致。

(三) 其他费用

基金在日常运作中除了支付基金的管理费和基金托管费外,还必须用基金的资产支付会计师费用、召开年会费、律师费用和基金信息披露费用。该部分费用一般为固定值,基金的规模越大,每单位基金所分摊的费用越少。

三、基金的交易费用

证券投资基金在进行投资时,不断地买卖证券,调整基金的投资组合,因此,也必须支付证券交易手续费。这部分费用与基金在投资管理时的周转率有关,周转率越高,交易费用就越高。基金运营费与基金手续费的最大区别是基金运营费通常具有持续性,也就是说这些费用在持有基金的时间内会持续的产生,这些费用将在投资者申购和赎回基金时被摊派。

四、证券投资基金的税收

基金集中投资者的资金用于证券投资以获得收益,并将基金的收益分配给基金持有者。从税收的基本原理来说,基金可以产生利润,应当缴纳所得税,而基金持有人通过基金的收益分配获得投资利润,也应当缴纳个人所得税。但是,基金投资有其特殊性,不管是基金本身还是基金持有人,收入的来源都是基金资产。若对基金本身征税的话,基金势必将其税收变相地转嫁给基金持有人,这样就造成对基金持有人的双重税收。所以,世界各国家和地区一般都给予基金一定程度的税收减免,而对基金持有人通过基金分配获得的收入和通过基金买卖获得的收入依法征税。至于基金的其他当事人,如基金管理公司、基金托管公司、投资顾问公司等从基金中取得的费用收入构成这些法人机构本身的营业收入,所以必须缴纳营业税和所得税。

目前,金融机构(包括银行和非银行金融机构)买卖基金单位获得的差价收入恢复征收个人所得税以前,暂不征收个人所得税;对企业买卖基金单位获得的差价收入,应并入企业的应纳所得额,征收企业所得税。

对基金投资中获得的股票股息、红利收入以及企业债券利息收入,由上市公司和发行债券的企业向基金派息股息、红利、利息时代缴20%的个人所得税,基金向基金投资者分配股息、红利、利息时,不再代扣、代缴个人所得税。

对基金投资者从基金分配中获得的国债利息、储蓄存款利息以及买卖股票差价收入,在国债利息收入、个人储蓄存款利息收入以及个人买卖股票差价收入恢复征收所得税以前,暂不收所得税。

对个人投资者从基金分配中获得的债券差价收入,应按税法规定对个人征收个人所得税,税款由基金在分配时依法代扣、代缴;对企业从基金分配中获得的债券差价收入,暂不征收企业所得税。也就是说,投资者在投资基金时所获得的分红收益和资本利得是不需要再另行缴税的。

目前有关基金投资方面的税款具体包括以下三种。

1. 营业税

(1)以发行基金方式募集资金不属于营业税的征税范围,不征收营业税。

(2)基金管理人运用基金买卖、债券的差价收入,暂免征收营业税。

(3) 金融机构(包括银行和非银行金融机构)买卖基金的差价收入征收营业税;个人和非金融机构买卖基金单位的差价收入不征收营业税。

2. 印花税

(1) 基金管理人运用基金买卖股票按照0.4‰的税率征收印花税。

(2) 对投资者(包括个人和企业,下同)买卖基金单位暂不征收印花税。

3. 所得税

(1) 对基金从证券市场中取得的收入,包括买卖股票、债券的差价收入,股票的股息、红利收入,债券的利息收入及其他收入,暂不征收企业所得税。

(2) 对个人投资者买卖基金单位获得的差价收入,在对个人买卖股票的差价收入未恢复征收以前,暂不征收个人所得税;对企业投资者买卖基金单位获得的差价收入,应并入企业的应纳税所得额,征收企业所得税。

(3) 对投资者从基金分配中获得的股票的股息、红利收入,以及企业债券的利息收入,由上市公司和发行债券的企业在向基金派发股息、红利、利息时代扣、代缴20%的个人所得税。基金向个人投资者分配股息、红利、利息时,不再代扣、代缴个人所得税。

(4) 对投资者从基金分配中获得的国债利息、储蓄存款利息以及买卖股票差价收入,在国债利息收入、个人储蓄存款利息收入以及个人买卖股票差价收入未恢复征收所得税以前,暂不征收所得税。

(5) 对个人投资者从基金分配中获得的企业债券差价收入,应按税法规定对个人投资者征收个人所得税,税款由基金在分配时依法代扣代缴;对企业投资者从基金分配中获得的债券差价收入,暂不征收企业所得税。对基金管理人、基金托管人从事基金管理活动取得的收入,依照税法的规定征收营业税、企业所得税以及其他相关税收。

第三节　证券投资基金的收益与分配

一、权益登记日、除息日、红利发放日

由于开放式基金每工作日可以进行申购、赎回,对于基金管理人来说,基金持有人以及基金持有数量是每日变动的。因此在进行基金红利分配时,必须约定一个确定日登记及统计参加分红的持有人名册及分红数量。享有分红权益的基金份额登记约定日称为权益登记日。投资者如果在权益登记日持有基金份额,便可以享受分红。除息日是指红利从基金资产中扣除的日期,除息日的

基金份额净值将扣除每份基金的分红金额,因此该日的基金份额净值一般会比上一日有所下降。

目前行业通行的做法是权益登记日与除息日在同一天。在此情况下,由于基金申购是T+1确认,除息日(权益登记日)当天或以后申购基金则不享有该基金此次分红。

红利发放日是指向投资者派发红利的日期。选择现金红利方式的投资者的红利款将于红利发放日自基金托管账户划出。

权益登记日的设定决定了投资者是否有资格享有此次红利分配,对投资者的收益有影响。除息日决定了基金将以新的净值进行交易,对于新投资者的投资成本有影响。红利发放日不影响投资者的收益。

二、分红后的基金净值

基金分红后,基金净值都会下跌。基金分红是指基金将收益的一部分派发给基金持有人,这部分收益原本就是基金净值的一部分。因此,投资者实际上拿到的是自己账面上的资产,这也是分红当天(除权日)基金份额净值下降的原因。一般情况下,粗略估计,分多少红利基金净值就会相应的减少,但基金的累积净值不会相应的发生变化。如基金单位净值为2元,累积净值为3元,分红情况为每1份分红1元,如果不考虑市场波动情况,假设该基金除息后的最新净值为1元,累计净值则为3元。

分红只是实现收益的一种方式,如果投资者的分红方式为现金分红,也就是将账面资产的一部分转化为现金红利,这部分红利会返还到投资者的资金账户。

如果投资者的分红方式为红利再次投资,虽然分红后基金的最新净值会减少,但投资者持有的基金份额增加了,按上述例子也相当于投资者的账面资产没有变动。

基金分红是基金投资运作当中的一种正常操作,所以不必为基金分红后暂时的净值下降而担忧,关键是要看基金的累计净值的持续性如何,是否稳健。

三、基金分红的原则

我国法律法规对基金分红有一些原则性的规定,比如规定封闭式基金在符合分红的条件下必须以现金的形式分配至少90%的基金净收益,并且每年至少分配一次;开放式基金在符合有关基金分红条件的前提下,需规定基金收益每年分配最多次数、每年基金收益分配的最低比例;基金投资当期出现净亏损,可不进行收益分配;基金当年收益应先弥补上一年度亏损后,方可进行当年收益分配。

但是在实际操作中基金管理人根据基金投资者的特点和当时的市场状况会制定合适的分配策略。某些红利基金的投资策略以实现当期收益为主,要投资股息、债息高的品种,通过经常性的分红实现当期收益,为广大投资者提供稳定的回报。另外一些基金则很少分红,比如当基金经理判断未来市场趋势向上时,为了保持高仓位,一般不通过卖出股票来实现收益,这种情况下,投资者的投资收益通过基金净值增长来体现。投资者应根据基金的流动性状况来选择合适自己的基金。

四、基金投资收益的来源

投资者投资基金的收益主要通过基金净值的增长和基金分红两方面体现。基金分红是基金管理人的一种主动投资操作,是基金投资实现收益的一种手段。分红实质是将基金净值的一部分提前以现金方式派发给持有人,收益由基金净值转移到投资者的现金账户中,是账面的变化,而不是投资盈亏的变化。基金在某段时间的分红比例高并不能说明它一定具有长期持续分红的能力,也不能简单地说分红越多越好,分红次数多少和基金未来表现也没有必然的联系。另一方面,投资者可以通过分红再投资的形式,在不需要付出任何费用的情况下,重新参与投资。

对投资者来说,基金投资收益靠分红还是依靠净值增长,其实跟其资金安排和投资收益预期有关。如果希望从基金投资收益中定期获得现金收入(如很多长期投资者通过基金投资作养老计划,希望从基金中每月获得养老收入),那么可以选择多分红的基金获取基金收益;但如果资金安排时间较长,并希望获得良好的成长性收益,那么通过净值增长的方式可能获得的收益更大。

五、现金分红与红利再投资

开放式基金有两种分红方式可供投资者选择:现金分红和红利再投资。

现金分红是基金红利在红利发放日从基金托管账户向投资者的指定银行存款账户划出;红利再投资是指直接将所得红利再投资于该基金。

通常情况下,对于波段性较强的投资工具,落袋为安不失为一种方法。但是对于基金投资这样相对长期的投资工具,选择红利再投资却是一种更好的方法。红利再投资是指将分红得到的现金红利再次投资该基金,这样可以免掉再次申购基金的手续费,而且再投资所获得的基金份额还可以享受下一次分红,进而获得"复利"的增长。基金投资者将开放式基金的分配收益,按照权益登记日的净值直接用于申购该基金。红利再投资费的计算可采用费率方式或固定金额方式;采用费率方式收取时,应以基金单位资产净值为基础计算,费率不高于申购费率。

一般来说,基金管理人为鼓励投资者追加投资,通常红利再投资不再收取费用。如果投资者领取现金红利后,又要追加投资的话,将视为新的申购,需要支付申购费用。因此,选择红利再投资有利于降低投资者的成本。对开放式基金进行长期投资,如果选择红利再投资方式则可享受基金投资增值的复利增长效果。

需要提醒投资者的是,在默认的情况下,大多数基金采取现金分红方式。如果投资者选择红利再投资的方式,可以通过银行等代销机构修改默认的分红条款。

六、基金拆分

基金份额拆分(share split)是指在保持现有基金份额持有人资产总值不变的前提下,改变基金份额净值和持有基金份额的对应关系,重新列示基金资产的一种方式。基金拆分只是在账面上调整了基金份额净值和份额数量,不需要对基金投资进行任何操作,对持有人的收益无任何影响。

假设某投资者持有 10 000 份基金 A,当前的基金份额净值为 1.60 元,则其对应的基金资产为 1.60 × 10 000 = 16 000(元)。对该基金按 1.00∶1.60 的比例进行拆分操作后,基金净值变为 1.00 元,而投资者持有的基金份额由原来的 10 000 份变为 10 000 × 1.60 = 16 000(份),其对应的基金资产为 1.00 × 16 000 = 16 000(元),资产规模不发生变化。拆分可以将基金净值准确地调整到几乎任何想要的数值,比如 1 元整。与拆分相反的过程就是基金合并。

投资者在购买基金时,一般都对价格非常敏感,不愿意购买份额净值较高的基金。投资者主观认为"基金净值高,价格贵,投资风险大"。而在基金拆分后,原来的投资组合不变,基金份额增加,而单位份额的净值减少,就好比是股票的"送股",而且还可以与低净值基金进行竞争。对于喜欢投资低价基金的投资者来说,无疑具有吸引力。

基金公司利用基金拆分,把单位净值降到 1 元,可以满足一些新的投资者购买低价基金的心理。加上老基金都有过往业绩作为参考,投资者在选择时会更有针对性。这让基金公司争取到更多的客源。同时,老基金通过拆分实现规模增大,可以弥补新基金公司数量不足导致的投资需求不对称,为股市提供更多的增量资金。而且一般来说,能够拿到拆分通行证的基金都是经过一段时间市场检验的绩优品种,和那些没有任何历史业绩的新基金相比,不管是基金经理的操作水平还是基金投研团队的稳定,都具有明显的优势。因此,从这种意义上说,拆分为投资者提供了以此低价购买优质老基金的好机会。

根据海外市场经验,基金拆分给投资者的心理暗示作用相当强,拆分导致净值下降,往往被认为是一个较好的购买时机。

七、大比例分红

大比例分红是将基金净值中的一部分采用分红的方式分配给投资者,从而降低基金净值。大比例分红需要实现投资收益,在分红以后需要重新建仓。大比例分红是管理人主动进行的一种投资操作,与其他所有的主动投资一样,操作的结果存在正反两种可能。在市场由盛转衰的时候,大比例分红可以实现投资收益,避免即将带来的下跌;在市场震荡的时候,投资者也可以通过红利再投资的方式继续留在基金中,与基金管理人一同伺机再战,寻找再次入市的机会。但是如果市场单边上升,分红后的基金可能会错过一部分投资机会。

第四节 延伸学习材料

一、资料:证券投资基金费用设计方案

表6-2 中融融华债券型证券投资基金费用设计方案

类 别	费率结构	收取方式	备 注
1. 开户费	注册登记人费用,销售人可以收取固定费用且不超过10元	销售人账外收取	销售人单独收取
2. 认购费	认购费率为认购金额(不含认购费)的0.6%认购费用于市场推广、销售服务等发生的各项费用	销售人账内收取,注册登记人计算	管理人与销售人之间按照协议分成
3. 申购费	申购费率为认购金额(不含认购费)的0.6%申购费用于市场推广、销售服务等发生的各项费用	销售人账内收取,注册登记人计算	管理人与销售人之间按照协议分成
4. 赎回费	根据持有期限,确定不同的赎回费率 持有基金时间赎回费率(%) 1年以下:0.5%; 1—2年(含1年):0.4%; 2—3年(含2年):0.1%; 3年以上(含3年):0	从赎回金额中扣除,注册登记人计算	赎回费在扣除注册登记费、其他手续费后,余额归基金所有

续表

类 别	费率结构	收取方式	备 注
5. 注册登记费	注册登记人不单独收取,从赎回费中支出		注册登记人收取
6. 转托管费用	注册登记人免收费用,销售人可以收取固定费用且不超过10元	账外收取	销售人单独收取
7. 非交易过户费用	注册登记人免收费用		
8. 冻结费用	注册登记人免收费用		
9. 分红手续	注册登记人免收费用,销售人按有关规定收取相关费用		销售人单独收取
10. 红利再投资	注册登记人、销售人免收费用		
11. 基金账户销户	注册登记人免收费用,销售人可以收取固定费用且不超过10元	销售人账外收取	销售人单独收取
12. 基金账户资料变更费	注册登记人免收费用,销售人可按固定费用收取且不超过10元	销售人账外收取	销售人单独收取
13. 增开/撤销交易账户	注册登记人免收费用,销售人可以按服务成本收取固定费用且不超过10元	销售人账外收取	销售人单独收取
14. 基金转换费	转入基金补申购费率差价(转出基金申购费率与转入基金申购费率的补差)	从转换基金中扣除	费用分配比例同申购费用分成
15. 撤单费用	销售人可以按服务成本收取固定费用且不超过10元	销售人账外收取	销售人单独收取
16. 基金管理费	按前一日基金资产净值的0.75%年费率计算	从基金资产中扣除,托管人计算	
17. 基金托管费	按前一日基金资产净值的0.175%年费率计算	从基金资产中扣除,托管人计算	

二、推荐阅读材料:各国和地区的基金税收

美国、日本、中国台湾地区和内地的基金税收规定有各自的特点,下面我们来作出具体说明。

(一)美国的基金税收政策

1. 共同基金的纳税

在美国,投资收益指基金持有的所有证券的利息和股息,减去操作费用,但

是不包括资本利得。按照美国税法的规定,共同基金作为一个公司或信托企业,从其持有的证券获得的现金收益需要纳税,但是在共同基金符合税法中的M条款时,可免征投资收益税。M条款的要求是:(1)共同基金90%以上的总收入来自股息、利息和证券买卖所得;(2)来自3个月以内的证券销售总收入不得高于70%;(3)至少有50%的资产是现金、政府证券和多样化证券;(4)至少应当将90%以上的投资收益分配给投资者。如果共同基金符合上述条件,纳税的投资收益仅根据未分配给投资者的留存部分计算并缴纳税收。如果将投资收益全部分配给基金持有人,共同基金将不用缴纳投资收益税。

2. 基金持有人的纳税

基金持有人从基金分配获得的利息、股利等投资收益必须缴纳个人所得税。经理公司根据税法规定在年初寄给投资人一份表格,载明其前一年的获利情况,让投资人核算报税。对于共同基金通过证券投资获得的资本利得,无论是分配给基金持有人还是留存下来进行再投资,都必须申报缴纳所得税。

一旦投资者决定卖出其所持有的基金单位,他就必须在其成本基础上来计算税负。成本基础指已纳税的投资金额,当投资者卖出基金单位时,成本基础代表不再用纳税的资本回报,它包括已缴纳的销售费用、任何再投资的投资收益和资本利得。基金的总价值和成本基础的差额就是投资者应纳税的资本利得。在计算成本基础时有两种方法可以采用,分别是先进先出法(FIFO)和个别辨认法。

(二)日本的基金税收政策

按照日本的税法,基金管理公司运用基金财产取得收益,只要依照规定办理,不必缴纳所得税,管理公司不被视为法人。

对于基金投资者的课税,不同类型的基金有不同的处理方式,股票基金的分配利润被视为股利收入,而债券基金的分配利润被视为利息收入,它们的税收标准是不一样的。同时,个人和法人作为基金投资者的课税标准也有一定的差异。按照1986年底的日本特别税法,基金投资者的课税规定大致如下:

(1)当基金的受益人为法人时,对从基金投资中获得的分配利润、偿还金须缴纳20%的所得税,但可依照持有基金收益凭证的时间按比率从法人税中扣除;对买卖转让基金收益凭证的利润也应缴纳29%的所得税,同时还须缴纳0.55%(股票基金)或0.45%(债券基金)的证券交易税。

(2)当受益人为个人时,从基金分配获得的利润须缴纳35%的所得税,但是买卖转让基金收益凭证的利润不需缴纳所得税,但须缴纳0.55%(股票基金)或0.45%(债券基金)的证券交易税。

（3）投资者可以享受小额储蓄的免税制度，若投资股票基金在 300 万日元以下者，其收益可免税；若投资于债券基金，其投资额连同其他储蓄面额不超过 300 万日元者，可以免税。

（三）中国台湾地区的基金税收政策

根据中国台湾地区的规定，基金的受益人无论是个人还是法人，从基金获得的股利收入和利息都有一定额度的免税优惠，超过这个限额应缴纳所得税。所得税以基金为单位代为缴扣，基金受益人凭借扣缴凭单办理纳税申报，并用以抵缴应缴税款或退税。基金持有人转让受益凭证的所得的税负，应当按照证券交易所得税的处理办法进行。但是，当基金持有人申请赎回基金并注销其受益凭证时，不需缴纳证券交易税。同时，当基金解散时分配给基金持有人的剩余财产，对内含的免征证券交易税的所得，仍然免征证券交易税。

（四）中国内地对证券投资基金的税收规定

按照《证券投资基金管理暂行办法》，基金管理人和基金托管人应当依法纳税，同时在管理办法的实施细则中要求基金和基金持有人也按照国家有关的法规纳税。财政部和国家税务总局于 1998 年 3 月发布了《关于证券投资基金税收问题的通知》，对基金和基金持有人的税收做出了明确的规定。

按照《通知》的要求，我国目前对基金管理公司征收营业税和所得税；投资者在买卖基金的时候，在 1999 年底前免征交易印花税；对基金买卖证券的差价收入、股票的股息、红利收入、债券的利息及其他收入不征收企业所得税，避免了重复征税的问题。

对于基金持有人从基金分配中获得的收益的所得税问题，按照收入的来源有所区别。由于目前我国对国债利息收入、个人储蓄存款利息收入以及个人买卖股票差价收入暂时不征收所得税，因此，对投资者从基金分配中获得的这些收入也暂时不征收所得税。而对基金分配收益中属于买卖企业债券的差价收入，应缴纳个人所得税，由基金在分配时代扣。

对个人买卖基金单位获得的资本利得，《通知》规定在对个人买卖股票的差价收入尚未征收所得税之前不征收个人所得税，但是企业买卖基金单位的资本利得，应当加纳企业所得税。

（五）完善我国基金税收政策的建议

从国际上投资基金的发展历史来看，投资基金一般都会经历从封闭式基金到开放式基金、从契约型基金公司到公司型基金，以及逐渐引入外资基金的发展过程。但是我国当前的基金税收政策并未很好体现这种发展规律。由于基金业在国内资本市场上仍处于起步发展阶段，新生业务种类多，层出不穷，而目前已出台的基金业税收政策相对滞后,在施行过程中,已经暴露出许多问题,必须加快改革和完善,以促进投资基金的健康发展。特别是随着我国加入 WTO,我国相对弱小的基金业如何同国外庞大、成熟的基金业竞争,国家税收应发挥什么作用,这是一个不得不加以重视和研究的问题。

结合国外基金税收的经验,我们提出以下建议。

(1) 目前我国对金融机构(包括银行和非银行金融机构)买卖基金差价收入征收营业税。对于基金来说,金融机构一般是很重要的客户,适当降低这部分营业税将有助于刺激投资基金的发展。

(2) 我国目前虽然对企业的资本利得收入征收企业所得税,但没有体现出对长期投资者的税收优惠。这方面可以借鉴国外做法,根据基金持有期的长短对企业投资基金的资本利得收入所得税税率进行调整,促使税率更加灵活,吸引投资者进行长期投资。

(3) 根据国外经验,可以采用小额投资免税制度。投资额少于一定数额的企业,对其基金的资本利得收入免征所得税。

(4) 加快开放式基金的发展。现代投资基金体系下,开放式基金已经成为主流形式。在我国,开放式基金也取得了很大的发展,但我国的投资基金税收政策主要还是过去针对封闭式基金制定的,对开放式基金的税收政策只是对其进行了一些补充规定。为促使开放式基金的发展,必须调整有关税收政策,使其更加切合开放式基金的特点。

表 6-3 部分国家和地区的税收规定

国家或地区	税 收 规 定
英 国	信托基金无需缴纳资本增值税,但对于英国的基金单位持有人因转让、赎回基金单位时所获得收益均须缴纳个人资本所得税
美 国	非美国股东对基金所付股息,需缴 30% 所得税;美国股东,对所有利息、股息收入和资本所得视为普通收入,报税时并入综合所得税。投资公司满足一定条件,上述收入免税
日 本	管理公司不被视为法人,其收益不必缴纳所得税和营业税。当受益人为个人时,投资股票基金和债券基金分配的利润须缴纳 35% 的所得税,受益人转让受益凭证的利润不必缴纳。当受益人为法人时,从基金投资所得的分配利润,偿还金额缴纳 20% 的所得税。对买卖转让受益凭证的利润也应缴纳 20% 的所得税。同时还需缴纳 0.4%～0.55% 的证券交易税。对境外投资者来说,日本税法规定,股息税率一律为 20%
中国香港地区	基金的收入无需缴纳任何香港税项
中国台湾地区	投资基金所得若在岛外,不需课征综合所得税。个人收益缴纳所得税,营利事业由银行代扣所得税。收益凭证的申购、买回及转让的有关单据免纳印花税

续表

国家或地区	税 收 规 定
新加坡	对基金的利息、股息征收10%的股息预提税。而资本利得不必缴税
卢森堡	投资基金所获得的资本利得之股息不需支付所得税
荷兰	对基金公司不课税,对资本流动不加限制
巴哈马群岛	基金投资红利以及资本利得免税
泰国	对国内投资基金不征税赋,只对离岸投资基金征收20%的股息预提税
印度尼西亚	对境内投资者征收20%的股息预提税,对境外的投资者需缴纳20%的股息预提税
百慕大	基金投资免缴资本利得、红利持有及遗产等税

二、焦点问题资料

(一) 基金费用与税收常见问题

(1) 开放式基金\封闭式基金的费率由谁来确定？基金管理人的管理费收费标准是统一的吗？

开放式基金\封闭式基金的费率由基金经理人确定,并在招募说明书上予以公布说明。

基金管理费,指基金管理人管理基金资产所收取的费用。不同的基金有不同的收费标准,但是,都会在基金的招募说明书中予以公布,这是值得投资者留意的地方。

(2) 怎样衡量基金经理人业绩及业绩报酬？

根据基金招募说明书的内容,当基金经理人取得好的业绩时,管理费中还有按一定比例提取业绩报酬的费用。这部分费用有的基金计提,而有的不计提。

例如：封闭式基金景福基金招募说明书规定,业绩报酬根据基金全年的经营业绩情况而定,在满足如下条件的情况下每年计提一次,直接用于奖励基金管理人员。计提这部分基金的条件是：基金年平均单位资产净值不能低于面值；基金可分配净收益率超过同期银行一年定期储蓄存款利率20%以上；基金资产净值增长率超过证券市场平均收益率；基金收益分配后其每单位资产净值不能低于面值。

在满足以上条件的情况下,基金业绩报酬的计算方法为：

$$业绩报酬 = 调整后年初基金资产净值 \times \text{Min}[M, N] \times 5\%$$

其中,M = 基金可分配净收益率 $- 1.2 \times$ 同期银行一年定期储蓄存款利率(如果年内利率发生变动,则按时间段进行加权平均调整);N = 基金资产净值增长率 – 证券市场平均收益率;$\text{Min}[M, N]$ 为 M、N 中较小者。

$$基金可分配净收益率 = \frac{当期可分配净收益}{调整后年初基金资产净值增长率}$$

$$= \frac{年末基金资产净值 - 调整后年初基金资产净值}{调整后年初基金资产净值证券市场平均收益率}$$

在每个会计年度末由基金管理人计算、基金托管人复核,得出当年基金的净收益金额,作为当年可分配收益;同时计算出基金资产净值增长率,以确定基金管理人是否应计提业绩报酬并计算其数额。业绩报酬于 12 月 31 日进行预提,在次年经审计调整后从基金资产中一次性支付给基金管理人。基金设立第一年的年初资产净值及指数起始值等指标以基金成立日为准。

(3) 投资开放式基金应考虑哪些成本费用?

对开放式基金的投资者而言,其收益只有从两个方面进行体现。一是基金分红;二是净值增长,即扣除申购赎回费用之后的净值净增长。相对于封闭式基金而言,开放式基金的"交易"费用是颇高的,根据目前已经发行并设立的基金,一般开放式基金一次申购与赎回的费用合计约2%(封闭式基金的交易佣金是 0.25%,一个来回约 0.5%),几乎相当于一年期银行定期存款利息收入。高昂费用"侵蚀"红利。因此,投资开放式基金时应有做长期投资的心理准备,不可忽视这个高成本费用。当然,看费用也要看回报。开放式基金将使基金管理人更加透明,有更强的约束力,因而基金管理人也将为投资人提供更多的服务。尤其从新增加的服务一块来看,未来开放式基金条件下基金管理人和代销银行将为此增加大量的支出。基金管理人经营得好,其收益还是很丰厚的。

(4) 如何看待基金的费用?

基金的费用应该是基金的各方当事人为基金提供服务而从基金获取的合理收益。而对基金投资人来说,基金所能够提供的风险收益水平给投资者带来的满意程度才是最重要的因素。所以,衡量基金的费用的时候,一方面要看基金是否很好地实现自己的投资目标,另一方面,要把基金和其他同类基金的收益、费用和风险水平进行比较。

(5) 基金买卖差价是否要交纳营业税和所得税?

根据有关规定,金融机构(包括银行和非银行金融机构)买卖基金的差价收入征收营业税,个人和非金融机构买卖基金的差价收入不征收营业税。对个人投资者买卖基金获得的差价收入、个人买卖的差价收入未恢复征收前,暂不征收个人所得税;对企业投资者买卖基金取得的差价收入,应并入企业的应纳税所得额征收企业所得税。

(6) 基金投资债券所分得的红利是否要扣税?

投资开放式基金的分红所得都是不需要扣税的。

(7) 费率,买基金不能不算的账。

对于申购基金份额并不多的普通投资者来说,买基金是要先付费的。尽管目前货币基金与中短债基金没有申购赎回费,也有部分股票基金实行了后端收费,有的约定基金投资者一直持有 3 年或 5 年才给予免费,但大多数股票基金是认购或申购时直接扣除费用,赎回时又要扣掉赎回费。

眼下各类基金收益率并不抢眼,而申购加赎回费率(简称"来回"费率)平均却高达 2%,一年内投资债券型基金的投资者平均也就只能拿到 5% 的净收入。

一位福州的投资者算得更细,现在赎回一般为 T + 3,即意味着资金三天占有时间,而国债与银行存款的取回没有资金时滞。他说,今年债券型基金已经是收益率最好的品种,持有人到手的收益都有被"来回"费用削掉一截的感觉。

最近新发的几只股票型基金,认购金额在 50 万元以下的普通中小客户的认购费率都在 1.5% 左右,赎回费率都在 0.5% 以上,两费合计一般高于 2%,有的高达 2.7%。

也就是说,基金要赚净值增长 5% 左右,才能和相应银行定存或国债收益率打个平手。一位上海投资者说,一般媒体或公司都称,5% 的基金收益率已经接近银行存款的两倍了,其实一扣除费用,加上基金产品的风险因素,就不言自明了。许多投资者认为,相对眼下股市的景气程度与股票型基金的收益率水平,这个 2% 的"来回"费率有点太高。而货币基金与中短债券型基金,因为没有"来回"费率,所以申购较为活跃。

(二) 货币市场基金

货币市场基金是一种功能类似于银行活期存款,而收益却高于银行存款的低风险投资产品。它为个人及企业提供了一种能够与银行中短期存款相替代,相对安全、收益稳定的投资方式;而且既可以在提供本金安全性的基础上为投资者带来一定的收益,又具有很好的流动性。

根据《货币市场基金管理暂行规定》的规定,我国货币基金的投资范围包括:现金、一年以内(含一年)的银行定期存款、大额存单;剩余期限在 397 天以内(含 397 天)的债券;期限在一年以内(含一年)的债券回购;期限在一年以内(含一年)的中央银行票据;中国证监会、中国人民银行认可的其他具有良好流动性的货币市场工具。一般的,申购或认购货币市场基金的最低资金量要求为1 000元,追加的也是1 000元的整数倍。货币市场基金的基金单位资产净值是固定不变的,一般一个基金单位是1元,这是与其他基金最主要的不同点。投资货币市场基金后,投资者可利用收益再投资,增加基金份额,投资收益就不断累积。通常反映货币市场基金收益率高低有两个指标:一是7日年化收益率;二是每万份基金单位收益。作为短期指标,7日年化收益率仅是基金过去7天的盈利水平信息,并不意味着未来收益水平。投资人真正要关心的是第二个指标,即每万份基金单位收益。这个指标越高,投资人获得的真实收益就越高。

1. 货币市场基金的优点

(1) 流动性强:货币基金的流动性很好,甚至比银行7天通知存款的流动性还要好。前者T+1或T+2就可以取得资金,而后者则需要T+7。货币基金有类似于活期存款的便利。今天赎回(T日),资金最快明天(T+1日)上午10点以前到账。货币基金对于大额赎回有一定限制,规定每天只能够赎回基金总额的10%。购买规模大的货币基金,就能够规避这种问题。

(2) 安全性高:货币基金投资于短期债券、国债回购及同业存款等,投资品种的特性基本决定了货币基金本金风险接近于零。

(3) 收益率:货币基金的收益率远高于7天通知存款。货币基金没有认购费、申购费和赎回费,只有年费,总成本较低。

货币市场基金最主要的特点是安全性好、流动性高,因为其投资的货币市场工具大多数风险较低。比如现金、一年期内的银行定期存款、大额存单、央行票据、国债、债券回购、高信用等级的短期融资券等等,这些投资标的都很易于变现,国内相当多的货币市场基金已经实现T+1日到账,即今天发出赎回指令,明天就可以拿到现金。

货币市场基金正好满足投资者的低风险和高流动性偏好。也就是说无论你是一个回避风险的投资人,还是你只需将一部分资产配置到风险水平较低的产品,只要你在乎资金的流动性,货币市场基金都是极佳的选择。特别是忙于事业的工薪阶层,如果每月都拿出一定的闲置资金购买货币市场基金,选择收益结转份额的方式,那么长期积累的这种复利回报将相当可观。同时它不像债券那样占用资金,随时可转为现金,只有一两天的周转时间,非常便利。经过基金管理人的投资运作,货币市场基金的收益率通常明显高于同期活期存款利率,有时甚至超过一年期定期存款利率。

不仅如此,货币市场基金还有免税、费率低、手续简单等优点。而且国内的货币市场基金也在研究开发多种功能。比如和银行业务结合,集储蓄、理财、消费等用途于一身,还可以用来缴纳各种杂费、按揭和保险扣款。随着电子结算技术的改进,我们很快就会发现将更离不开这种理财工具了。

2. 案例

某工薪家庭,每月得还房贷1 300元,每年得交保险费1.42万元,讨厌在银行排队,以往都是每年年初一次性往银行存足约3万元,银行及保险公司到时按时扣款。

专业理财师建议,每年年初存往银行的约3万元只有活期利息,收益不高,若通过国债或人民币理财产品替代储蓄,可能找不到到期日正好符合交款日要求的产品,而且还需要去排队买卖。因此最好通过网上银行购买货币市场基金,在每个还款日前的3天卖出适当金额的基金。这样既可以不必排队而做到如期还款,又可以享受到高于同期活期存款利息的收益。平时存活期享受的是0.576%的活期储蓄收益(税后);而买入货币市场基金,这只基金最近的7日年化平均收益率都在3.0%左右,是活期的5倍多,申购赎回都免手续费,而且还免利息税。

3. 分析

以上这个小案例里面,专业理财师很好地利用了货币市场基金收益较高、流动性较强和买卖方便的优势,为该家庭的情况提供了很好的解决方案。

货币市场基金适合那些追求低风险、稳定收益的投资者。它的7日年化收益率普遍保持在3%左右,较其他低风险的投资产品,比如定期储蓄、一年期国债或人民币,其投资收益率更高一些。同时,货币市场基金的申购与赎回不需要支付任何费用,并且其取得的收入也是不加税的。这样算下来,其在收益方面的优势可见一斑。

在加息的市场环境下,对于货币市场基金而言,新进的申购资金可以投资加息后收益率更高的短期债券。原有组合的平均剩余期限很短,基金资产中总有部分资产在未来180天以内滚动到期,这些滚动到期的资金也可以投资到加息后收益率更高的短期债券上。因此当银行加息后,货币市场基金的收益率会随之自动升高,投资者不需要办理任何手续;也就是说,在市场利率上升时,能较好地规避利率风险。

货币市场的高收益是由于高财务杠杆操作放大资金规模,投资较长期产品产生的,而新规定中对以上两点分别做了细致和明确的规定。首先规定基金的投资组合中,债券正回购的资金余额在每个交易日均不得超过基金资产净值的20%,比之前的40%降低了一半。这一规定即大大降低了基金投资中的杠杆作用,减少了融资,势必会减少投资的收益;其次还规定,货币市场基金投资组合的平均剩余期限在每个交易日都不得超过 180 天,而不再是以前只要求投资组合的平均期限在公告日达到这个指标。也就是说,今后的基金不再可能投资收益较高的长期债券,这对于基金的收益也将产生负面的影响。

但是投资者也不必过于担心,原因是基金公司事先已经对新规定的内容有所了解,而且也对其投资策略做出了一定的调整,出现大幅度下跌的可能性已经不大。

货币市场基金持有期限偏长的高票息债券,以牺牲货币市场基金的流动性来换取高收益率的激进投资策略将受到抑制。在新规定执行以前,一旦生息,投资者势必会希望将投资转移到更高收益的产品中,而使货币市场基金面临大额赎回的压力,基金的风险也就会随之来临。而新规定的推行,强制地保证了货币市场基金的高流动性,使其能够应对这样的风险,保证了投资者的安全性。同时,财务杠杆的调低,同样会降低基金的负债比例,从而降低投资者的风险。

货币市场基金的收益分配原则是基金管理人根据基金份额当日净收益,为投资者计算该账户当日所产生的收益,并计入其账户的当前累计收益中。每月将投资人账户的当前累计收益结转为基金份额,计入该投资人基金账户。若投资人账户的当前累计收益为正收益,则该投资人账户的基金份额体现为增加;反之,该投资人账户的基金份额体现为减少。

(三)我国关于基金销售费用的改革

2009 年 10 月 13 日,中国证监会发布《开放式证券投资基金销售费用管理规定》(征求意见稿),对基金的费率结构、费率水平和销售行为做出指导性规范。新规草案一出,即引起了市场的广泛关注。在接受记者采访的时候,业界专家和投资者普遍表示,改革意见稿对抑制基金短期交易以及引导投资者进行长期投资具有积极作用。但与此同时,新规部分内容具有较大弹性,具体的操作细则仍然有待充实。

1. "三大亮点"值得关注

根据征求意见稿规定,"对于短期交易的投资人,基金管理人可以在基金合同、招募说明书中约定按以下费用标准收取赎回费:(1)对于持有期少于 7 日的投资人,收取不低于赎回金额 1.5% 的赎回费;(2)对于持有期少于 30 日的投资人,收取不低于赎回金额 0.75% 的赎回费。按上述标准收取的基金赎回费应全额计入基金财产。"

对此,国金证券基金研究中心张剑辉认为,抑制短期频繁交易是《规定》中的一大亮点,将抑制短期交易和一些机构投资人运用资金优势进行短期套利。据了解,某些新基金成立后,即使市场行情尚可,也出现短期大规模赎回现象,有的赎回比例甚至高达50%,其实都是"帮忙资金"在作祟。而按照新规定,"帮忙资金"的成本势必提高很多,无疑将保护长期投资者的正当权益。同时,新规意见稿还鼓励后端收费模式,"对于持有期低于3年的投资人,基金管理人不得免收其后端申购(认购)费用。"而持有3年以上,后端模式中费用可以降低至零。好买基金分析师对此表示,这不仅可以引导投资者建立长期投资的理念,还可以有效降低投资者所支付的费用水平,获取更高的实际收益。在目前不少股票型基金的收费模式中,后端收费要达到5年以上才可以免除费用。

在基金销售过程中基金公司和代销机构的利益分配问题上,新规意见稿禁止基金管理人向销售机构支付一次性奖励,允许基金管理人依据销售机构销售基金的保有量向基金销售机构支付客户维护费(尾随佣金),用于客户服务及销售活动中产生的相关费用。张剑辉认为,以"基金保有量"为基础的计提方式,较大程度抑制了以往以"基金交易量"为基础的计提而可能带来的销售人员引导投资者频繁交易的结果。

2. 销售新规尚有"弹性空间"

显然,管理规定提高了短期赎回的费率,鼓励基金公司采取赎回时收手续费的模式,并随持有时间的延长逐年降低费用,持有3年以上甚至可以不收取手续费。

在多数人对此规定叫好的同时,仍有不少专家认为新规此项内容弹性空间较大。"这一规定允许基金公司对持有周期过短的投资者加收额外的高额赎回费,额外赎回费计入其他基金持有人的资产,但是否执行取决于基金公司。"德圣基金研究中心首席分析师江赛春如此表示。

实际操作中,这一规定将对基金投资者可能产生哪些影响?对此,江赛春表示,虽然没有确切的统计,但从行业现状来看,个人投资者进行月内高频度申购赎回交易的比例应该并不高;执行月内交易的个人投资者也可通过二级市场的交易型基金如ETF、LOF来进行短期投资。那么有可能在较短时间内执行大额申购赎回的主要就是机构投资者,包括保险公司。如果该规定全面执行,那么对限制短期的大额申赎能够起到一定作用,稳定基金市场。

但问题在于,目前基金销售仍主要是买方市场。对于基金公司而言,是否选择执行这一规定可能因各自情况不同而有所分化。对于持有人基础广泛、结构较为稳定的基金公司而言,为了避免短期大额申购赎回对基金投资的冲击,有可能会执行这一规定。但对于一些持有人基础本身就较为薄弱,在一定程度上依赖机构投资者资金的基金公司而言，则未必会选择执行这一规定。

3. 投资者需要应时调整思路

新规征求意见稿的发布，给市场带来了广泛影响。这次意见稿的出台对基金业的完善与发展有着十分重要的意义，投资者不仅可以在一定程度上扭转原有的"以炒股的方式炒基"的错误思路，还可以在综合费率的降低中获取实实在在的好处。

那么，面对基金销售费用的改革，普通投资者应做何选择呢？晨星（中国）基金研究员庞子龙建议，对普通投资者而言，有以下三点需要着重考虑。

首先，为了抑制短期交易行为，"对于持有期少于7日的投资人，收取不低于赎回金额1.5%的赎回费；对于持有期少于30日的投资人，收取不低于赎回金额0.75%的赎回费"，而以当前一只主动管理的股票型基金为例，赎回费标准一般为0.50%，如果本着"炒一把就走的心态"，那么将意味着赎回费可能倍增。

其次，为了逐步引导长期投资，假如众多基金支持后端收费模式，且后端收费模式中费用"持有三年以上甚至可以为零"，将极大地鼓励投资人的中长期投资需求，进而推动"长期投资"的真正贯彻。投资人在新规实施后，应当在新申购/认购基金时，询问是否已经或即将支持后端收费。

最后，基金销售人员的推荐或卖出建议，如不以资产配置合理性和风险控制为前提，而是显著地"追涨杀跌"，那么，此时投资者则不能简单听从，如有条件可以另询其他专业人士的意见。

第五节　团队活动提示：团队上市运作

一、团队上市的意义

团队的上市在本课程的教学中有着极为重要的意义。

首先，可以让团队的运作更为规范和引人注目。团队上市以后，其运作能力、运行效果和投资收益都将成为众多团队关注的对象。

其次，团队成员将会有更大的成就感、归属感和使命感。

第三，团队可以通过上市发行股票融资，获得更多的运营资金，为投资活动提供更为充足的"弹药"，提供更大的运行空间。

第四，团队上市的批次对于团队的整体成绩有直接影响。上市越早，期末附加分值越高。

二、上市运作步骤和相关文件

(一)上市步骤

(1)准备相关文件。

(2)向校园模拟证监会提交申请文件。

(3)模拟证监会进行讨论以后,批准上市发行。

(4)校园模拟股市提供股票代码、股票简称、新股申购日及申购规定,并进行配号抽签,决定中签号码和认购账户及数量。

(5)在规定日期起在校园模拟股市上市交易。

(二)投资基金上市必备文件(部分基金申报文件可以参考本书第八章)

(1)上市申请报告。

(2)基金章程。

(3)信托契约。

(4)发起人名单及协议。

(5)基金协议及托管协议。

(6)基金招募说明书。

(7)投资顾问公司章程。

(8)最新周财务报表。

(三)投资公司上市必备文件

(1)上市申请报告。

(2)公司章程。

(3)发起人名单及协议。

(4)招股说明书。

(5)最新周财务报表。

三、本章课堂对抗辩题

(1)基金收益评级是(不是)投资基金最重要的参考。

(2)投资基金的管理费越低(高)越好。

第七章　投资基金监管

投资基金市场上存在信息不对称的问题,在此情况下的委托代理关系就可能发生道德风险,伤害投资者利益,并可能导致金融市场低效,阻碍经济发展,因此需要对投资基金市场进行监督,保证基金市场的正常运转。

学习重点

(1) 基金监管的目标、意义、监管的原则、方式、手段和监管内容。
(2) 主要国家基金的监管体制。
(3) 我国的基金监管体制、存在问题和发展方向。
(4) 以校园股市的监管为样本,设计一套简单合理的监管体系。
(5) 在校园模拟股市中学习并实践如何进行公司的购并与重组。

团队活动指引:购并与重组

关键词: 收购　兼并　收购要约　要约期　反收购　集团公司

1. 收购

学习者的公司或者基金可以对已经在校园模拟股市上市的公司/基金进行并购操作,主要途径是通过校园模拟股市对目标公司/基金进行收购要约。一旦在要约期内实施收购成功,将对团队的业绩产生重大的积极影响。但如果收购失败,或者成功收购以后目标团队业绩变坏,也会对团队的业绩带来负面影响。

2. 反收购与兼并重组

如果学习者的公司或基金被其他团队要约收购,可以有反收购或者兼并重组两种选择。选择反收购是依靠自身力量或者联合其他同盟团队,通过增持本团队证券数量,对抗收购发起团队的收购的一种行为选择。选择兼并重组则是配合收购发起团队的收购,实现本团队与发起团队的兼并,以壮大本团队在市场中的运作实力,在以后的市场运作中获得更加有利的地位。

成功进行反收购,可以获得业绩加分。

3. 成立集团公司

本课程规定,当实现三家团队的成功兼并以后,可以成立集团公司,并进行相应的运作。成立集团公司可以获得业绩加分。

第一节 投资基金监管概述

投资基金属于金融市场的一部分。金融市场往往存在垄断、外部性、不完全信息等因素而使金融市场失灵,因此需要对金融市场进行监管。投资基金除具备金融市场的共性外,还具有其本身的特性,即投资基金存在严重的信息缺陷,因而对投资基金业也需要进行监管。

投资基金监管是指为规范证券投资基金运作,维护基金投资者的利益,确保基金业的持续健康发展,监督当局运用法律、经济和行政等手段对投资基金实施严格的监管。投资基金监管包括了监管依据、监管主体、监管对象、监管内容、监管方法等方面的内容。

一、基金监管的目标和意义

(一)基金监管的目标

(1)维护社会公众特别是基金投资者的利益。在投资基金市场中,众多投资者面对大量纷繁复杂甚至相互矛盾的信息而无所适从,往往会做出错误的选择;即使是基金雄厚的大投资者,也不可能精通所有的金融投资法律、法规,因此,有的基金管理人或基金托管人可能会利用投资者投资知识的缺乏和信息的不对称性,做出有损投资者利益的行为。因此,为保护投资者的利益,有必要对基金市场加以监督和管理,以杜绝或尽量避免此类问题的发生。

(2)保证基金市场的公平、效率和透明。只有保证基金市场的公平、效率和透明,才能促进基金市场的规范、健康发展,才能使我国的基金业不断地发展。

(3)降低系统性风险。基金业与证券市场紧密联系,而证券业属于高风险行业,既有个别风险,又有系统风险,监管的目的之一就是要降低系统性风险。

（4）推动基金业的发展。创新与规范是证券市场发展中不可分割的两个部分，创新代表着发展，但创新要受到一定的约束。基金业在创新和发展的过程中需要规范，只有在规范的前提下才能更好地创新、发展。因此，要通过对基金业的监管，优化我国资本市场结构、抑制市场投机、保障基金业本身的健康发展。

（二）基金监管的意义

投资基金监管具体来说对基金业有两个方面的意义，一个是理论方面，另一个是现实方面。

1. 理论意义

一方面，投资基金监管可以使基金业的产出接近社会最佳需求量；另一方面，基金投资信息不对称性也使基金监管成为必要。

（1）基金市场的自由竞争将导致过度产出，而基金监管如同税收一样会减少产出，使产出符合社会最佳需求量。这是因为，首先，基金监管大大增加了市场的进入成本并使进入受到限制。其次，基金监管可以成为一种保护手段，用特别的方式来抵制外国的竞争对手。

（2）基金监管有利于解决信息不对称问题。为了有效地进行竞争，投资者必须能够在一定程度上有效地评估基金产品的质量，否则，投资者可能因为信息缺乏而遭受巨大损失。而评价一个基金的可靠性必须花费大量的精力，掌握专门的知识，获取大量必要的信息，这对于个人投资者来说是不可能的。为了防止金融机构进行风险过大的投资，显然需要基金监管措施的介入。

2. 现实意义

（1）有利于实现基金市场的各项功能。如果基金市场能够健康发展，则它的功能就能得到正常的发挥，就能促进资本的有效配置，促进整个国民经济的健康发展。相反，如果基金市场由于缺乏监管而混乱无序，则可能造成资源配置失误、信息传递误导及整个宏观经济的混乱甚至崩溃。因此，如果不对基金业实施必要的监管，其后果不堪设想。

（2）基金监管有利于保护基金市场所有参与者的正当权益。如果基金市场因缺乏监管而混乱无序、投机过度、价格信号严重扭曲，则广大投资者的正当权益就得不到保障；如果对基金发行、基金交易和投资行为缺乏必要的监管，则不仅投资者的利益，而且基金管理人、基金托管人的正常利益也得不到保障。因此，对基金市场进行系统规范的管理，是保障基金市场参与者正当权益的需要。

（3）基金监管有利于防范证券市场所特有的高风险。对基金市场进行必要的监管，可以及时发现风险因素并将其控制在可以接受的范围之内，防止基金的过度投机，以避免基金业和证券业发生危机。

(4) 基金监管也是基金业本身健康发展的需要。对基金进行监管,需要遵循一定的原则,它为整个基金市场的发展提供一个良好的环境,以促进整个基金市场的健康发展。

二、基金监管的原则

(1) 依法监管原则。一切金融监管行为都必须合法进行,基金监管也不例外。

(2) "三公"原则,即"公开、公平、公正"三原则。

公开原则。基金监管的实施过程和实施结果都必须向有关当事人公开,必须保证有关当事人对监管过程和监管结果方面信息的知情权。

公平原则。监管的实施要考虑到基金市场所有参与者的利益,保证交易各方在交易过程中的平等地位,不得有任何偏袒。

公正原则。监管部门在实施监管的过程中,必须站在公正的立场上,秉公办事,以保证证券市场的正常秩序,保护基金各方的合法权益。

(3) 监管与自律并重原则。

(4) 监管的连续性和有效性原则。

三、基金监管的主要方式

证券投资基金监管主要有非现场监控和现场检查两种方式。

(一) 非现场监控

非现场监控主要通过分析报备材料的方式来实现。为能及时、全面、动态把握基金托管人、基金管理公司和基金运作的实际情况,中国证监会制定了完整的报备材料制度。基金托管人须定期向中国证监会报送监察稽核报告、基金持有人名册和对管理公司的监督报告等材料;基金管理公司须定期报送监察稽核报告、基金运作报告、公司财务与自有资金运用情况报告等;基金托管人和基金管理公司还须不定期地就可能对基金持有人权益和基金价格产生重大影响的事件及时向中国证监会报告,不定期地将基金信息披露内容、更新后的内部管理制度、从业人员资料及其脱离原单位人事关系的证明文件,以及基金的有关银行存款账号、证券账号、基金专用交易席位号和证券经营机构名称等报中国证监会备案。

(二) 现场检查

现场检查是中国证监会监管基金运作的重要手段。中国证监会通过现场检查,更深入地了解基金管理公司、基金托管部以及基金的运作状况。现场检查分定期检查和不定期检查两种。每季度进行一次的现场检查,侧重基金运作、公司财务状况以及基金托管人和基金管理公司的监察稽核工作;不定期的检查则针对发现的问题或接获的举报,由有关业务部门组织人员及时进行。

中国证监会还对基金管理公司、基金托管人实行年检制度,并把基金管理公司、基金托管人高管人员的年度考核列入年检内容。年检是对基金托管人、基金管理公司以及基金运作进行的全面现场检查。

四、基金监管的手段

基金管理部门对基金的监管,一般通过以下手段实现。

(1) 法律手段。法律手段是市场经济条件下经济监管的基本手段,法律手段就是国家通过制定和颁发法律、条例、规定等形式,对基金的各个方面进行规范。法律手段的特点是规范性、稳定性和反复适用性。

(2) 经济手段。政府对证券投资基金监管的经济手段是指政府通过各种经济杠杆和国家宏观经济政策来监督和管理基金业,使其稳定、健康地运作和发展。

(3) 行政手段。指对投资基金的监管机构凭借上下级领导关系和管理权限大小的划分,以行政部门系统组织发布的指令、计划、通知、规定以及方针政策等形式,自上而下的对投资基金市场运行进行监管的一种方法和工具。

五、基金监管的主要内容

对证券投资基金的监管包括对基金管理公司的监管以及对证券投资基金行为的监管等。

(一) 对基金管理公司的监管

对基金管理公司的监管主要包括:基金管理公司必须按照《证券投资基金管理暂行办法》的规定设立;基金管理公司的业务范围应符合《证券投资基金管理暂行办法》的规定;基金管理公司的法人治理应符合相关规定;基金管理公司的高级管理人员应符合有关高管人员任职资格的规定;基金管理公司的内部机构设置、技术配备及内控制度的建立等应符合有关规定等。

(二) 对证券投资基金行为的监管

对证券投资基金行为的监管分为对基金设立、募集与交易的监管和对基金运作的监管,这是基金监管的重点。

对基金的设立、募集与交易的监管主要包括:基金设立应符合规定的条件,并经中国证监会批准;基金的发起人在基金存续期内应持有一定比例的基金单位;基金募集前三天,基金发起人应在指定的报刊上登载招募说明书;有关基金的申购、赎回场所或上市交易安排应符合相关规定等。

对基金运作的监管主要包括:基金投资组合应符合有关规定;基金、基金管理公司或基金托管人不得有禁止从事的行为;基金有关费用的核算及支付、基金收益的分配、信息披露、专用交易席位的使用符合规定等。

(三) 对基金托管人的监管

对基金托管人的监管主要包括:商业银行从事基金托管业务必须符合《证券投资基金管理暂行办法》规定的条件并经中国证监会和中国人民银行批准;基金托管银行应设立独立的托管部门专门从事基金托管业务;托管部门内部人员从业资格和任职资格、机构设置、技术配备和管理制度等应符合有关规定等。

1998年证监会下发的《关于加强证券投资基金监管有关问题的通知》中,对上述几方面的有关问题作出了详细的规定。

第二节 投资基金监管体制

一、投资基金监管体制概述

基金监管体制又称基金监管体系,它是法律中关于基金监管的制度规定,是法律中对基金市场实行监管的机构及其运作机制的规范称谓,它既是基金管理实践的理论升华,也是一种制度安排,并且对基金运行有着深刻的影响。其基本要素主要包括基金监管的立法体系、监管机构和监管方式。

在现代市场经济条件下,发达的基金监管体制有许多共同之处,主要表现为:它是基金业健康发展的基础和保证;都以较为成熟和完善的法律规定为基本依据和保障;都有明确的专职监管机构;都有明确的管理模式和管理工具。虽然发达的基金监管体制具有诸多的共同之处,但无论发达国家还是发展中国家的基金监管体制都还是有很大的差异性,这主要表现在基金监管的主体及其在监管体系中各自发挥作用的大小不同。根据各国经济和证券市场发展状况和立法传统不同,文化乃至政治体制各异,以及监管主体所处地位的不同,其分为集中型监管体制(以美国和日本为代表)和自律性监管体制(以英国为代表)。这两种体制代表两种不同的监管模式,集中型监管体制是指政府通过制定专门性的法律并设立全国性的投资基金管理机构,对投资基金实行有效管理;自律性监管体制是指政府除了参与必要的国家立法外,较少干预市场,对基金市场的管理主要由基金行业组织依据自身制定的章程、规则进行自我控制、自我约束和自我管理。

一般而言,集中型监管体制最大的特点表现为集中统一的立法和集中统一的管理,其一般都设有具有较强的行政执法权和半司法权的基金管理专门机构,也有专门的立法。在维护基金市场运作和保护投资者利益方面,十分注重法律的干预作用。这种体制的优点表现为:首先,监管机构超脱于市场之外,在监管过程中能充分体现客观、公平、公正的立场,并能有效协调全国市场,避免过度竞争、群龙无首的局面;其次,有专门的立法,对监管机构的名称、职能和法律地位及责任做出了明确的规定,其监管有较强的权威性和严格性;最后,由于监管机构不参与市场竞争,地位超然,可以有效地保护投资者,尤其是中小投资者的利益。这种体制的缺点主要有:首先,由于基金市场涉及面广,专业性强,管理技术难度高,单靠政府机构的监管力量,难以实现有效的监管;其次,由于政府机构超脱于市场之外,难以掌握及时有效的信息,使得监管成本加大,效率低下,同时导致监管滞后;最后,政府行政权力的过分干预,也易滋生腐败现象。

而就自律性监管体制来讲,其最大的特点就是政府除了颁布一些必要的法规外,极少干预市场,对市场的监管主要由证券交易所及证券商协会等自律性组织来承担。这种体制的优点主要有:首先,管理主体为市场直接参与者,熟悉市场状况,具备专业知识和经验,能准确及时地对市场情况作出反应和判断,因而监管效率较高;其次,自律组织有权参与相关规则的制定和执行,使其管理更符合市场运行规律,管理更灵活。自律管理的不足之处主要有:首先,缺乏权威统一的法律支持和专门的监管机构,其监管后盾不足,管理力度较弱;尤其在处理重大或突发事件上显得不够得力;其次,监管者作为市场内部参与人,难以保持超脱地位,容易产生寻租行为,往往注重会员利益而忽视对投资者的保护;最后,缺乏全国统一性的监管机构,导致监管标准不一、随意性强,难以协调全国市场,可能造成市场混乱和不平等竞争。

二、投资基金监管体制及其比较

(一)主要国家证券投资基金监管体制

证券投资基金监管体制是指为实现特定的社会经济目标而对基金机构及其经营活动施加影响的一整套机制和组织结构的总和。由于各国证券投资基金发展水平、各自的政治、经济、法律、民族文化传统不同,因而各国在实践中亦形成了各具特色的监管体制。概括起来,可以分为以下三种类型。

1. 法律约束下的公司自律体制

其特点是注重立法,以信息公开为核心原则,通过制定一整套专门的基金管理法规对市场进行监管,美国是这种体制的典型。美国基金监管机构主要由两个层次构成[①]:第一层次是由政府介入并经法律确认的证券市场监管机构,包括证券交易委员会(SEC)和各州政府的证券监管机构。证券交易委员会具有极高的权威性,它集准立法权、执法权、准司法权于一身,其审核制度以注册制为主,下设投资基金监管部,负责对投资基金的管理。证券交易委员会下属的联邦证券交易所是一个半监半管的经营性机构。一方面,要执行证券交易委员会的部分监管职能,监管对象主要是全国各地证券交易所;另一方面,又是一个以股份企业形式存在的具有经营性质的机构。第二层次是各种自律性监管机构,包括证券交易所等组织,这些组织从行业整体发展的角度对基金进行自律管理,配合并辅助证券交易委员会对投资公司的经营活动进行监督和管理。全国证券交易商协会(NASD)是美国监管场外交易活动的非营利性组织,为基金的销售活动设立公平交易等规则。证券投资者保护协会(SIPC)是一个非营利性的、管理投资公司风险的保险组织。为了保护投资者利益,1970年,美国国会制订了《证券投资者保护法案》,并依据该法案建立了证券投资者保护基金,目的是在证券公司破产或倒闭时,使投资者的利益能够得到有效保障。

这种国家机构为主、行业协会为辅的监管可以确保证券投资基金处于层层把关、处处防守的严格监管之下,不同监管主体之间形成了一种相互制约、相互监督又相互竞争的微妙关系,使任何一个监管者都很难滥用权力[②]。这有助于监管者从不同侧面、不同角度及时发现证券投资基金运作中存在的问题和漏洞,并及时采取相应的措施,最大限度降低基金经营中的风险。但是,这种严格的监管并没有使基金市场的发展失去活力,反而使它的运作更公平、更有效率、更富有创新精神。美国基金业能不断创新发展,与此不无关系[③]。其缺陷主要在于,一方面,对基金创新品种和基金交易行为的直接监管滞后,效率低,成本高;另一方面,在这种监管体制下的自律组织处罚权限很有限,即使发现基金市场的违法和违规行为,往往处罚的力度不足,效果不佳。因此,被全世界同行视为基金监管楷模的美国,在2003年9月也爆出了盘后交易与择市交易的惊天丑闻[④]。

2. 基金行业自律体制

基金行业自律体制的特点是强调市场参与者自律管理为主,"从业者自我

---

① 李东方:《证券监管法律制度研究》,北京大学出版社2002年版,第84—85页。
② 万红:《美国金融管理制度与银行法》,中国金融出版社1987年版,第59页。
③ 柳经纬:《基金业立法与发展:比较与借鉴》,中国政法大学出版社2003年版,第32—35页。
④ 欧明刚:《美国基金业监管过度》,《资本市场》,2005年第6期,第106—107页。

管理",不制定单行法律,基本做法是构建一套以行业组织为中心的监管制度。从出现证券市场直到金融服务局(FSA)成立并运作的很长一段时间里,英国一直是自律型管理体制的典型代表。英国对基金业的监管主要是由金融服务局授权自律性组织——投资管理监管组织(IMRO)完成的,该组织负责对投资管理公司直接监管,基本做法是构建一套以行业组织为中心的四级监管体制。第一层次为财政大臣领导下的贸易与工业部,其主要职责是制定有关基金业的政策方针。第二层次为英国证券与证券投资委员会,该委员会是一个半官方、半民间的组织,证券与投资委员会的资金来自它所监管的投资公司,但它与政府有着密切的联系。该委员会每年向财政大臣提交工作报告,财政大臣向国会汇报。根据1986年《金融服务法》的授权,该委员会对投资领域实施监管,负责具体的管理工作。第三层次是证券投资委员会下设的各种具体的、带有自律性的民间管理组织,如投资顾问协会、基金管理人协会、共同基金协会、投资信托协会等,这些协会是基金管理的实体,根据行业特点制订出投资限制,以达到自律的目的。第四层次是协会下面的广大会员。英国的基金业协会实行"会员制",任何想从事有关投资基金活动的任何个人或机构,必须首先取得相应的会员资格,方可享有经营协会所允许业务的完全的自由权,若不遵守有关规定,会被取消会员资格,停止从事相应的基金业务。[①] 英国自律模式主要是通过严格确定会员资格,从而达到监管基金业务的目标。

英国独特的自律监管机制能够充分发挥基金行业的自律功能,使得监管者在决定何时及怎样行使监管权力方面拥有较广泛的自决权,具有充分的灵活性,有利于投资基金行业的长期稳定和规范发展。当然,英国投资基金监管体制的缺陷亦很明显,突出之处是由于缺乏专门立法和集中统一的行政监管机构,不利于形成全国统一的法律规范,法律的功能相对弱化。

3. 政府严格管理体制

该体制由政府的基金管理部门对基金市场采取严格的实质性管理,强调政府调控。大部分国家采取这种体制,其中以日本最为典型。日本证券投资基金监管体制的主要特点是政府对基金的发展进行严格监控,投资基金的发展很大程度上受政府影响和控制。日本大藏省为基金业的监管部门,负责对基金管理公司的许可、业务和信息披露等实行严格监管,发布行政命令,处罚违法违规者;证券交易审议会则负责对基金的发行、交易进行调查审议;日本中央银行可以对证券市场进行直接或间接的行政指导和干预;日本证券投资信托协会是由

---

① 何孝星:《我国证券投资基金发展论》,清华大学出版社2003年版,第120页。

基金管理公司和证券公司组成的行业自律组织,负责保证信托资产安全与合理的运用。从总体上看,日本证券投资基金的发展处处都留下了政府的影子,可以说是政府积极倡导和努力支持、培育的结果。

这种体制的优势也是非常明显的,首先,有利于充分发挥政府的功能,迅速推进投资基金的起步和成长壮大,有助于对投资基金的发展方向、规模和结构进行有计划、有目的的安排,并制定相应的政策和强有力的措施,对基金运行管理进行引导调节;其次,有利于发挥投资基金在支持国家金融发展和经济建设方面的积极作用,使投资基金的发展符合国家的产业政策和国民经济发展的要求。但是,这种监管体制也存在着明显的缺陷。在这种体制下,基金行业的自律性很差,难以独立开展工作,市场竞争也不充分,难以有效调动基金机构和个人的主动性和创造性。

综上,对比美、英、日三国监管主体的体制设计模式可知:世界各国在对证券投资基金进行监管的过程中,基本上都确立了国家与行业协会的监管主体资格。但在具体的制度设计中,监管主体在实际监管中的作用却有很大的区别。在英美的监管体制中,行业协会(自律性组织)对于证券投资基金的监管起着主要的作用;而在日本的监管体制的实际运行过程中,政府是证券投资基金监管的主导力量。

一个富有效率的基金监管体制应该始终是政府监管与自律管理的有机结合。当今基金监管体制模式的新趋势是政府监管及行业自律相结合的综合模式。基金的发展必须致力于寻找政府监管与自律管理之间相互协调配合的最佳点,处理好两者之间的主次关系。在基金市场发展的初级阶段,应强调政府的集中统一监管,并加强行业自律管理,从而充分发挥后发优势。

(二)英美两种监管体制的具体比较分析

目前,美国、英国都是世界上基金业较为发达的国家,其基金业监管体制也堪称世界典范,作为集中型监管和自律性监管两种体制的主要代表,成为其他国家和地区仿效的对象,下面以此为例对两种国际主要的基金监管体制作一个比较分析。

1. 立法体系

美国对基金市场的监管是严格依法进行的,是拥有一套较为完善的投资基金立法体系。主要包括:1933年《证券法》、1934年《证券交易法》、1940年《投资公司法》和1940年《投资顾问法》,其中以1940年《投资公司法》最为重要,其是监管投资公司的核心法案,也是联邦政府监管共同基金的主要法律依据,它明确规定了投资公司董事会成员的选择和组成,公司管理及基金资本结构规模等诸多方面的内容,为美国基金业的发展提供了基本的法律保障。

英国有关基金业的立法主要有 1987 年《金融服务法》、1991 年《金融服务法条例》、1994 年《投资业务管理法》以及《限制时间交易法》、《公司法》等,其中 1991 年《金融服务法条例》对单位基金信托做了具体的规范。

2. 监管机构

美国基金的主要监管机构是证券交易委员会,它是一个独立的监管机构,具有较强的监管权,不受外部任何机构主体的约束,具有一定的立法权和司法权,专门对基金的发行和交易活动进行管理,并对联邦法律的执行实施监督,保护投资者利益。同时,各州也有自己的监管机构,负责州范围内的监管。另外,一些自律性组织如全国证券商协会也协同证券交易委员会参与基金的监管。

英国投资基金的监管机构分为四个层次。最高层是财政部;其下是证券与投资委员会,负责法律的实施和管理,对财政部负责;证券与投资委员会下面是自律性的行业协会,包括投资顾问协会、投资信托协会、共同基金协会等;第四层次是协会下的广大会员。这些协会是英国基金业监管的实体,承担基金监管的主要职能,所有从事基金活动的机构和个人首先必须获得协会的会员资格。

3. 监管方式

美国对基金的监管存在着联邦和州的双轨体制,具有一定的灵活性。但总体而言,美国基金业的监管属于规范性的监管方式。一方面,美国是世界上金融法规最严密的国家之一,在基金监管方面非常注重法律的作用,由此形成了一套严格健全的法律体系,对基金运作的各个环节都作了具体明确的规范;另一方面,美国在基金监管过程中较注重数量指标和模型的运用,对有关基金经营业绩、风险状况等各方面都设立了相应的评级制度和评估指标,并根据客观经济金融环境的变化不断修改,对基金的经营活动和风险状况起到及时的监测和预警作用。

相对于美国而言,英国的基金监管方式更为灵活,采取的是一种温和、宽松的监管方式,主要强调自我约束意识,注重监管者与被监管者之间的协调与配合,这较好地保证了基金市场的稳定性。同时,在监管实施过程中,英国不注重量化指标的运用,而主要依靠监管者的经验和判断对基金经营状况进行监测和分析。

三、我国基金监管体制的现状及问题

(一)我国基金监管体制的现状

我国证券监管体制的建立是和证券市场的发展紧密相关的,并随着证券立法进程的发展而不断完善。目前,我国基金监管方面的法律法规主要有《投资基金法》、《证券法》以及《公司法》、《信托法》等。

我国《证券法》规定："国务院证券监督管理机构依法对全国证券市场实行集中统一管理"，"在国家对证券发行、交易活动实行集中统一管理的前提下，依法设立证券业协会，实行自律管理"。这意味着，我国投资基金以国务院证券监督管理机构及其派出机构为监管主体，同时辅之以证券业协会自律管理。从本质上讲属于集中统一的监管体制，但这种监管体制和以美日为代表的集中型监管体制还有很大的差距，实际执行效果也大相径庭。首先，在立法方面，还缺乏配套性的法律法规，尤其是缺乏有关投资者保护等方面的法律规章；其次，对于监管机构的名称、法律地位和性质以及监管人员的职责等缺乏明确的界定。而美国在1934年《证券交易法》中明文规定美国证券交易委员会为独立的拥有一定立法权和司法权的监管机构。另外，在行业自律方面，已有的《行业公约》只是约定基金行业成员要守法自律、规范经营、维护基金持有人的权利等，但缺乏相应的制裁措施，可操作性不强。

2001年，基金业公会成立，负责对基金业实行自律管理。至此，中国投资基金监管的组织体系已经形成，其结构如图7-1所示。

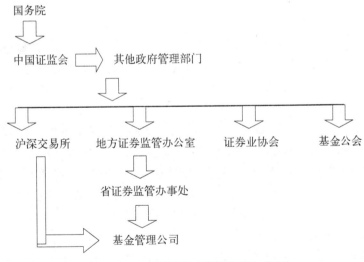

图7-1 中国投资基金监管组织结构图

（二）我国基金监管体制的问题

从《证券投资基金法》的规定和我国实践来看，我国目前采用的是以中国证券监督管理委员会（以下简称中国证监会）为核心的政府严格管理模式，监管体系可以分为三个层次：中国证监会及其派出机构、行业的自律性组织和证券交易所。这种监管体制存在以下问题。

1. 中国证监会法律地位不明

中国证监会的法律地位不清晰,在履行监管职能时缺乏必要的法律依据,其监管职能也难以得到充分的释放。关于证监会的法律地位,目前中国证监会的性质仍然是国务院直属事业单位。按照国务院的规定,证监会由"专家组成",并实行"按事业单位管理"的特殊体制。而《证券法》第一百七十九条规定:"国务院证券监督管理机构在对证券市场实施监督管理中履行下列职责:(一)依法制定有关证券市场监督管理的规章、规则……";国务院批准的"三定"方案也规定,中国证监会有制定证券、期货、基金市场的有关规章的权力。这些无疑是在确认"国务院证券监督监管机构"具有规章制定权。这就使中国证监会的应然法律地位与其实际事业单位性质相矛盾,造成现实中的管理活动不符合法律的规定,从而影响其作为证券投资基金市场主管机关应有的权威性。中国证监会作为事业单位的"模糊生存"状态所引发的深层次问题和结构性矛盾逐渐暴露,作为对证券投资基金市场统一行使监管权、在期望和责难中负重前行的证监会,应该对自己的身份有所交代。

2. 基金业自律管理薄弱

自由经济推动的基金市场中,自律监管的影响力远远大于政府推动形成的市场对自律监管的需求。2002年12月4日,中国证券业协会证券投资基金委员会成立。证券投资基金业委员会是中国证券业协会设立的、由专业人士组成的议事机构,旨在推动基金市场的创新和行业自律,其核心内容是从业人员管理。综观我国《证券投资基金行业公约》,更多的是通过会员协调的方式,诸如"倡导"、"建议"等行业道义约束来进行沟通,缺乏应有的监督效力而流于形式。而2004年6月1日生效的《证券投资基金法》所建立的监管模式依旧是遵循《暂行办法》关于由证监会负责对证券投资基金进行法律监管的一贯作法,《证券投资基金法》第十章以唯一监管主体的形式规定了国务院证券监督管理机构作为证券投资基金的监管主体所涉及的职权及职责问题。其中只有一条规定提及行业协会在证券投资基金运行过程中的监管作用——《证券投资基金法》第十条:"基金管理人、基金托管人和基金份额发售机构,可以成立同业协会,加强行业自律,协调行业服务,促进行业发展。"即证券投资基金的行业自律问题。尽管早在2002年12月,中国证券业协会证券投资基金业委员会就已经成立,专门负责证券投资基金行业的自律管理。但在我国这部有关证券投资基金的核心性法律的相关内容中,并没有为其"正名",不能不说是我国证券投资基金立法的一个缺憾。

3. 证券投资基金投资者保护机制不健全

投资者是市场的支撑者,保护和维护投资者的利益应是我国基金监管的首要目标。国际证监会组织(TOSCO)于1998年制定的《证券监管目标和原则》中规定,证券监管的目标主要有三个:第一,保护投资者;第二,保护市场的公平、效率和透明;第三,降低系统性风险。这三个目标同样适用于证券投资基金的监管。目前,我国证券公司和基金管理公司盈利能力下降、浮动佣金制的实行、中小投资者司法保护途径不顺畅等一系列因素,与30年前促成美国设立SIPC的动因是一样的,因此建立作为事后保护机制的证券投资者保护基金的意义显得尤其突出。我国立法者已经认识到这一点,2005年修改的《证券法》第一百三十四条就规定:"国家设立证券投资者保护基金。证券投资者保护基金由证券公司缴纳的资金及其他依法筹集的资金组成,其筹集、管理和使用的具体办法由国务院规定。"

4. 证券交易所的一线监管不力

我国证券交易所作为监管主体的地位尚不够独立,监管权力很有限,其一线监管作用未得到有效发挥。我国证券交易所一直处于行政力量主导之下,与证监会的权限划分很模糊,不具有市场化意义下的自律组织色彩,自律监管职能还不完善。沪深交易所原本在当地政府驱动下的激励竞争态势转化为无竞争的垂直管理模式下的无进取态势,一定程度上阻碍了市场一线监管的效率,抑制了交易市场的创新,其具有的低信息成本、应变灵活性和敏感性的优势难以发挥。

四、我国基金监管体制的完善和对他国的借鉴

(一) 我国基金监管体制的完善

证券投资基金在我国兴起的时期较短,运作尚待规范,我国证券市场又缺乏期货、期权、指数基金等衍生产品作为避险工具,这使得我国的证券投资基金依然面临着巨大的市场风险。面对有着成熟管理经验的海外投资基金的有力挑战,加强对我国证券投资基金的引导、监督和管理,使之规范、有序运行,是降低其市场风险,提高其竞争力的有效手段。

由于我国证券投资基金业尚处于初步发展阶段,所以对证券投资基金的监管也需要根据证券投资基金的发展做出适时的调整和变化。随着我国证券投资基金市场进一步走向国际化,其监管也应随着经济、金融等客观环境的发展逐步完善。中国投资基金管模式总体思路应是以法制建设为基础,建立全国统一的权威投资基金主管机构,对基金的运行进行宏观引导和协调管理,同时建立并完善基金行业组织及其相应的自律机制,并加强对证券投资基金投资者的保护。

1. 厘清中国证监会的法律地位和权能

在实践中,证监会一直不能发挥应有的作用是我国证券投资基金市场监管的瘤疾。2004年1月31日,国务院发布《关于推进资本市场改革开放和稳定发展的若干意见》中提到,证券市场的健康发展不再是某个部门的工作,各地区、各部门都要关心和支持资本市场的规范发展。从长远来看,证券市场深层次的问题并非证监会一个部门所能解决,在很多事情行政"压力很大"[①]。没有独立性就没有公信力;没有公信力,监管的制度和规定就难以执行,监管法律是否发生实效是基金监管成败的关键。中国证券投资基金正处在发展过程中,相应的监管法规也不够健全,操作性不够强。因此,树立证监会在证券市场的监管体制中的核心地位和权威,赋予证监会准立法权和准司法权,强化监管机构的独立性,使证监会对基金业的违法行为有相应的处罚权,这对于保证基金业的规范发展是十分必要的。

在我国,政策、立法经常妥协于行政管理体制和行业、部门利益,监管机构之间,甚至在各监管机构内部各部门之间也存在竞争态势,造成统一的市场运行过程遭受分割。2001年的"基金黑幕"和私募基金等问题的出现说明了在现有的分业经营和监管模式下,应当加强证券投资基金监管机构和其他经济管理部门之间的协调与沟通,保证监管制度与政策的全面合理性,更好地发挥监管的合力作用,消除现存和可能出现的监管真空。因此,政府要打破行业樊篱,尤其应加强对各行业主管部门的行政协调。在证券投资基金上协调的目标是各监管当局对证券投资基金的统一监管,例如,随着商业银行设立基金管理公司、进入基金管理,银监会、证监会如何协调监管就成为很重要的问题。

2. 加强自律组织的监管

在政府作为主要监管主体的情况下,政府的行政管理很难达到其较高的技术性要求,同时,由于政府权力受到多重程序的制约,其亦难达到证券投资基金市场对于时间的效率性要求,所以行业协会的监管作用对于证券投资基金市场的健康运行就显得十分突出。基金行业自律是世界各国基金业监管中的普遍做法,国外的自律组织通常提出比法规规定更高的标准、更严格的要求,美国、欧洲等近几十年来基金业的迅速发展,基金自律功不可没。目前我国基金公会

---

① 参见:《国务院资本市场9条出台幕后》,载《21世纪经济报道》,2004年2月5日第一版。

和证券业协会也都已经成立,但问题在于这些自律性机构缺乏应有的激励机制和监管职责,使得它们在日常的监管工作中形同虚设。故而要尽快完善自律性监管机构的机构和职能建设,使其在制订基金行业的执业操守、监管形式、基金的日常运作规范,研究基金的发展战略,维护基金业的利益等方面发挥主导作用。以此确保基金的规范稳健运作,充分发挥自律监管的高度灵活性和事前预防性,从而提高整个基金业监管体制的效率。

3. 建立健全证券投资者保护机制

尽快建立对投资者的保险体系和赔偿基金不仅是对投资人信心的保证,也会为经营不善的基金管理公司尽早退出市场扫清障碍。建立投资者保护基金,目的是在证券公司出现关闭、破产等重大风险时,通过便捷的渠道快速地对投资者特别是中小投资者予以保护。这样有助于稳定和增强投资者对我国金融体系的信心,并防止基金公司个案风险的传递和扩散,同时也是对现有的国家行政监管部门、证券业协会和证券交易所等组成的多层次监管体系的一个重要补充。中国证券投资者保护基金有限责任公司已正式挂牌开业,标志着我国证券市场在保护投资者利益的道路上迈出了有力的一步。人们在欣喜的同时,又想到了证券投资者保护协会。证券投资者保护协会,如同消费者保护协会一样,其主要功能是在发生利益纠纷时代表中小投资者说话和行动。由于中小投资者在受到大股东的利益侵害时,诉讼成本过高、举证困难,单个投资者很难用法律手段来追究涉嫌欺诈行为的上市公司的责任。证券投资者保护协会显然是具备这种引导中小投资者维护自身权益,并对某些上市公司内部人控制现象起到积极制约作用的首选。

(二) 对他国的借鉴

投资基金是一种具有高风险性的投资工具,其运行的健康与有序化,对于一国金融秩序的稳定具有重要意义。在投资基金监管模式上,分别存在以英国和美国为代表的自律主导型和政府主导型两种基本模式。这两种监管模式各有利弊,我国在借鉴这两种模式时,应取其长而避其短,同时要注意本国投资基金发展的现状和存在的问题,做到有的放矢。

从前述可知,两种监管体制从理论上讲各有特点,很难区分孰优孰劣,在实践中也各有所长。因此,我国在借鉴国际经验完善基金监管体制的过程中,要综合考虑时间、环境和条件的转移变化,密切结合我国基金监管立法和实践中存在的各种问题,根据我国的实际情况和基金发展目标,有选择地借鉴那些对我国基金市场发展最有利、最适合我们学习的、且在各国家和地区基金业发展中具有共性的成功经验。主要可从以下几个方面着手。

（1）在立法方面，应积极借鉴美国的成功经验。一方面，要尽快建立起以《投资基金法》为核心的不同层次的法律体系。市场经济是法制经济，要大力发展投资基金业，首先要求具备一套完善的基金法律体系。围绕现有的《投资基金法》，尽快制定相关配套法律法规及其实施细则，如《投资者利益保护法》等，并根据基金市场的发展变化适时修改和调整。另一方面，在法律规定上，既要确立严格的规范，又要为行政主管机关灵活机动地处理特殊情况留有余地，如基金管理人在基金运作中违反国家法律、基金契约等。如果损害投资者利益，就应承担相应的法律责任，包括民事责任、刑事责任和行政责任。对一些确实不会造成投资人损失的行为，即使存在利益上的冲突，但只要符合一定的条件，并经过行政主管机关批准就应当视为合法。另外，对基金监管机关，法律要明确规定其名称及法律地位，增强其执法的权威性和独立性，同时也要明确责任，对其违法行为制定相应的惩罚措施。

（2）在行业自律建设方面，应借鉴英国的做法。实行行业内部的管理与制约，发展基金行业自律组织，是世界基金业市场发展的潮流和趋势。英国的行业自律组织是基金管理的实体组织，在英国《金融服务法》中明确规定了一些自律组织协助证券与投资委员会，对基金业实行监管，自律组织可根据本行业的特点制定相应的投资领域的规则。这可以充分利用专业人员的优势，避免非专业人士介入监管带来效率低下的问题。同时，由于英国证券投资委员会与财政部保持密切联系，使得政府可以在不直接干预基金具体业务的前提下，对基金业实行宏观引导和调控。我国应当借鉴英国的成功经验，建立起规范的基金行业自律组织，从而分担一部分政府监管的职能，这有助于降低行政监管的成本，提高监管的效率。

（3）要正确处理监管效率与市场稳定的关系。从理论上说，监管效率和市场稳定是相互统一的，二者之间并没有不可调和的矛盾。一个发达、完善、有序的基金市场应该是运作高效而稳定的市场，相应地所确定的监管体制应尽量满足和体现这种要求。因此，有必要兼顾监管效率和市场稳定相结合的原则，避免在实际操作中出现监管者偏向于选择某一方面而对另一方面视而不见的情况，避免造成监管措施的不到位和监管的时滞，以保证基金监管体制的健康运行。

第三节 我国投资基金监管未来发展趋势

我国基金市场发展才短短10余年，市场竞争远远不充分，完全开放必然导致国内基金行业倒闭,因此,我国政府在不违反金融开放承诺的情况下对本国基金业实行适当保护,3年内对新设外国投资基金进入加以严格限制,3年后还应采取审慎监管措施,严格限定外国投资基金的资本充足率、业绩、经营年限等条件,以维护国内市场的统一性;同时应加快立法,确保投资基金的流动性、透明性与公正性,真正维护投资者利益。

近年来,投资基金在我国迅速发展,投资基金市场规模不断扩大,为了达到持续、稳定和规范发展投资基金市场的目的,构建适合我国国情的新的基金监管模式,是促进我国投资基金市场有序发展的战略性举措。构建动态化综合监管模式的总体思路是"三位一体,协同监管",监管模式的具体思路和策略,也随投资基金市场发展的阶段性演进,呈现出了动态化综合监管的显著特征。

我国投资基金监管在未来面临着难得的发展机遇,借鉴国际基金业发展的经验,我国的基金也要抓住这次机遇实现平稳快速发展,监管当局就必须提供一个好的发展环境。监管部门在"公平与效率"的原则下。尽快完善监管证券投资基金的法律体系,实现基金业的"规范化、市场化、国际化"。

第四节 延伸学习材料

一、美国对外国投资基金的监管

(一)外国投资基金进入美国所受的监管

投资基金是以商业存在的方式提供的国际服务贸易,因此受 GATS 调整。从美国金融开放的承诺表看,美国对外国投资基金的市场准入并没有特别的限制,并且实行国民待遇,但由于各国法律制度、经济文化制度的差异,要求外国投资基金的组织与形式完全遵照 1940 年《投资公司法案》(以下简称 1940 年《法案》)的结果是将绝大多数的外国投资基金拒之门外。目前对外国投资基金的规范主要集中在 1940 年《法案》、SEC7d-1,SEC1975 年指南。

1. 1940 年《法案》7(d)的限制及6(c)的豁免

1940 年《法案》7(d)规定,非依联邦或州法成立的投资公司称为外国投资公司;外国投资公司或其承销人不得利用美国邮件或州际通讯直接或间接从事销售或其他证券活动,除非该公司事先向 SEC 提出申请,并获得登记许可。SEC 的审查非常严格:其实质性审查既要求外国投资基金形式符合 1940 年《法案》,还要求具有实际可行性,并且在其他方面与公共利益及投资者利益相一致;更严格的是它对申请进行个别审查,因此效率很低。

1940年《法案》6(c)规定，SEC在不损害投资者利益的前提下为了维护公共利益可以有条件或无条件豁免任何人、团体的证券发行或交易免受7(d)的约束。但豁免申请同样严格：由SEC进行个别审查，有利害关系的第三人可以申请听证。

2. SEC：7(d)-1

1954年SEC对7(d)条款进行解释，外国投资公司在美国进行基金活动必须满足8个条件：依1940年《法案》的实体规则在美国注册成立基金公司；办公人员、董事、投资顾问、主承销商、托管人必须遵守并执行1940年《法案》的规定，所有合同必须适用美国证券法；办公人员、董事中美国国民必须占多数比例，这些美国国民中必须多数是美国原居民；必须将全部资产、文件或记录的原件、复印件置于美国境内并同意在违反1940年《法案》的禁止规定时服从清算与分配；必须以美国银行作为托管人，主承销商与审计人员也必须是美国人；基金公司及非美国公民的办事人员、董事、投资顾问，必须指定美国银行作为其在美国活动的代理人；基金公司与其投资顾问、主承销商订立的合同必须适用1940年《法案》，而且其投资顾问必须将公司有关的文件或记录的原件或复印件置于美国境内；必须向SEC提供关联机构、投资顾问、主承销商的名单。

从7d-1可以看出，美国只允许外国投资公司以新设方式进入，在组织与运行方式上绝对遵守美国法律，完全排除母国的监管。

3. SEC：1975年指南

只要外国投资公司能够证明其所遵循的外国法与美国相应的法律制度具有实质相同性即可获得SEC的许可登记令，具体包括以下8个方面：该投资公司在美国境外已依诚信原则有效设立；受某一合格的外国政府的监管；不单依靠在美国的销售业绩；资产的75%投资于非美国证券；能够提供完善的服务；对美国投资者充分披露信息；经营期限3年以上；净资产5 000万美元以上。

该指南未限定外国投资基金以新设方式进入美国市场，而且承认母国的适当监管并列出具体的资格要求，因而比7d-1具有较大的确定性。

(二) 对美国国际投资基金监管模式的几点评论

1. 美国对国际投资基金的监管总体趋势虽然有所放松，但外国投资基金进入美国金融市场的现实可能性仍然很小。

(1) 法律原因。

其他国家与美国存在法律冲突，主要是：第一，1940年《法案》禁止关联交易、内幕交易，而许多国家的法律并不禁止这些行为；第二，1940年《法案》要求投资基金必须以公司形式存在，而很多外国投资基金以合伙形式存在；第三，

1940年《法案》要求投资基金必须设立独立董事制度及股东投票制度,而很多外国法律并不要求这些制度;第四,依1940年《法案》的责任条款对外国投资基金设在境外的分支机构进行管辖并追究有关责任人的责任是不现实的;第五,1940年《法案》规定基金单位价格必须适用当天价格(forward pricing offund shares),而有些国家法律允许投资者以前一天的市场价格(previous day's marketprice)购买基金单位;第六,美国严格的会计标准、信息披露要求、高税负使其他国家的投资基金根本无法满足条件,即使勉强满足条件,也终因成本过高而处于极端不利的竞争地位;第七,外国投资基金在美国除遵守联邦证券法外,还必须遵守州证券法(蓝天法),这种双重监管较投资于其他单层监管的国家成本大;第八,依1975年指南,"外国法律是否与美国法具有实质相同性"由SEC自由裁量。SEC对该问题的审查并不遵循统一的标准,而采用临时决定的形式,加上个别审查的不确定性,造成严重的行政障碍。

(2) 外国投资基金进入美国市场的两种许可方式的局限性的分析。

SEC于1983年作出决定,允许那些无法满足7(d)要求的外国投资公司可以在美国注册镜子基金,但镜子基金存在局限性:一个镜子基金只对应一组共同基金,因此镜子基金无法形成规模效益;双重管理费用加重投资者的负担。另外,外国投资基金必须设立多个镜子基金才能达到同一投资组合目的,因此成本加大;最重要的是要求镜子基金独立于境外的本基金将导致外国投资基金进入美国的目的无法实现。

SEC允许外国投资基金依1940年《法案》6(c)(1)在美国境内私募发行基金,但投资者不得超过100名美国居民,其转售要受144A安全港规则的约束并受与私募发行相同的人数限制。实践证明,镜子基金成为美国进入其他国家基金市场的主要形式,却很少为外国投资基金进入美国采用。

2. 美国放松对国际投资基金的监管的单方与多方努力值得肯定,但开放程度有限

1992年投资管理部作了题为"半个世纪来的投资公司监管"的报告,批判了1940年《法案》对外国投资公司准入造成的障碍,提出新的投资公司方案,如设立统一费用投资公司及外国投资执行公司(该建议后来为NAFTA采用,成为美国在其他成员进行基金活动的主要方式)。但是1992年报告并没有具体列明美国在谈判中愿意妥协的问题,也没有就如何克服国家之间的基金投资操作与监管提出建议,相反,报告认为监管体制的差异是不可调和的。

美国参与降低投资基金国际监管的多边努力也是有限的。第一,SEC虽然同意国际证券管理委员会组织(IOSCO)《跨国投资框架》(1994)的十大原则,但

并没有赋予该原则以强制执行力,因而能否在美国发挥作用还有待于进一步考察;第二,美国根据 GATS 最惠国待遇的例外条款,规定对于那些不能承诺充分的市场准入与国民待遇的国家,美国将拒绝给予最惠国待遇;第三,1993 年《北美自由贸易协定》虽然要求墨西哥、美国、加拿大逐步开放市场,但对美国监管者放松监管的必要性却只字不提;第四,从 WTO 历次的金融服务谈判中我们可以看到,美国虽然热衷于为国际社会提供谈判模本,拆除其他国家的金融服务贸易壁垒,但自己却从不愿意作出妥协与让步,而执意要求其他国家向美国看齐,完全不顾各国经济文化法律制度的差异,违背了国际经济法的平等互利的基本原则。

3. 美国国际投资基金监管的核心特点:以保护投资者利益和维护市场统一为中心

当市场竞争不足以保护交易的公平与效率时,政府监管必不可少。1940 年《法案》正是基于当时保护投资者利益的需要制定的。然而时至今日,市场状况出现了巨大变化,实践证明美国投资者比以前具备更高的自我保护能力,但美国政府仍然奉行严格的监管措施,这是因为美国投资者已经养成了依赖政府监管的心理。在严格的政府监管之下,外国投资者仍能从基金的跨州流动、开放式基金的优势、本国基金的创新等因素中获利,因此美国投资者并不热衷于冒险,更不愿意与外国投资者分羹。美国监管机关出于保护投资者利益与维护基金国内市场的统一性,也认为严格的监管仍有必要,在纪念 1940 年《法案》颁布 60 周年大会上,投资公司协会代表 John J. Brennan 指出,尽管现在及未来面临着许多新的挑战,如全球化、金融重组等问题,但保持基金业的统一极其重要。

(三) 对我国的启示

我国投资基金发展始于 1991 年,规模小,处于幼稚时期,为履行 WTO 的承诺,必须解决外资大、内资小的对接困难。因此,我国对投资基金的监管应考虑以下几点。

(1) 应用外国先进的基金管理技术,培育基金中介市场。

(2) 允许投资基金组织形式多样化。笔者认为我国应顺应国际化趋势,适当引入公司型基金,理由如下:第一,允许基金组织形式多样化是基金市场国际化的客观要求,国际证监会组织(IOSCO)倡导的十大原则之一就是要求各国承认公司型基金、开放式基金;第二,我国基金管理公司中的独立董事制度与督察员制度主要解决的是契约型基金运行中"所有者缺位"的问题,相比之下,公司型基金最大的优势在于拥有强有力的法人作为基金持有人的代表进行委托,完全有力量与基金管理人、托管人相抗衡。

（3）以保护投资者利益及维护国内市场统一为中心，实施审慎监管。虽然美国政府也意识到开放国内市场、让外国投资公司进入的必要性，但每次权衡利弊的结果都是认为开放国内市场的收益抵不过投资者利益的牺牲而放弃努力。其次，随着离岸金融中心投资者力量增强，投资者利益保护逐步引起监管者的重视，如卢森堡、都柏林后来均对外国投资公司提高税收，而离岸基金所属国也通过放松监管或填补法律漏洞吸引离岸基金回家。再次，金融服务自由化程度提高，越需要高标准并能真正得到严格执行的监管措施；GATS 及《金融服务附录》、《金融服务协议》等多边规则都在倡导金融服务自由化同时赋予各国强化金融监管的权利。

二、一则新闻报道：王岐山强调对基金有效监管，呼吁基金经理"讲政治"

据互联网 2008 年 4 月 24 日消息：中国证券市场大力发展基金的目的是为了稳定市场，可惜的是我们从这两年的基金所为没有看到对市场的稳定作用，相反基金追涨杀跌使市场更动荡。

中央接连出手救市，负责金融事务的国务院副总理王岐山近期亦亲赴"前线"了解资本市场对股市的意见。内地金融业人士称，在市场波动下，王岐山更告诫一众基金经理"基金也要讲政治"。

消息称，王岐山要求基金经理在做投资决策时，除了单纯考虑本身的赚蚀利益外，亦要"讲政治"，意即要考虑对整体市场环境的影响。

基金的表现与基金经理的职业操守有很大关系，目前看现在的基金经理人队伍大多缺乏职业道德，从"5·30"以后发动的蓝筹股行情可以看出基金经理们的恶意目的，抱团推高基金重仓股，意在做大市值，骗取更多的管理费，管理层也有不可推卸的监管责任，不停地推出大型基金，助长了基金的疯狂举动，导致股市快速膨胀，泡沫越吹越大，每一个有判断力的人都可以看出 6000 点的行情就是基金推动的，其中不乏基金经理人其他的动机，这样的举动在以往的股市也多次出现，虽然没有证据表明掩护某些资金出逃，但的确令人生疑。

而股市连续暴跌之后，基金更是疯狂杀跌，前一段的暴跌绝不仅是大小非所为，基金更是成为主力，这也许为某些资金进场创造了条件。

中国基金业从诞生就存在问题，基金经理人队伍的管理如何加强的确需要管理层思考，公募基金应当改变考核方式，基金经理人不能再旱涝保收，依靠规模提取管理费，必须与经营业绩挂钩，同时严格监控基金经理人的交易行为，防止利益输送的再次出现，把基民的钱作为自己不正当交易的砝码。

阅读思考题：（1）基金该如何讲政治？（2）什么是基金最大的政治？是市

场的稳定,还是基金持有人的利益?

第五节　团队活动提示：购并与重组

一、兼并与收购的概念

兼并有广义和狭义之分。广义的兼并是指一个企业获得另一个企业的控制权,从而使若干个企业结合成一个整体来经营。狭义的兼并是指两个规模大致相当的企业结合起来将其资源整合成一个实体。兼并前企业的股东或所有者在兼并企业中拥有股份,同时原来企业的高级管理人员继续在兼并后的企业中担任高级管理职位。相反,收购是指一个企业取得另一个企业的所有权和管理控制权。是否取得控制权是区分兼并与收购的关键。

二、通过校园模拟股市进行兼并或收购

团队可以通过校园模拟股市进行目标公司证券的增持,以达到控制目标公司的目的。收购要约期结束时,如果发起收购团队持有的目标团队证券总数超过目标公司持有的自身证券总数(含发起证券数量),即为成功收购。其流程如图7-2所示。

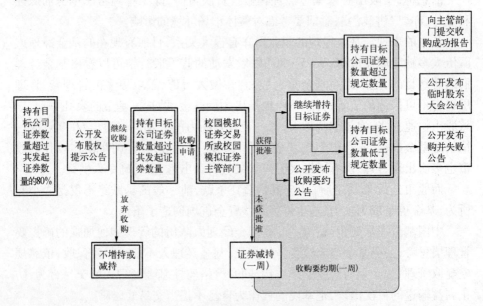

图7-2　校园证券市场团队购并流程图

三、兼并成功的标志和后续运作

(一) 收购要约与要约期

任何学生团队持有某一上市团队的证券数量大于该上市团队持有的本公司证券流通加发起数量,必须向校园股票交易所及校园股市提出收购要约申请及公告;要约公告发出一周以后,如发起团队持有数量依然满足上述要求,则购并成功。反之,则并购失败。

收购成功以后,发起收购团队可以获得业绩加分,收购失败将被扣分。

(二) 重组运作

购并成功并经交易所批准后,母公司团队应立即发起召开子公司临时股东大会,选举新的董事会成员。

(三) 反收购

在收购要约期内,目标团队可以进行反收购。反收购成功的标志:目标团队持有的发起证券数量加流通证券数量大于发起收购团队持有的流通证券数量。反收购成功可以获得业绩加分。

四、集团公司

当一家团队成功兼并三家及以上的上市公司或基金(含子公司的成功兼并),即可成立集团公司。集团公司可以进行上市运作。

五、成绩计算

本课程鼓励团队针对其他上市的团队进行兼并重组活动。期末结算时,除了加上兼并分数外,还会根据被兼并企业相对被成功兼并时的业绩增长百分比,给实施兼并的团队进行加减分。即业绩增长为正,加分;业绩增长为负,减分。

六、本章课堂对抗辩题

(1) 中国股市投机性极强,监管不当是(不是)直接原因。

(2) 基金也要(不应)讲政治。

七、附录

团队资产重组运作细则

(校园模拟证券交易所 2010 年 3 月 1 日发布)

1. 本细则中所指的"持股数量"、"股票数量"等,也包括基金单位的持有数量。交易所对学生团队的持股数量的审查,每周进行一次。

2. 持股公告。

2-1 任何学生团队如持有任一上市团队的流通股数量超过其发起人股数量的80%者,必须在次日向交易所进行书面报告,并同时在指定论坛发布股权提示公告信息。

2-2 预期不报告者和不发布公告,周评分-5分/次,学期评分-3分/次。

3. 收购要约。

3-1 团队上市时间不满两周,不得成为其他团队的收购目标(即其他团队持有该公司股票数量不得超过要约标准)。

3-2 任何学生团队持有某一上市团队的股票数量大于该上市团队发起人股数量,必须向交易所提出收购要约申请。

3-3 经交易所审批同意后,在论坛公开发布收购要约公告。

3-4 要约公告发出一周以后,如发起团队持有的流通证券数量大于目标团队持有的本团队流通证券与发起人证券数量之和,则购并成功。

3-5 成功者在要约期满后三天内向交易所提出正式购并申请。未成功者亦应按此期限向交易所和市场发出购并失败公告。

3-6 一个团队在一个学期内只能针对同一家上市团队发出一次收购要约。

3-7 违反3条上述各款,周评分-5分/次,学期评分-3分/次。

4. 购并运作。

4-1 购并申请经交易所批准后,目标团队立即成为发起团队的子公司。母公司应立即发起召开子公司临时股东大会,选举新的子公司董事会成员。

4-2 要约期满后三天内未向交易所提交购并申请,或交易所批准以后四日内,未及时召开临时股东大会的,视为购并失败,并将被加倍扣分。

4-3 子公司董事会成员由股东大会(包括老师掌握团队和账户持股数)投票选举产生。

4-4 董事会人选比例的基本原则。

4-4-1 董事会总人数9人。其中包括1—2名固定董事,子公司总经理为固定董事之一。

4-4-2 如老师掌握股票/基金数量大于30%时,老师成为另外一名固定董事。另外7人需要另行选取。

4-4-3 如老师掌握股票/基金数量小于30%时,只设一名固定董事。另外8人需要另行选取。

4-5 董事会候选人名单。

董事会候选人名单,由目标公司、持有比例超过目标公司的团队(不包括老师掌握团队和账户持有数)提出。

名额计算公式:

$$\text{非目标团队候选人名额} = 1 + 7 \times \text{团队持股数}/\text{总持股数}$$

$$\text{目标团队候选人名额} = 7 \times \text{团队持股数}/\text{总持股数}$$

总持股数 = 目标公司持股数 + 持股比例超过目标公司的团队持股数(老师除外)

4-6 参与股东大会的股东持股数量总和必须高于总股本的50%。

4-7 股东大会选举董事会成员的投票票数,以股东大会召开的前一交易日收盘持有股票数量为准。

4-8 老师可以委托代表参加股东大会和董事会会议。

5. 董事长的产生。

5-1 董事长由新的董事会投票产生。

5-2 董事会成员一人一票。

6. 反收购。

6-1 在收购要约期到期之前,目标团队可以进行反收购。

6-2 反收购成功的标志:目标团队持有的发起人股数量 + 流通股数量大于发起收购团队持有的流通股数量。

7. 关于购并的有关奖惩规定(加分权数2)。

7-1 购并失败,发起团队的周团队平时总分 -5,周业绩总分 -5,目标公司周团队平时总分 +5,周业绩总分 +5;期末总分加分亦以此标准计算。

7-2 购并失败团队应于要约到期后三日内向市场和交易所发布公告,逾期不布公告者,周分数计算和学期总分计算加分加倍扣。

7-3 购并成功,发起团队的周团队平时总分 +10,业绩总分 +10;期末另行加分。

8. 母公司团队的责任与义务。

8-1 母公司团队有责任和义务协助子公司团队提高业绩。

8-2 每周子公司团队业绩有增长,则发起团队周团队平时总分 +3,业绩总分 +3。

8-3 每周子公司团队业绩负增长,则发起团队周团队平时总分 -3,业绩总分 -3。

9. 子公司团队的责任与义务。

9-1 被兼并公司必须无条件执行股东大会和董事会的决议,以及经营管理方面的决定。

9-2 如有违反,董事会可以采取以下措施:

9-2-1 召开董事会,经董事会决议后向交易所发出申诉报告;本周子公司的团队得分-10,总经理-10;董事团队得分-1,董事-1,董事长-2。

9-2-2 一周后如无改观,再度召开董事会,经董事会决议后向交易所发出严重申诉;本周子公司的团队得分-15,总经理-15;董事团队得分-1,董事-1,董事长-2;

9-2-3 一周后再无改观,召开董事会,在子公司团队中另行任命总经理;被撤职总经理本门课程不及格。

10. 集团公司的成立。

10-1 当一家团队成功兼并三家及以上的上市公司或基金(含子公司的成功兼并),即可成立集团公司。

10-2 集团公司的发起股本可由所有子公司出资构成。可以现金形式或股票的划转形式来出资。

10-3 集团公司可以进行上市运作。

10-4 集团公司得分将另行规定。

11. 本细则于2010年3月1日起实施。

模拟证券交易所
2010年3月1日

第八章 基金的信息披露

证券投资基金的投资者和基金管理人之间存在着委托代理关系,由于双方拥有的信息不对称,可能导致道德风险和逆向选择的发生,为了解决这个问题并降低投资者信息处理成本,促进证券投资基金业的健康发展,必须加强证券投资基金的信息披露管理。

学习重点

(1) 信息披露的含义、目的和意义。
(2) 基金信息披露的内容和要求。
(3) 基金发行上市时的信息披露(基金招募说明书)。
(4) 基金定期信息披露与不定期信息披露。
(5) 各国的基金信息披露。
(6) 证券投资基金信息披露管理办法。

团队活动指引:沪深股市

关键词:沪深股市 影子账户
1. 了解团队在沪深股市投资账户的运行原理
2. 利用影子账户对沪深股市进行投资运作

第一节 信息披露概述

一、信息披露的含义

信息披露是指信息发布主体将信息向外界发布。理论上投资基金的信息披露可以分为两种模式：一种是基于市场竞争的自由披露，另一种是在政府管制下的强制披露。现在统一的强制性信息披露已成为各国基金治理的重要内容之一，我们讨论的基金信息披露，通常是指强制性的信息披露。投资基金的信息披露是指基金管理公司必须按照有关规定，定期或不定期地公布基金的经营情况、投资组合以及各类财务报表等材料，以便提示投资者基金的投资风险，引导投资者作出相应的决策，使监管当局更好地实施基金监管。

二、基金信息披露的目的及必要性

依靠强制性信息披露，培育和完善市场运行机制，增强市场参与各方对市场的理解和信心，是世界各国证券市场监管的普遍做法，基金市场作为证券市场的组成部分也不例外。用通俗的话来讲，基金投资就是"受人之托，专业理财"，基金持有人作为委托人有权利了解基金运作和资产变动的相关信息。人们常说，"阳光是最好的消毒剂"，"路灯是最好的警察"，通过强制性的信息披露，实现基金信息的真实、准确、完整、公平、及时的披露，使得基金运作的透明度得以增强，基金当事人，特别是基金持有人的合法权益就可以得到有效的保护。

在证券市场中，基金持有者与基金管理人之间存在委托代理关系，为了减少基金持有人和基金管理人之间委托代理关系的不透明性、合理评价基金管理人的业绩和基金的运行情况，以保护中小投资者的利益，必须对基金运作过程中的有关信息进行披露。

信息披露的必要性体现在以下几个方面。

第一，信息披露是交易产生的基础。一方面，没有信息的交换和沟通，交易就不会发生；另一方面，信息披露也是基金管理公司进行产品营销的有效手段。

第二，合理的信息披露是各国金融监管当局对基金进行有效监管的需要。

第三，规范的信息披露有利于保护投资者的权益，促进证券市场的健康发展。基金持有者和基金管理人对于信息的占有情况是不同的，这种信息不对称会导致逆向选择和道德风险的发生，为了改善证券投资市场资源的配置，保护基金持有者的权益，就需要进行强制性的信息披露。

第四,持续、规范的信息披露是基金管理公司获得投资者信任,做大做强的根本保障。

三、基金信息披露的意义

具体而言,加强基金信息披露对实现资本市场的公平、公正、公开原则,推动基金市场发展具有重要意义,主要表现在以下几个方面。

(1) 有利于投资的价值判断。

(2) 防止信息滥用。

(3) 有利于监督基金管理人的运作。

(4) 有利于提高证券市场的效率。

具体来说其意义有:信息披露是投资人作出理性决策的基础。投资人只有对发行证券的公司不断变动的财务、经营状况有全面真实的了解,才能据此作出理性的投资决策,实现预期投资收益。如果只有少数人知悉公司经营状况的变化,他们就可以利用掌握信息资源的优势进行投机或操纵基金市场,使一般投资人因为信息匮乏而遭受利益损失。因此,排除一切人为操纵基金价格因素的有效办法,就是消除基金市场的信息垄断、封锁,使投资人能够公平合理地获得相关信息。

保障投资人利益是信息披露制度的最根本、直接的目的。如果没有信息披露制度,投资人将很难获得其正常投资所需的充分信息。在证券市场上,不确定性和风险是影响基金价格的重要因素。由于信息的获取可以改变对基金不确定性和风险的评价,从而对证券市场的价值发现和价格均衡起到直接作用。从本质上看,证券市场是一个信息市场,市场的运作过程就是信息的处理过程,正是信息在指引着社会资金流向各个经济实体,从而实现了证券市场的资源配置,这样,证券市场效率的关键问题就是如何提高信息的充分性、准确性和对称性。此外,从现实立场来看,一个成功的证券市场的建立和发展,必然依赖于市场对投资人利益的切实保护和投资人对市场的信心。因而,政府必须强制性地要求基金发行公司将所有相关信息公之于众,以此规范证券市场中欺诈行为和内幕交易等市场失灵现象,改善市场中客观存在的不公平竞争状态。

证券发行机构一旦如实公开自己的真实情况,将受社会大众的监督,这将促使其全面加强经营管理,提高经济效益,实现自我约束、自我完善。强制信息披露制度保障了投资人的知情权,这是保护投资人利益的最有效方法。保护投资人不仅关系到资本市场的规范和发展,而且也关系到整个经济的稳定增长。投资人保护得好,投资人对市场就有信心。从资本市场的发展历程来看,保护投资人利益,让投资人树立信心,是培育和发展市场的重要一环。

便于基金监管,促进证券市场的发展。基金监督管理机构通过对基金发行人公布的信息资料进行监督和审查,保证上市公司质量,维护投资人利益,使证券投资人对市场充满信心,促使证券市场高效运行,更好发挥证券市场对整个国民经济的促进作用。从世界各国的管理实践来看,证券市场要遵循公开、公平、公正的原则,为市场中所有参与者创造一个良好的市场环境,而高质量的信息监管是监管者受到资本使用者和提供者尊重的必要条件,是抑制投机泛滥、防止市场垄断和操纵、保护投资人利益、减少基金市场外部性的重要手段。信息监管是基金市场监管体系的基石,而强制信息披露制度正是监管者进行高质量信息监管的前提。

第二节 基金信息披露的内容和要求

及时有效的信息披露对证券市场的发展有着积极的意义,对投资者来说,获得真实、有效且及时的基金信息有助于其对证券价值作出正确的判断,是对投资者的保护;对基金公司而言,由于信息披露使其受到了公众的监督,因此又迫使其对基金的经营管理作出更有效的决策。

一、公开披露的基金信息内容

我国《基金法》第五条规定,公开披露的基金信息包括:
(一)基金招募说明书。
(二)基金合同。
(三)基金托管协议。
(四)基金份额发售公告。
(五)基金募集情况。
(六)基金合同生效公告。
(七)基金份额上市交易公告书。
(八)基金资产净值、基金份额净值。
(九)基金份额申购、赎回价格。
(十)基金定期报告,包括基金年度报告、基金半年度报告和基金季度报告。
(十一)临时报告。
(十二)基金份额持有人大会决议。

(十三）基金管理人、基金托管人的基金托管部门的重大人事变动。
(十四）涉及基金管理人、基金财产、基金托管业务的诉讼。
(十五）澄清公告。
(十六）中国证监会规定的其他信息。

二、基金信息披露体系的主要内容

我国原有基金信息披露规范是在1997年11月《证券投资基金管理暂行办法》发布实施后开始建立的，到1999年基本形成。它由《证券投资基金管理暂行办法》实施准则第三号《证券投资基金招募说明书的内容与格式》、实施准则第五号《证券投资基金信息披露指引》及其补充通知等文件组成，其分为两个层次：一是信息披露原则性规范，即《证券投资基金信息披露指引》；二是信息披露操作性规范，即《证券投资基金招募说明书的内容与格式》、《证券投资基金信息披露指引》中附的《上市公告书的内容与格式》、《年度报告的内容与格式》、《中期报告的内容与格式》和《基金投资组合公告的内容与格式》。这套与国际惯例基本接轨的基金信息披露规范体系，在促进基金市场健康快速发展和保护基金份额持有人利益方面发挥了重要的作用。

随着近年来基金市场的不断发展，新情况不断出现，原有基金信息披露规范方面逐渐暴露出一些问题，如披露内容专业性较强，不便于普通投资者阅读；部分信息披露规范滞后于基金市场的发展，主要针对封闭式基金而制定，难以适应开放式基金尤其是特殊品种开放式基金的披露要求；现行信息披露规范的层次不够清晰，体例不统一，可扩充度不够等。

有鉴于此，自2002年8月起，中国证监会根据近年来我国基金信息披露的监管实践，考虑到未来市场发展的需要，在借鉴国外基金信息披露规范经验的基础上，对基金信息披露规范体系进行了研究和修改，并经业界专家多次讨论和论证。

新的基金信息披露规范体系以"信息披露管理办法"为原则指导、以"内容与格式准则"为操作指南、以"编报规则"为特别补充、以"规范解答"为法规解释，其最终目标是形成一个公开透明、纲目兼备、层次清晰、易于操作、公平执行的完整体系。

新的基金信息披露规范体系包括四个层次的主要内容。

(1)《证券投资基金信息披露管理办法》，其依据《基金法》制定，取代原有规范中的《证券投资基金信息披露指引》，作为基金法配套的部门规章之一，对信息披露作原则性规定，以主席令的形式发布。

(2)《证券投资基金信息披露内容与格式准则》,依据《信息披露办法》,在《证券投资基金信息披露指引》所附的几个具体内容与格式规定的基础上,及在原有规范《证券投资基金招募说明书的内容与格式》的基础上修订完成,主要对上市交易公告书、年度报告、半年度报告、季度报告,及基金招募说明书等披露文件的内容与格式做出具体规定。

(3)《证券投资基金信息披露编报规则》,依据《信息披露办法》,就特定披露环节和特殊基金品种的信息披露做出特别规定。

(4)《证券投资基金信息披露规范解答》,对监管工作中普遍存在的具体信息披露问题形成的结论性意见加以整理,形成正式的法规解释性文件,并统一编号,对外颁布。

三、基金信息披露的要求

基金信息披露应满足以下要求。

(1)全面性:这是对基金信息披露范围的要求。完整披露(full disclosure)要求信息披露当事人依法充分完整地公开所有法定项目的信息,不得有遗漏和短缺。要充分披露可能对基金持有人权益或基金单位的交易价格产生重大影响的信息,不得有任何隐瞒或重大遗漏。

(2)真实性:信息披露的核心是信息的真实性。公开披露的基金信息应当真实、准确,不得有虚假记载或误导性陈述。

(3)时效性:这是对信息披露操作的时间要求。即时披露(timely disclosure)要求信息披露当事人毫不拖延地依法披露有关的重要信息。

同时,《基金法》第六条规定,公开披露基金信息不得有下列行为:

(1)虚假记载、误导性陈述或者重大遗漏。
(2)对证券投资业绩进行预测。
(3)违规承诺收益或者承担损失。
(4)诋毁其他基金管理人、基金托管人或者基金份额发售机构。
(5)登载任何自然人、法人或者其他组织的祝贺性、恭维性或推荐性的文字。
(6)中国证监会禁止的其他行为。

四、基金当事人

(一)基金当事人概述

《证券投资基金信息披露管理办法》第二条规定,基金信息披露义务人应当按照法律、行政法规和中国证券监督管理委员会(以下简称中国证监会)的规定披露基金信息,并保证所披露信息的真实性、准确性和完整性。

基金信息披露义务人包括基金管理人、基金托管人、召集基金份额持有人大会的基金份额持有人等法律、行政法规和中国证监会规定的自然人、法人和其他组织。

《证券投资基金信息披露管理办法》第三条规定,基金信息披露义务人应当在中国证监会规定时间内,将应予披露的基金信息通过中国证监会指定的全国性报刊(以下简称指定报刊)和基金管理人、基金托管人的互联网网站(以下简称网站)等媒介披露,并保证投资人能够按照基金合同约定的时间和方式查阅或者复制公开披露的信息资料。

(二) 基金当事人的信息披露义务

基金管理人、基金托管人、发行协调人、基金发起人、上市推荐人等基金信息披露义务人,应当严格按照《证券投资基金信息披露指引》等有关法规要求披露基金信息,具体来讲,各基金当事人在信息披露中的职责为:

(1) 基金发起人、基金管理人和基金托管人等基金当事人将基金契约报中国证监会审核批准。

(2) 发行协调人协助基金发起人,根据《招募说明书的内容与格式》编制并公告招募说明书。

(3) 发行协调人就基金发行具体事宜编制并公布发行公告。

(4) 基金管理人编制基金上市公告书,会同基金托管人在上市交易日前两个工作日内刊登在指定报刊上,同时报中国证监会和上市的证券交易所备案。

(5) 基金管理人编制基金年度报告、中期报告、投资组合报告,经托管人复核后予以公告,同时分别报送中国证监会和基金上市的证券交易所备案。

(6) 封闭式基金资产净值由基金管理人至少每周公告一次,开放式基金由基金管理人在每个开放日后的第一天公告。

(7) 开放式基金成立后,基金管理人应当于每6个月结束后的30日内编制公开说明书,经托管人复核后公告。

(8) 基金管理人、基金托管人等有关信息披露义务人编制临时报告书,经基金上市的证券交易所核准后予以公告,同时报中国证监会。

(9) 在任何公共传播媒介出现或在市场上流传的消息可能对基金价格产生误导性影响或引起较大波动时,相关信息披露义务人应立即对该消息进行澄清,并将有关情况报送中国证监会和基金上市的证券交易所。

(10) 基金托管人按规定出具基金业绩和基金托管情况的报告,并报中国证监会和中国人民银行。

第三节　多种信息披露

一、基金发行上市的信息披露

基金在发行上市时的信息披露,主要是披露基金的组成文件和招募文件,即基金招募说明书。

(一) 基金招募说明书编制和披露的原则要求

(1) 编制要求:要求发起人将所有对投资者作出投资判断有重大影响的信息予以充分披露,以便投资者更好地作出投资决策。发起人应据此原则编制招募说明书。凡对投资者作出投资决策有重大影响或有助于其作出决策的信息,无论《证券投资基金管理暂行办法》及其实施准则第三号《证券投资基金招募说明书的内容与格式》是否有规定,均应予以披露;如本准则未予规定,发起人应增加该部分内容;本准则某些具体要求确不适用的,经报中国证券监督管理委员会同意后,发起人可作出合理调整和变动。

(2) 表达要求:招募说明书的表述应使用浅显易懂、符合法律法规及本准则规定的语言,以便非专业投资者准确了解基金情况。招募说明书不得登载任何个人、机构或企业的祝贺性、恭维性或推荐性的题字、用语及任何广告、宣传性用语。招募说明书中的数字应采用阿拉伯数字。除有特别说明外,货币单位一般应为人民币元。

(二) 基金招募说明书的内容和格式

(1) 重要提示。招募说明书封面应在显著位置载明下列文字作为重要提示:"发起人保证招募说明书的内容真实、准确、完整。本招募说明书经中国证监会审核同意,但中国证监会对本基金作出的任何决定,不表明其对本基金的价值和收益作出实质性判断或保证,也不表明投资于本基金没有风险。基金管理人承诺以诚实信用、勤勉尽责的原则管理和运用基金资产,但不保证基金一定盈利,也不保证最低收益。"

(2) 绪言。绪言中须载明招募说明书编写所依据的法规和基金契约。下列文字必须载入绪言:"全体发起人已批准该招募说明书,确信其中不存在任何虚假内容、误导性陈述或重大遗漏,并对其真实性、准确性、完整性承担个别及连带责任。本基金单位是根据本招募说明书所载明的资料申请发行的。本基金发起人没有委托或授权任何其他人提供未在本招募说明书中载明信息,或对本招募说明书作任何解释或者说明。"

(3) 释义。是对招募说明书中具有特定含义的词汇作出明确的定义、解释和说明。

(4) 基金设立。应说明以下内容。

基金设立的依据。说明基金由发起人依照《证券投资基金管理暂行办法》、基金契约及其他有关规定发起设立,并说明中国证监会批准设立的日期及批准文号。

基金存续期间及基金类型。

基金发起人认购及持有情况。说明基金发起人认购基金单位的份额、比例及其在基金存续期间须持有的份额、比例;说明基金发起人认购的基金单位,自基金成立之日起至少一年内不得赎回或者转让。

基金契约。基金契约是约定基金当事人权利、义务的法律文件。基金投资者自取得依基金契约所发行的基金单位,即成为基金持有人,其持有基金单位的行为本身即表明其对基金契约的承认和接受,并按照《证券投资基金管理暂行办法》、基金契约,及其他有关规定享有权利、承担义务;基金投资者欲了解基金持有人的权利和义务,应详细查阅基金契约。

(5) 本次发行有关当事人。列出下列有关本次发行当事人的机构名称、住所、法定代表人、电话、传真以及下述发事人中负责本次发行有关事宜的联系人:基金发起人;销售机构;律师事务所和经办律师;会计师事务所和经办注册会计师;其他与本次发行有关的机构。

(6) 发行安排。说明与本次发行有关的下列事项如:发行方式、发行时间、发行对象、基金单位发行总份额、发起人认购份额及向社会公开发行的份额、基金单位每份发行价格、面值、发行费用、基金单位的认购和持有限额。

(7) 基金成立。说明基金成立的条件及基金未能成立时已募集资金的处理方式。说明基金成立前,投资者的认购款项只能存入商业银行,不得动用。

(8) 基金的投资。说明以下内容。

投资目标。例如,说明投资目标是为投资者减少和分散投资风险、确保基金资产的安全并谋求基金长期投资收益。

投资范围。说明基金只能投资于具有良好流动性的金融工具,其中主要投资于国内依法公开发行上市的股票、债券。

投资决策。说明基金管理人运用基金资产的决策依据、决策程序。

投资组合。说明基金投资于股票、债券的比例不低于基金资产总值的80%;说明股票、债券投资分别在基金资产中的拟占比例;说明选择不同证券构成投资组合所依据的原则。

投资限制。说明依照《证券投资基金管理暂行办法》、基金契约,及其他有关规定禁止的投资事项。

(9)基金管理人代表基金行使股东权利的处理原则及方法。

二、基金定期的信息披露

基金定期的信息披露主要是为了让基金的持有人及时地了解基金的经营业绩、基金资产的增长以及基金的投资组合是否符合基金承诺的投资方向。按照我国的规定,证券投资基金定期披露的信息包括年度报告、中期报告、投资组合公告、基金资产净值公告、公开说明书(适用于开放式基金)。

(一)年度报告

基金管理人应当在每个基金会计年度结束后90日内编制完成年度报告,并刊登在中国证监会指定的全国性报刊上,同时一式五份分别报送中国证监会和基金上市的证券交易所备案。基金年度报告的格式与内容应当符合《年度报告的内容与格式》的规定,其中财务报告应当经过审计。

年度报告是定期报告中披露最详尽的,其目的主要是用于对基金作进一步的分析与研究。

年度报告的内容主要包括:

(1)基金简介。

(2)基金管理人报告。

(3)基金托管人报告。

(4)基金年度财务报告:审计报告;基金会计报告;会计报告书附注;基金投资组合;主要财务指标。

(5)基金持有人情况。

(6)重要事项揭示。

(7)备查文件目录。

(二)中期报告

基金管理人应当于每个会计年度的前6个月结束后60日内按照《证券投资基金管理暂行办法》实施准则第五号《证券投资基金信息披露指引》编制完成中期报告,经基金托管人复核刊登在中国证监会指定的全国性报刊上,同时一式五份分别报送中国证监会和基金上市的证券交易所备案。与年度报告相比,中期报告的披露要求要低一些。中期报告可以不披露基金托管人报告,其财务报告也无须经过审计。

（三）投资组合公告

投资组合公告每季度公布一次，应披露基金投资组合分类比例，及基金投资按市值计算的前十名股票明细。每个季度结束后 15 个工作日内，基金管理人应编制完投资组合公告，经基金托管人复核后予以公告，同时分别报送中国证监会和基金上市的证券交易所备案。

基金投资组合公告的内容与格式应当符合《基金投资组合公告的内容与格式》的规定。投资组合公告的披露事项主要包括：

（1）按行业分类的股票投资组合（股数、市值、占基金资产净值的比例）及股票市价合计。

（2）债券市价（不含国债）合计。

（3）国债、货币资金合计。

（4）列示基金投资中，按市值占基金资产净值比例大小排序的前十名股票明细，至少应当包括股票名称、数量、市值、占基金资产净值比例(%)。

（5）基金投资组合的报告附注应当披露以下项目：资产的估值方法、流通转让受到严格限制的资产、货币资金及其他资产构成、是否存在购入成本占基金资产净值超过 10% 的股票。

封闭式基金资产净值至少每周公告一次。基金管理人应于每次公告截止日后第 1 个工作日计算并公告基金资产净值及每一基金单位资产净值，同时分别报送中国证监会和上市的证券交易所备案。基金管理人在计算基金资产净值时，基金所持股票应当按照公告截止日当日平均价计算。

（四）公开说明书

因为开放式基金不是一次募集完成的，而是在其存续期间不断地出现申购或赎回情况，这时基金的经营状况可能跟基金首次认购时已经出现了很大不同，因此需要针对潜在的基金投资者进行持续的信息披露。这就是对招募说明书进行定期更新的公开说明书。

开放式基金成立后，公开说明书应当在每 6 个月结束后的 30 日内披露。公开说明书由基金管理人编制，经基金托管人复核，并在公告日 15 日前报中国证监会审核同意。

公开说明书的报告截止日为每 6 个月的最后一日，其主要披露事项包括基金简介、基金产品说明、基金风险揭示、基金的申购赎回、持有人服务、基金的收益分配、基金的费用和税收、投资组合、基金经营业绩、重要变更事项等。

（五）基金资产净值公告

封闭式基金的资产净值应至少每周在指定的全国性报刊上公告一次，内容为基金规模、单位基金资产净值、单位基金累计净值等。

开放式基金应规定每周至少一天为基金开放日,在每个开放日的次日披露开放日的单位基金资产净值和单位基金累计净值等。

三、基金信息的不定期披露

(一)临时报告

基金发生重大事件,有关信息披露义务人应当于第一时间报告中国证监会及基金上市的证券交易所,并编制临时报告书,经上市的证券交易所核准后予以公告,同时报中国证监会。

重大事件是指可能对基金持有人权益及基金单位的交易价格产生重大影响的事件,包括下列情况:

(1) 基金持有人大会决议。
(2) 基金管理人或基金托管人变更。
(3) 基金管理人的董事长、总经理、基金托管部的总经理变动。
(4) 基金管理人的董事一年内变更超过50%。
(5) 基金管理人或基金托管部主要业务人员一年内变更超过30%。
(6) 基金管理人或基金托管人受到重大处罚。
(7) 重大诉讼、仲裁事项。
(8) 基金提前终止。
(9) 其他重要事项。

(二)澄清公告与说明

(1) 在任何公共传播媒介中出现的或者在市场上流传的消息可能对基金价格产生误导性影响或引起较大波动时,相关的信息披露义务人知悉后应当立即对该消息进行公开澄清,并将有关情况立即报送中国证监会和基金上市交易的证券交易所。

(2) 有关基金信息公布后,中国证监会可要求基金信息披露义务人对公告内容作进一步公开说明。

第四节 其他国家和地区投资基金信息披露及对我国的启示

考察一些国家和地区的信息披露制度,可以发现它们有一个共同的特征,那就是对信息披露得非常详细。这主要是为了对投资者的利益进行保护。成熟规范的市场必然要求基金信息的高度透明,反过来,对基金信息披露的严格要求也会大大促进证券市场的成熟与规范。从具体内容来看,一些国家和地区基金的信息披露主要包括基金成立时的信息披露和基金运作中的信息披露。

一、美国投资基金信息披露有关内容

美国投资基金业实行严格的信息披露制度。美国最具特色的一点是严格要求在公开市场上交易证券的发行人进行持续的信息披露。开放式基金由于每天都要面对投资者的赎回,为确保基金净值的真实性,必然要求更严格的信息披露制度。

美国《投资公司法》规定,证券投资公司必须向 SEC 登记注册,之后必须向投资者提供共同基金投资说明书,其主要介绍基金的投资目的和投资政策、该共同基金在过去十年的经营状况、投资管理人的背景及报酬、如何购买和赎回、管理费用、佣金的交付与使用等。除提供说明书外,证券投资公司还必须定期向投资人寄发共同基金经营状况的报告,根据规定,这种报告不得少于每半年一次。另外,证券投资公司还必须向 SEC 提供年度和半年度的经营报告,说明主要经营状况,并由独立的会计师事务所提供共同基金在内部会计制度方面存在主要缺陷或不足之处的书面报告。由于开放式基金可不断地销售股份,因此规定共同基金还必须发表新的招股说明。

(一) 美国证券投资基金业信息披露管理的法律体系

美国作为世界上基金业规模最大、发展最为成熟的国家,其规范基金的法律十分完备。依照制定主体的不同,可分为联邦证券法案和州证券法案,联邦证券法案包括 1933 年《证券法》、1934 年《证券交易法》、1940 年《投资公司法》,以及 1940 年《投资顾问法》。这些法律对投资公司及投资顾问的设立和运作都做了严格的规定,是管理美国基金的主要法律。各州政府发布的《蓝天法》,为管理在各州的基金促销活动提供法律依据。正是由于这样完备的规范基金的设立、运作及有关参与主体活动的法规体系,使得监管机构在实施监管过程中有充分的法律依据,从而促进了美国基金业的健康、迅速的发展。

(二) 美国关与证券基金信息披露的规定

1933 年《证券法》确定了信息披露原则,要求披露的内容主要包括:注册登记表/招募说明书、中期报告、年度报告、股东大会报告及股东账户与记录等。1940 年《投资公司法》则对投资基金所需披露的信息做出了具体的规定。

基金成立时的信息披露包括:

(1) 说明在信息充分提供的前提下,一旦投资者选择了某一个投资组合,就意味着要同时承担投资组合所带来的风险和收益。

（2）每一个基金的投资目标、风险和收益，以及所投资的资产类型和分散度，都要描述清楚。

（3）说明投资者怎样获得投资指导。

（4）交易费用和成本的说明，例如销售佣金或赎回费用，这都是划在投资者的成本中。

（5）基金运作者可以提供给投资者他们所需要的额外的信息服务。

基金运作中的信息披露包括：

（1）每一只基金的年度运作成本，包括投资管理和其他成本，因为其会导致基金收益率的降低。

（2）投资组合的清单，包括所利用的投资工具，每一份资产的价值。

（3）在一段时间内，以同样的方法，所计算出的每一次投资业绩、成本。

（4）最近一次基金账户的资产负债（不超过一个季度）。

二、中国香港地区对证券投资基金信息披露的要求

（一）中国香港地区证券基金业信息披露管理的法律体系

中国香港地区对于证券投资基金业信息披露的要求，体现在香港证券及期货事务监察委员会颁布的《证券及期货条例》和《单位信托及互惠基金守则》中。

《证券及期货条例》于2002年3月13日通过并于2003年4月1日生效。它是在近30年来所制定的监管证券及期货市场的10条现行法例基础之上制定的。《单位信托及互惠基金守则》则依据《证券及期货条例》于2003年4月制定。这部法规是中国香港地区对证券投资基金业信息披露管理的最新法规。

（二）香港关于证券投资基金信息披露的规定

《单位信托及互惠基金守则》确定了信息披露的内容主要包括：基金销售文件、基金组成文件、投资方案和财务报告。在该守则的附录C《销售文件必须披露的数据》、附录D《组成文件的内容》，附录E《财务报告的内容》中对以上信息披露的内容和格式作出了规范。对于基金在广告宣传中所应遵守的规则，则在附录F《广告宣传指引》中作出规定。

在基金运作过程中，基金管理人须向持有人和证监会作出汇报，具体规定有：（1）每个财政年度必须最少出版两份报告。年报和账目必须在该计划的财政年度完结后的4个月内，出版及派发予持有人。中期报告则须于有关报告期完结后的2个月内出版及派发予持有人。（2）基金计划最新可知的发售价及赎回价或资产净值，必须最少每月一次，在最少一家中国香港地区每日印行的

主要中文报章及主要英文报章公布。(3)在基金计划获得认可之后,由该计划、管理公司及受托人(代管人)编制,或由他人代替该计划、管理公司及受托人(代管人)编制的所有财政报告,必须在指定的期间内呈交证监会存档。(4)如果证监会有要求,管理公司或代表必须提供所有与该计划的财政报告及账目有关的资料。(5)申请表格上的数据如有任何更改,管理公司或代表必须尽快通知香港证监会。

对于广告宣传及公告,必须在于中国香港地区发出或出版之前呈交香港证监会认可。任何与受托人有关的广告或公告必须附有受托人的同意书。证监会可在其认为适当的情况下,更改或撤回认可。如果某计划被形容为已获香港证监会认可,则必须同时声明即使该计划获得认可亦不表示该计划获得官方的认同或推介。

三、中国台湾地区对证券投资基金信息披露的要求

中国台湾地区对投资基金信息披露的要求体现在《证券投资信托基金管理办法》和《债券型基金信息揭露、风险管理及销售应行注意事项》中。

在基金募集或追加募集时,证券投资信托基金应向中国台湾地区证券期货委员会报送募集或追加募集发行计划、证券投资信托契约、董事会募集或追加募集证券投资信托基金议事录、证券投资信托基金经理人符合证券投资信托事业管理规则规定资格之证明文件影本、基金保管机构无规定所列各款之声明文件、证券投资信托事业填报并经转接审查之证券投资信托基金审查表等文件。

在基金运作过程中,证券投资信托基金应在每一营业日公告前一营业日证券投资信托基金每收益权单位之净资产价值。但对在中国台湾地区以外发行收益凭证募集之证券投资信托基金,必须每周公告一次。

对于债券型基金,证券投资信托基金应于债券型基金之公开说明书上披露此类基金投资之风险,包括利率风险、债券交易市场流动性不足之风险,及投资无担保公司债券之风险。为使投资人更明了债券型基金的投资内容,除了于基金之季报、年报应揭露其投资明细外,债券型基金每周应公布其投资组合、从事债券交易之前五名往来交易情形周报表,及每月公布其投资公司债明细。

四、对我国的启示

首先,基金的销售广告不得含有误导性,必须要有正式说明书。基金投资目标和政策的变更要经基金持有人和监管当局的批准。目标和政策的改变要在足够长的期限后才能正式实施,使不同意的投资者有时间做出决策。

其次,我国1997年颁发的《证券投资基金管理暂行办法》没有"禁止或限制基金管理人员与其管理的基金之间进行证券交易",这无疑是重大不足;而且关于"禁止用证券投资基金的资金买卖与基金有利害关系公司所发行的证券"的规定,也是仅将这种证券限定在"与基金托管人或基金管理人有利害关系的公司发行的证券",而不包括"与基金有利害关系的公司"发行的证券;另外,至于这种利害关系的具体标准,我国的证券法和相应的暂行办法都没有规定,使得在实践中无法具体操作。

最后,证券投资公司还必须定期向投资人寄发共同基金经营状况的报告。根据美国的规定,这种报告不得少于每半年一次;并且由于我国股市监管措施不到位,就有必要提高基金的公告时间限制,规定开放式基金和封闭式基金均要每星期最少公告一次基金净资产值。

五、我国基金信息披露的发展

自2006年6月1日我国《基金法》正式实施以来,人们一直关注着监管部门将会出台哪些"实施细则"。中国证监会颁布的《证券投资基金信息披露管理办法》(2004年7月1日起实施),正是与《基金法》配套的部门规章之一。

原有的《证券投资基金信息披露指引》是依据经国务院同意、原国务院证券委员会发布的《证券投资基金管理暂行办法》制定的,以中国证监会通知的形式发布。而《证券投资基金信息披露管理办法》是依据《基金法》制定的,作为与《基金法》配套的部门规章,以主席令的形式发布,法律层次高、效力强,可以更好地满足监管需要。

当然,新颁布的《证券投资基金信息披露管理办法》不仅在法律效力上优于原有的法规,在具体内容上也比原有规定有了诸多改进。

第一,在基金信息披露义务人的法律责任的规定上,按原有规定,信息披露义务人对披露信息的合法、真实和完整负连带责任。实际上,不同信息披露义务人由于职责不同,其披露责任是不完全一致的,例如,管理人是基金定期报告的主要披露义务人,而托管人应对定期报告的相关内容进行复核,两者应分别对各自职责履行过程中的行为承担赔偿责任。对此,《基金法》已作明确规定,新的管理办法也因此删除了现行法规关于披露连带责任的规定。

第二,平实语言披露是近年来美国基金监管部门所倡导的信息披露原则,强调使用浅显易懂的语言披露基金信息,尽量避免众所周知以及过分专业化、技术性的信息,意在提高披露信息的有效性。因此,新的管理办法在基金法规定的信息披露基本原则的基础上,强调基金信息应重点突出、浅显易懂,以提高信息的有效性。

第三,较之原有的基金信息披露体系,《基金法》扩大了基金信息披露文件的范围,体现在:(1)《基金法》首次将基金合同和托管协议作为基金信息披露文件;(2)《基金法》要求披露基金募集情况,并在基金募集过程中增加了基金备案、合同生效等程序;(3)《基金法》首次将基金的申购赎回价格作为基金信息披露内容。据此,新的管理办法在原有披露事项的基础上增加了基金合同、托管协议、募集情况、基金合同生效公告、申购赎回价格等披露事项及其披露要求。

第四,在招募说明书的披露方面,原有规定中的招募说明书主要包括首发招募说明书及每半年披露一次的开放式基金公开说明书,鉴于公开说明书未能完全涵盖招募说明书的更新内容,新的管理办法要求以定期更新的招募说明书取代公开说明书。

第五,在基金资产净值披露方面,原有法规并未对开放式基金的净值披露进行规范,造成各开放式基金净值披露的不统一。为此,新的管理办法明确了开放式基金净值披露的起始时间、披露频率和披露方式等内容。另外,为让持有人及时获取关键时点的净值信息,便于对基金业绩进行评价,应保险公司等基金持有人的要求,新的管理办法明确了基金年终和半年度末两个时点的净值披露要求。

第六,在定期报告的披露上,为方便投资者阅读基金定期报告,准确、高效地获取基金信息,新的管理办法对原有基金定期报告的披露形式、披露渠道作了改进。一方面,增加披露形式,要求在指定报刊上披露年报摘要和半年报摘要;另一方面,拓宽披露渠道,将基金管理人的互联网网站作为基金年报和半年报正文等文件的披露渠道。

第七,在临时报告的披露上,根据近年基金披露实践,新的管理办法列举了临时报告可能涉及的二十八项重大事件。其中,对于基金法特别强调的三类重大事件,即持有人大会决议、管理人和托管人的重大人事变动、涉及管理人及基金财产的诉讼等信息,作了详细说明。

第五节 延伸阅读材料

美国基金治理的发展:ICI 与 SEC 建议

近几年,美国的基金治理问题越来越多地受到投资公司协会(ICI)和 SEC

的关注。1999年6月24日,在SEC的敦促和支持下,ICI发表了《顾问团体为基金董事最佳经营的报告——提高独立和效率》,而SEC自身也于1999年10月19日为提高独立董事的效率也提议对一些规定做了修改。

(1) ICI的报告。ICI报告的目的是为了增强独立董事的作用并改善基金公司的治理结构,主要内容包括:所有投资公司都必须有2/3的董事是独立的(投资公司法规定的是40%,ICI提高了这一比例);基金公司新的独立董事应由现任独立董事选举并任命;独立董事的报酬应由所有独立董事决定;独立董事拥有合格的投资公司顾问,这种公司顾问必须和投资顾问及其他为基金提供服务的人相独立;投资公司董事会组织设立完全由独立董事组成的审计委员会,该委员会应具有一个书面章程,而且每年必须在没有基金经营方代表的参加下和独立审计员会一次面;独立董事在考虑年度批准或更换基金顾问及签订该类合同时,必须和经营方独立;独立董事应选举出一个或多个"领头"独立董事以协调董事会活动并和基金经营方进行接触;基金董事会要制定董事退休的政策。

(2) SEC的建议。SEC建议的目的仍然在于提高独立董事的独立性和效率。SEC原本赋予了投资基金十个免责条款,但现在SEC规定若投资基金欲获得这些免责,则必须符合以下条件:独立董事必须占基金董事会的多数;现任独立董事必须选择并任命新的独立董事;如果独立董事愿意拥有自己独立的法律顾问,该法律顾问及其事务所必须符合独立法律顾问的要求,即法律顾问自身及其事务所至少在上两个财政年度没有作为基金投资顾问、主承销商或行政管理人员的法律顾问;建议拥有独立审计委员会的基金公司不用要求召开股东大会批准审计员的任命;增加招股说明书中的信息披露,包括投资前景说明、董事与基金的潜在利益冲突及持有基金股份的数量。

从ICI的报告和SEC的建议可知道:一是对独立董事的基金董事会中所占比例的要求提高;二是现任独立董事对选择与任命新的独立董事有决定权,其目的是为加强独立董事的独立地位;三是从总体上看这些规定都是围绕增加独立董事的效率和权力而展开的。

第六节 团队活动提示:沪深股市

一、沪深股市投资——影子账户

各团队总经理在指定网站开设一个100万元额度的模拟账户,开户完毕以后请将账户的账号和密码提交给教学助理。这个模拟账户是各团队沪深模拟账户的影子账户。各团队向教师发送沪深股市资金调拨信息,调整团队在沪深股市中的投入资金额度,但这并不在影子账户的资金中体现出来,而教师则会将团队沪深账户的资产变动比例与影子账户同步、同比例进行变动。

二、投资绩效的计算实例

影子账户与沪深股市模拟账户的关系计算的实例:A 公司在沪深股市存入 320 万元的模拟资金,在指定网站注册了 100 万元初始值的影子账户,操作一周后,影子账户的资产总额变为 125 万元,盈利 25%,则公司在沪深股市投资账户的资产变化为:320(万元)×1.25 = 400(万元)。若影子账户的资产总额变为 80 万元,亏损 20%,则公司在沪深股市的资产变化为:320(万元)× 0.80 = 256(万元)。

三、本章课堂对抗辩题

(1) 股票与基金的市场价格与公司基本面的关系是(不是)直接的。
(2) 信息披露制度是(不是)一项最有效的制度。

第九章 证券组合投资理论

学习重点

(1) 证券组合的类型、意义。
(2) 证券组合管理的步骤。
(3) 现代投资组合理论的形成和发展。
(4) 马可维茨理论的五个假设前提。
(5) 预期收益与预期风险的计算。
(6) 证券投资组合的基本策略。
(7) 市场的有效性对不同的股票投资策略及其管理风格的影响。
(8) 股票的收益率计算及股票估价模型。
(9) 债券的收益率计算及估价模型。
(10) 通过阅读材料,了解市场对现代投资组合理论的不同看法。
(11) 了解团队在外汇市场的投资运作要领。

团队活动指引:外汇市场

关键词: 外汇市场 保证金交易 杠杆交易 风险控制 仓位

1. 外汇市场的投资账户运行原理
2. 交易客户端的操作
3. 外汇保证金交易的风险控制要领
4. 利用模拟账户对外汇市场进行投资运作

第一节 证券组合管理概述

一、证券组合的含义和类型

(一) 证券组合的定义

证券组合是指拥有的一种以上的有价证券的总称。其中可以包含各种股票、债券、存款单等等。

(二) 证券投资组合的类型

证券投资组合一般可以分为收入型、增长型、收入和增长混合型、货币市场型、国际型及指数化型、避税型等。比较重要的是前面三种。

(1) 收入型证券组合追求基本收益(即利息、股息收益)的最大化。能够带来基本收益的证券有：附息债券、优先股及一些避税债券。

(2) 增长型证券组合以资本升值(即未来价格上升带来的价差收益)为目标。增长型组合往往选择相对于市场而言属于低风险高收益，或收益与风险成正比的证券。

(3) 收入和增长混合型证券组合试图在基本收入与资本增长之间达到某种均衡，因此也称为均衡组合。二者的均衡可以通过两种组合方式获得，一种是使组合中的收入型证券和增长型证券达到均衡，另一种是选择那些既能带来收益，又具有增长潜力的证券。

(4) 货币市场型证券组合是由各种货币市场工具构成的，如国库券、高信用等级的商业票据等，安全性极强。

(5) 国际型证券组合投资于海外不同国家，是组合管理的时代潮流，实证研究结果表明，这种证券组合的业绩总体上强于只在本土投资的组合。

(6) 指数化型证券组合模拟某种市场指数，以求获得市场平均的收益水平。

(7) 避税型证券组合通常投资于美国市政债券，这种债券免征联邦税，也常常免征州税和地方税。

二、证券组合管理的意义和特点

证券组合管理的意义在于采用适当的方法选择多种证券作为投资对象，以达到在保证预定收益的前提下使投资风险最小化或在控制风险的前提下使投资收益最大化的目标，避免投资过程的随意性。

证券组合管理特点主要表现在两个方面。

（1）投资的分散性。证券组合投资理论认为,证券组合的风险随着组合所包含证券数量的增加而降低,尤其是证券间关联性极低的多元化证券组合可以有效地降低非系统风险,使证券组合的投资风险趋向于市场平均风险水平。因此,组合管理强调构成组合的证券应多元化。

（2）风险与收益的匹配性。证券组合理论认为,投资收益是对承担风险的补偿。承担风险越大,收益越高;承担风险越小,收益越低。因此,组合管理强调投资的收益目标应与风险的承受能力相适应。

三、证券组合管理的步骤

（1）确定投资政策。组合管理的第一步就是计划,即考虑和准备一组能满足组合管理目标的证券名单。如果投资目标是今年为增长型,以后为收入型,那么,组合计划应该符合这种目标及变化。

（2）进行证券投资分析。投资分析的任务就是确定证券的理论价格,根据与实际价格的比较,确定哪些证券属于价值高估,哪些证券属于价值低估,以尽可能低的价格买入,以尽可能高的价格卖出。

（3）构建投资组合。

（4）对已有组合的调整。对组合中的证券的实际表现,应该定时进行检查。购买某种证券后长期持有是可以的,但是不能忽略它。证券组合管理者应经常分析公司及证券,以确定结果是否符合他的目标。如果不符合,就应当及时进行相应的调整。

（5）业绩评价。

四、现代投资组合理论体系的形成与发展

1952 年,马可维茨(Harry Markowitz)发表论文《投资组合选择》,首次将数学上的线性规划系统地应用于给定条件下的股票投资组合问题,以分析风险和报酬及其之间的数量关系,从而建立均值—方差理论的基本框架,为现代投资组合理论奠定了基础。在此基础上,威廉·夏普,以及约翰·林特纳、简·莫辛分别提出资本市场理论或称资本资产价格模型(CAPM)。费恩切尔·布莱克将其扩展为零 β 资本资产价格模型。1976 年,史蒂芬罗斯创建具有互补性质与更具一般意义的套利价格理论或称套利价格模型(APT)。这样,伴随着 20 世纪 70 年代以来全世界电子计算机技术的市场化,组合投资理论在国际证券分析界得以推崇。因为对于新投资技术理论的杰出贡献,马可维茨、威廉·夏普和默顿·米勒还因此共同获得 1990 年度的诺贝尔经济学奖。

下面对马可维茨、夏普、米勒的理论发展过程进行简略的介绍：①

投资理论在大股灾后较长时期没有重大进展，1952 年，年轻的马可维茨发表的关于投资组合选择的简短论文引起了投资理论的革命，马可维茨本人也因此获得诺贝尔经济学奖。投资组合理论在传统投资回报的基础上第一次提出了风险的概念，认为风险而不是回报是整个投资过程的重心，并且论证了通过有选择性地组合投资能够有效地降低风险的观点。

夏普(W. Sharpe)的理论贡献体现在他 1964 年发表的《资本资产价格：风险市场条件下的市场均衡理论》中，在这篇论文中，夏普将风险数量化，提出用"β"分析一种股票和其他股票的共有风险，用"α"分析一种股票或投资组合本身特有的风险，这两个概念给股票投资分析带来了革命性变化；夏普提出了简单而实用的风险性投资均衡理论：资本资产定价模式，指出投资的回报来自该投资项目的价格波幅，要在波幅中获利，意味着必须低买高卖，即高收益对应于高风险，而风险可以通过分散投资的方法减轻或回避。

米勒(Merton Miller)关于资本结构的 MM 定理主要提出了两项观点：一是证明在特定条件下，不论公司是以负债还是发行股票的方式筹措资金，并不影响公司的市场价值。这个观点推翻了企业负债越高，风险越大，要求回报越高的传统思维。二是提出了单一价格定律，即两种类似资产的成本必定相同。这个发现提示在一个组合投资中两种风险相同的股票因为提供相同的报酬而同价。MM 定理为企业资本结构设计提供了一种新思维，特别是后来经过修正的 MM 定理对企业资本结构设计有直接应用价值，为投资者进行正确的股价估计和公司制订合理的分配方案提供了理论依据。

第二节　证券组合分析

一、马可维茨理论的五个假设前提

马可维茨在 1952 年发表的论文里，使用的是一种单期方法，即在期初($t=0$)时买入一个资产组合，在期末($t=1$)时卖出，它的目的是在给定投资者的收益偏好和各种证券组合的预期收益与风险之后，确定投资者的最优风险收益组合关系，进而确定投资组合构成。

马可维茨理论是建立在下面五个前提假设上的。

---

① 叶泽方：《西方经济学家股票投资理论评介》，《金融理论与实践》，2001 年第 7 期。

（1）呈现在投资者面前的每一项投资都是在一段时期内的预期的概率分布，即投资者用预期收益的概率分布来描述一项投资。

（2）投资者的目标是单期效用最大化，而且他们的效用函数呈现边际效用递减的特点。

（3）投资者以投资的预期收益的波动性来估计投资的风险。

（4）投资者以预期的投资风险和收益来做出投资决定，所以他们的效应函数只是预期风险和收益的函数。

（5）在给定预期风险水平后，投资者偏好更高的预期收益；另一方面，在给定预期收益后，投资者偏好更低的风险。

二、预期收益与预期风险

根据最开始的马可维茨理论的前提假设——投资者仅依靠预期的投资风险和收益来做出投资决定，一个证券组合由一定数量的单一证券构成，每一种证券占有一定的比例，我们也可以将证券组合视为一只证券，那么，证券组合的收益率和风险也可用预期收益率和方差来计量。预期收益与预期风险的计算方法如下：

（一）证券投资的预期收益

为了确定一个投资组合的预期收益，首先应该确定单一证券 i 的预期收益，这种证券在未来有 ς 种状态，那么证券 i 的预期收益为：

$$E(r_i) = \sum_{i=0}^{n} r_{i\varsigma} p_\varsigma$$

式中，p_ς 是状态 ς 出现的概率；$r_{i\varsigma}$ 是针对状况 ς 出现时 i 的收益率。

在了解单一证券的预期收益率后，就可以计算出证券组合的预期收益率。$\bar{r}_p$ 表示包含在组合中各种资产的预期收益的加权平均数，其表达式为：

$$\bar{r}_p = \sum_{i=0}^{n} x_i E(r_i)$$

式中，x_i 表示组合中证券 i 所占的比例，即权数；$E(r_i)$ 表示组合中证券 i 的预期收益；n 表示组合中证券的种类。

（二）证券投资组合的预期风险

风险本身有多种含义，并随着时间的推移，风险的含义也在不断地发展变化。在马可维茨的理论中，风险被定义为投资收益率的波动性。收益率的波动性越大，投资的风险越高。收益率的波动性通常用标准差或方差表示。单一证

券 i 的预期的风险,即方差和标准差的计算公式如下。

方差为:

$$\sigma_i^2 = \sum_{\varsigma=1}^{n} [r_{i\varsigma} - E(r_i)]^2 p_\varsigma$$

标准差为:

$$\sigma_i = \sqrt{\sum_{\varsigma=1}^{n} [r_{i\varsigma} - E(r_i)]^2 p_\varsigma}$$

投资组合的预期风险 σ_p^2 为:

$$\sigma_p^2 = \sum_{i=1}^{n} \sum_{j=1}^{n} cov_{ij} x_i x_j$$

标准差为:

$$\sigma_p = \sqrt{\sum_{i=1}^{n} \sum_{j=1}^{n} cov_{ij} x_i x_j}$$

其中,当 $i \neq j$ 时,cov_{ij} 表示证券 i 与证券 j 收益的协方差,反映了两种证券的收益在一个共同周期中变动的相关程度,x_i、x_j 表示组合中证券 i、j 所占的比例。

协方差与相关系数 ρ 存在下列关系:

$$cov_{ij} = \rho_{ij} \rho_i \rho_j$$

即证券 i 与证券 j 两者收益的协方差等于这两种证券收益的相关系数与其各自收益的标准差的乘积。

当 $i = j$ 时,有:

$$cov_{ij} = \sigma_i^2 = \sigma_j^2$$

即 $\rho_{ij} = 1$。

三、多种证券组合的收益和风险

这里将把两个证券的组合讨论拓展到任意多个证券的情形。设有 N 种证券,记作 A_1、A_2、A_3、$\cdots$、A_N,证券组合 $P = (x_1, x_2, x_3, \cdots, x_n)$ 表示将资金分别以权数 x_1、x_2、x_3、$\cdots$、x_n 投资于证券 A_1、A_2、A_3、$\cdots$、A_N。如果允许卖空,则权数可以为负,负的权数表示卖空证券占总资金的比例。正如两种证券的投资组合情形一样,证券组合的收益率等于各单个证券的收益率的加权平均。即:设 A_i 的收益率为 $R_i (i = 1, 2, 3, \cdots, N)$,则证券组合 $P = (x_1, x_2,$

$x_3, \cdots, x_n$）的收益率为：

$$R_p = x_1 \times r_1 + x_2 \times r_2 + \cdots + x_n \times r_n = \sum_{i=1}^{n} x_i r_i$$

推导可得证券组合 P 的期望收益率和方差为：

$$E(r_p) = \sum_{i=1}^{n} x_i E(r_i)$$

$$\sigma^2 = \sum_{i=1}^{n} \sum_{j=1}^{n} x_i x_j cov(x_i, x_j)$$

由上式可知，要估计期望收益率和方差，当 n 非常大时，计算量十分巨大。在计算机技术尚不发达的 20 世纪 50 年代，证券组合理论不可能运用于大规模市场，只有在不同种类的资产间，如股票、债券、银行存单之间分配资金时，才可能运用这一理论。20 世纪 60 年代后，威廉·夏普提出了指数模型以简化计算。随着计算机技术的发展，已开发出计算期望收益率和方差的计算机运用软件，大大方便了投资者。

第三节 证券投资组合

一、证券投资基金投资组合构建

证券投资基金投资组合构建是指根据投资需求将投资资金在不同资产类别之间分配，通常是将资产在低风险、低收益证券与高风险、高收益证券之间进行分配的过程。证券投资基金投资组合管理是指对投资进行规划、实施和优化的过程。投资规划即投资组合资产配置，具体地说就是对股票、债券、期货与期权等金融资产在投资组合总资产中的比例配置。实施过程是投资规划的细化与具体执行。投资优化指在实施过程中根据资本市场实际环境和条件的变化而不断优化投资组合，以实现收益的最大化和风险的最小化的过程。证券投资基金投资组合构建与管理包括下面几个步骤。

（1）明确投资目标。通常考虑投资者的风险偏好、流动性需求、时间跨度等要求，并综合其他因素制定可行的投资目标。

（2）分析资本市场环境。主要分析资本市场有效性问题，为制定投资策略进行可行性研究。

（3）确定资本市场的期望值和马可维茨有效集。这一步骤包括利用历史数据与经济分析来决定投资者所考虑资产在相关持有期间内的预期收益率、相互之间的关系,确定资产市场的期望收益率并确定有效集。

(4) 进行证券分析。主要包括基本分析和技术分析,选出具有投资价值的股票和债券,并根据市场环境分析可用于优化投资结构的股票和债券等金融工具,构建相对应的股票与债券的投资组合。

(5) 制定最佳投资组合。根据投资目标,结合现代投资组合理论确定股票、债券、期货等金融资产占总资产的比例。

(6) 调整优化投资组合。根据市场环境的变化和投资者需求的改变,不断调整优化投资结构,剔除收益率减少、风险增大的证券,增加收益率增加、风险减少的具有新的投资价值的证券,不断提高收益并降低投资风险,力求实现投资组合收益最大化和风险最小化。

(7) 投资组合业绩评价。主要运用定性和定量的分析方法,对投资组合业绩进行评价。定性分析包括投资目标的完成情况,与其他证券基金的业绩比较。定量分析包括运用各种绩效评价指标对投资组合业绩进行评价。并对以前的投资策略和评价加以总结,为今后的投资组合制定和修改提供参考依据。

二、股票投资组合的目的

组合理论是建立在对理性投资者行为特征的研究基础之上的,理性投资者具有厌恶风险和追求收益最大化的基本行为特征。在构建投资组合过程中,就是要通过证券的多样化,使得由少量证券造成的不利影响最小化。因此,股票投资组合的目的包括以下两方面。

(1) 降低风险。资产组合理论证明,资产组合的风险随着组合所包含的证券数量的增加而降低,资产间相关度极低的多元化资产组合可以有效地降低非系统风险。

(2) 实现收益最大化。理性的投资者都厌恶风险,同时又追求收益最大化。就单个资产而言,风险与收益是成正比的,高收益总是伴随着高风险。但是,各种资产不同比例的组合,可以使证券组合整体的收益—风险特征达到在同等风险水平上收益最高和在同等收益水平上风险最小的理想状态。

三、股票投资组合管理的基本策略

根据对市场有效性的不同判断可以将股票投资组合策略分为两大类:一是以战胜市场为目的的积极型股票投资组合策略;二是以获得市场组合收益为目的的消极型股票投资组合策略。由于目标不同,两类投资策略在构建投资组合、运作监测等方面都有各自不同的特点。基金管理人在进行股票组合投资时，首先应当决定投资的基本策略，即如何选取构成组合的股票，而基本策略主要是建立在基金管理人对股票市场有效性的认识的基础之上。

市场有效性就是股票的市场价格反映影响股票价格信息的充分程度。如果股票价格中已经反映了影响价格的全部信息，我们就称该股票市场是强式有效市场；如果股票价格中仅包含了影响价格的部分信息，我们通常根据信息反映的程度将股票市场分为半强式有效市场和弱式有效市场。基金管理人按照自身对股票市场有效性的判断采取消极型管理或积极型管理。

消极型管理是有效市场的最佳选择。如果股票市场是一个有效的市场，股票的价格反映了影响它的所有信息，那么股票市场上不存在"价值低估"或"价值高估"的股票，因此投资者不可能通过寻找"错误定价"的股票获取超出市场平均的收益水平。在这种情况下，基金管理人不应当尝试获得超出市场的投资回报，而是努力获得与大盘同样的收益水平，减少交易成本。

积极型管理的目标是超越市场。如果股票市场并不是有效的市场，股票的价格不能完全反映影响价格的信息，那么市场中存在错误定价的股票。在无效的市场条件下，基金管理人有可能通过对股票的分析和良好的判断力，以及信息方面的优势，识别出错误定价的股票，通过买入"价值低估"的股票、卖出"价值高估"的股票，获取超出市场平均水平的收益率，或者在获得同等收益的情况下承担较低的风险水平。

股票投资风格管理是基金经理人以股票的行为模式为基准确定基金投资类型的一种组合管理模式。常见的股票投资风格管理模式包括消极的股票风格管理和积极的股票风格管理两大类。

所谓消极的股票风格管理是指选定一种投资风格后，不论市场发生何种变化均不改变这一选定的投资风格。对于集中投资于某一种风格股票的基金经理人而言，选择消极的股票风格管理是非常有意义的。因为投资风格相对固定，一方面节省了投资的交易成本、研究成本、人力成本，另一方面避免了不同风格股票收益之间相互抵消的问题。例如，T. RowePrice 增长基金长期坚持投资增长类股票，它们一般并不随时间的推移改变各类股票在基金中的权重，其运营效果良好，长期持有这个基金的投资者可以获得高于市场平均水平的回报，并且保持相对固定的风险水平。

所谓积极的股票风格管理则是通过对不同类型股票的收益状况做出的预测和判断主动改变投资组合中增长类、周期类、稳定类和能源类股票的权重的股票风格管理方式。例如，预测某一类股票前景良好，那么就增加它在投资组合中的权重，且一般高于它在股票指数中的权重。另一方面，如果某类股票前景不妙,那么就降低它在投资组合中的权重。这种战略可以称之为类别轮换战略。相对于前面提到的消极战略来说,这是一种积极的股票风格管理方法。股票投资风格指数就是对股票投资风格进行业绩评价的指数。比如,前面我们已经分析过,增长类股票和非增长类股票的基本特点有很大的不同,因而,专门投资于增长类或收益类股票的基金经理的业绩很大程度上取决于所选取股票类型的发展趋势,因而人们引入了风格指数的概念作为评价投资管理人业绩的标准。以公司成长性为标准设计的风格指数为例,在按照一定的指标,如市盈率和市净率指标将股票分为增长类和非增长类之后,就可以按照一定的权重构建指数,反映各自的回报情况。风格指数可以使基金经理更清楚地了解某类股票在一定时间内的走向,其所起到的作用就像对市场状况有广泛代表性的标准普尔500股票指数一样。相应地,这些指数为精确地评估投资经理管理增长类股票和收益类股票组成的投资组合的业绩提供了一个标准。

四、股票的收益率

(一) 股票收益的来源及影响因素

股票的收益是指投资者从购入股票开始到出售股票为止整个持有期间的收入,由股利和资本利得两方面组成。股票收益主要取决于股份公司的经营业绩和股票市场的价格变化,但与投资者的经验与技巧也有一定关系。

(二) 股票收益率的计算

股票收益率主要有本期收益率、持有期收益率。

(1) 本期收益率。本期收益率是指股份公司以现金派发股利与本期股票价格的比率。用下列公式表示:

$$本期收益率 = 年现金股利/本期股票价格 \times 100\%$$

(2) 持有期收益率。持有期收益率是指投资者买入股票持有一定时期后又卖出该股票,在投资者持有该股票期间的收益率。

如投资者持有股票时间不超过一年,不用考虑资金时间价值,其持有期收益率可按如下公式计算:

$$持有期收益率 = \frac{\frac{出售价格 - 购买价格}{持有年限} + 年现金股利}{本期股票价格} \times 100\%$$

如投资者持有股票时间超过一年,需要考虑资金时间价值,其持有期收益率可按如下公式计算:

$$V = \sum_{t=1}^{n} \frac{D_t}{(1+i)^t} + \frac{F}{(1+i)^n}$$

式中,V 为股票的购买价格;F 为股票的出售价格;D_t 为股票投资报酬(各年获得的股利);n 为投资期限;i 为股票投资收益率。

(3) 股票的估价。

短期持有、未来准备出售的股票估价模型为:

$$V = \sum_{t=1}^{n} \frac{D_t}{(1+K)^t} + \frac{V_n}{(1+K)^n}$$

式中,V 为股票内在价值;V_n 为未来出售时预计的股票价格;K 为投资人要求的必要资金收益率;D_t 为第 t 期的预期股利;n 为预计持有股票的期数。

长期持有、股利稳定不变的股票估价模型。在每年股利稳定不变,投资人持有期间很长的情况下,股票的估价模型可简化为:

$$V = D/K$$

式中,V 为股票内在价值;D 为每年固定股利;K 为投资人要求的投资收益率。

若设上年股利为 D_0,每年股利比上年增长率为 g,则:

$$V = \frac{D_0(1+g)}{(K-g)} = \frac{D_1}{(K-g)}$$

式中,D_1 为第 1 年的预期股利。

第四节 债券投资组合

一、债券投资的种类和目的

企业债券投资按持有时间的长短可分为短期债券投资和长期债券投资两类。

短期债券投资的目的主要是为了合理利用暂时闲置资金,调节现金余额,获得收益。长期债券投资的目的主要是为了获得稳定的收益。

二、债券的收益率

(一) 债券收益的来源及影响因素

债券的投资收益包含两方面内容:一是债券的年利息收入;二是资本损益,即债券买入价与卖出价或偿还额之间的差额。

衡量债券收益水平的尺度为债券收益率。决定债券收益率的因素主要有债券票面利率、期限、面值、持有时间、购买价格和出售价格。

(二) 债券收益率的计算

1. 票面收益率

票面收益率又称名义收益率或息票率,是印制在债券票面上的固定利率,通常是年利息收入与债券面额之比率。

2. 本期收益率

本期收益率又称直接收益率、当前收益率,指债券的年实际利息收入与买入债券的实际价格之比率。其计算公式为:

$$直接收益率 = 债券年利息/债券买入价 \times 100\%$$

3. 持有期收益率

指买入债券后持有一段时间,又在债券到期前将其出售而得到的年均收益率。

(1) 息票债券持有期收益率常用的计算公式为:

$$持有期收益率 = \frac{债券年利息 + (债券卖出价 - 债券买入价)/持有年限}{债券买入价} \times 100\%$$

(2) 一次还本付息债券持有期收益率的计算公式为:

$$持有期收益率 = \frac{(债券卖出价 - 债券买入价)/持有年限}{债券买入价} \times 100\%$$

(3) 贴现债券持有期收益率的计算公式为:

$$贴现债券持有期收益率 = \frac{(债券卖出价 - 债券买入价)/持有年限}{债券买入价} \times 100\%$$

4. 到期收益率

(1) 短期债券到期收益率。对处于最后付息周期的附息债券、贴现债券和剩余流通期限在一年以内(含一年)的到期一次还本付息债券,其到期收益率的计算公式为:

$$到期收益率 = \frac{(到期本息和 - 债券买入价)/剩余到期年限}{债券买入价} \times 100\%$$

(2) 长期债券到期收益率。

到期一次还本付息债券。剩余流通期限在一年以上的到期一次还本付息债券的到期收益率采取复利计算。计算公式为:

$$y = \sqrt[t]{\frac{M + n \times i}{PV}} - 1$$

式中,y 为到期收益率;PV 为债券买入价;i 为债券票面年利息;n 为债券偿还期限(年);M 为债券面值;t 为债券的剩余流通期限(年),等于债券交割日至到期兑付日的实际天数除以 365。

按年付息债券。不处于最后付息期的固定利率附息债券的到期收益率可用下面的公式计算:

$$PV = \frac{I}{(1+y)^1} + \frac{I}{(1+y)^2} + \cdots + \frac{I}{(1+y)^{t-1}} + \frac{M}{(1+y)^t}$$

式中,y 为到期收益率;PV 为债券买入价;M 为债券面值;t 为剩余的付息年数;I 为当期债券票面年利息。

三、债券的估价

(一)一般情况下的债券估价模型

一般情况下的债券估价模型是指按复利方式计算、按年付息的债券价格的估价公式。其一般计算公式为:

$$P = \sum_{t=1}^{n} \frac{i \times M}{(1+K)^t} + \frac{M}{(1+K)^n}$$

式中,P 为债券价格;i 为债券票面利息率;M 为债券面值;K 为市场利率或投资人要求的必要收益率;n 为付息年数。

(二)一次还本付息且不计复利的债券估价模型

一次还本付息且不计复利的债券估价模型的公式为:

$$P = \frac{M + M \times i \times n}{(1+K)^n} = M \times (1 + i \times n) \times (P/F, K, n)$$

式中,P 为债券价格;i 为债券票面利息率;M 为债券面值;K 为市场利率或投资人要求的必要收益率;n 为付息年数。

(三)零票面利率的债券估价模型

零票面利率的债券估价模型的公式为:

$$P = \frac{M}{(1+K)^n} = M \times (P/F, K, n)$$

式中,P 为债券价格;i 为债券票面利息率;M 为债券面值;K 为市场利率或投资人要求的必要收益率;n 为付息年数。

第五节 延伸阅读材料

一、现代投资理论主要贡献者

现代投资理论的主要贡献者介绍见表 9-1。

表 9-1 现代投资理论主要贡献者表

贡献者	简介	主要贡献	代表作(Classic Papers)
托宾 (James Tobin)	1981 年诺贝尔经济学奖,哈佛博士,耶鲁教授	流动性偏好、托宾比率分析、分离定理	"Liquidity Preference as Behavior toward Risk", RES, 1958.
马可维茨 (Harry Markowitz)	1990 年诺贝尔经济学奖	投资组合优化计算、有效疆界	"Portfolio Selection", JOF, 1952.
夏普 (William Sharp)	1990 年诺贝尔经济学奖,曾在兰德工作,UCLA 博士、华盛顿大学、斯丹福大学教授	CAPM	"Capital Asset Pricing: A Theory of Market Equilibrium Under Condition of Risk", JOF, 1964.
林特勒 (John Lintner)	美国哈佛大学教授	CAPM	"The Valuation of Risk Assets & Selection of Risky Investments in Stock Portfolio & Capital Budget", RE&S, 1965.

二、现代投资理论的产生与发展

第一阶段,现代投资组合理论主要由投资组合理论、资本资产定价模型、APT 模型、有效市场理论以及行为金融理论等部分组成。它们的发展极大地改变了过去主要依赖基本分析的传统投资管理实践,使现代投资管理日益朝着系统化、科学化、组合化的方向发展。一般认为,资产选择理论最早是由英国经济学家希克斯于 1935 年提出的。希克斯认为,投资存在风险,它会给投资者带来意外的损失或收益;对付风险的办法是投资分散化,从事若干个独立的风险性投资所遭遇的风险,在投资很分散时,全部风险会降到很小。希克斯的思想虽然并不成熟,却为现代证券组合理论提供了思考的起点。经济学家在投资实务的基础上,发展了证券投资组合理论,包括"常数投资计划"、"等级投资计划"、"公式投资计划"和"资金平均数"等方法来指导投资。早期的证券投资理论,从宏观经济、行业周期及公司内部来分析证券及其价格变动,这种基本分析方法本身是正确的。但其忽视了现实世界中其他因素,包括一些不定因素的影响和作用,结果给人一种分析不准确的印象。

第二阶段,1952年3月,美国经济学哈里·马可维茨发表了《证券组合选择》的论文。作为现代证券组合管理理论的开端,马可维茨对风险和收益进行了量化,建立了均值方差模型,提出了确定最佳资产组合的基本模型。由于这一方法要求计算所有资产的协方差矩阵,严重制约了其在实践中的应用。马可维茨经过大量观察和分析,认为若在具有相同回报率的两个证券之间进行选择的话,任何投资者都会选择风险小的。这同时也表明投资者若要追求高回报必定要承担高风险。同样,出于回避风险的原因,投资者通常持有多样化投资组合。马可维茨从对回报和风险的定量出发,系统地研究了投资组合的特性,从数学上解释了投资者的避险行为,并提出了投资组合的优化方法。一个投资组合是由组成它的各证券及其权重所确定。因此,投资组合的期望回报率是其成分证券期望回报率的加权平均。除了确定期望回报率外,估计出投资组合相应的风险也是很重要的。投资组合的风险是由其回报率的标准方差来定义的。这些统计量是描述回报率围绕其平均值变化的程度,如果变化剧烈则表明回报率有很大的不确定性,即风险较大。从投资组合方差的数学展开式中可以看到投资组合的方差与各成分证券的方差、权重以及成分证券间的协方差有关,而协方差与任意两证券的相关系数成正比。相关系数越小,其协方差就越小,投资组合的总体风险也就越小。因此,选择不相关的证券应是构建投资组合的目标。另外,由投资组合方差的数学展开式可以得出:增加证券可以降低投资组合的风险。

基于回避风险的假设,马可维茨建立了一个投资组合的分析模型,其要点为:投资组合的两个相关特征是期望回报率及其方差;投资将选择在给定风险水平下期望回报率最大的投资组合,或在给定期望回报率水平下风险最低的投资组合;对每种证券的期望回报率、方差和与其他证券的协方差进行估计和挑选,并进行数学规划,以确定各证券在投资者资金中的比重。

投资组合理论为有效投资组合的构建和投资组合的分析提供了重要的思想基础和一整套分析体系,其对现代投资管理实践的影响主要表现在以下四个方面。

(1)马可维茨首次对风险和收益这两个投资管理中的基础性概念进行了准确的定义,从此,同时考虑风险和收益就作为描述合理投资目标缺一不可的两个要件(参数)。在马可维茨之前,投资顾问和基金经理尽管也会顾及风险因素,但由于不能对风险加以有效的衡量,也就只能将注意力放在投资的收益方面。马可维茨用投资回报的期望值(均值)表示投资收益(率),用方差(或标准差)表示收益的风险,解决了对资产的风险衡量问题,并认为典型的投资者是风险回避者,他们在追求高预期收益的同时会尽量回避风险。据此马可维茨提供了以均值—方差分析为基础的最大化效用的一整套组合投资理论。

(2) 投资组合理论关于分散投资的合理性的阐述为基金管理业的存在提供了重要的理论依据。在马可维茨之前,尽管人们很早就对分散投资能够降低风险有一定的认识,但从未在理论上形成系统化的认识。投资组合的方差公式说明投资组合的方差并不是组合中各个证券方差的简单线性组合,而是在很大程度上取决于证券之间的相关关系。单个证券本身的收益和标准差指标对投资者可能并不具有吸引力,但如果它与投资组合中的证券相关性小甚至是负相关,它就会被纳入组合。当组合中的证券数量较多时,投资组合的方差的大小在很大程度上取决于证券之间的协方差,单个证券的方差则会居于次要地位。因此投资组合的方差公式对分散投资的合理性不但提供了理论上的解释,而且提供了有效分散投资的实际指引。

(3) 马可维茨提出的"有效投资组合"的概念,使基金经理从过去一直关注于对单个证券的分析转向了对构建有效投资组合的重视。自 20 世纪 50 年代初,马可维茨发表其著名的论文以来,投资管理已从过去专注于选股转为对分散投资和组合中资产之间的相互关系上来。事实上投资组合理论已将投资管理的概念扩展为组合管理。从而也就使投资管理的实践发生了革命性的变化。

(4) 马可维茨的投资组合理论已被广泛应用到了投资组合中各主要资产类型的最优配置的活动中,并被实践证明是行之有效的。

第三阶段,1963 年,威廉·夏普提出了可以对协方差矩阵加以简化估计的单因素模型,极大地推动了投资组合理论的实际应用。该模型假设各证券的收益率仅与市场因素有关,从而大大简化了计算次数,为投资组合理论付诸于实践叩开了大门。大约同一时期,经济学家们在研究马可维茨的模型对证券的估值的影响时,导出了资本资产定价模型。但是,由于以 PM 的假设条件过于苛刻,因此人们对它的有效性提出了质疑。

第四阶段,20 世纪 60 年代,夏普、林特和莫森分别于 1964 年、1965 年和 1966 年提出了资本资产定价模型 CAPM。该模型不仅提供了评价收益—风险相互转换特征的可运作框架,也为投资组合分析、基金绩效评价提供了重要的理论基础。

第五阶段,1976 年,针对 CAPM 模型所存在的不可检验性的缺陷,罗斯提出了一种替代性的资本资产定价模型,即 APT 模型。该模型直接导致了多指数投资组合分析方法在投资实践上的广泛应用。1977年,罗斯又提出了套利定价理论。与PM不同,它设想证券收益并不单纯产自"市场组合",而是来自许多因素。套利定价理论的核心是假设理性的投资者总是能把握住每一个套利机会,从而使价格很快地达到它的价值。这之后,很多专家学者在以上模型的基础上,增加了对投资数目、影响因素、交易成本等方面的限制,推导出不同类型的投资组合模型。直到80年代初,这一理论才基本形成了完整严密的科学体系。投资组合理论才成为人们进行投资运用的重要依据。

其具体假设及结论如下:

假设有 n 种风险证券,风险证券 i 的收益率 r_i 受到 l 个因素(或称为公共因子)的影响:

$$r_i = a_i + \sum_{j=1}^{l} a_{ij} f_j + \varepsilon_i \quad i = 1, 2, \cdots, n \tag{9-1}$$

其中,f_j 表示第 j 个公共因子的值,由于在一般APT模型中假定所有公共因子的均值为0,即 $E(f_i) = 0$,各个公共因子是相互独立的,即 $E(f_i f_j) = 0$;$i = 1, 2, \cdots, l; j = 1, 2, \cdots, l; i \neq j$,在这里,我们对于公共因子的均值为0不作要求;$a_{ij}(i = 1, 2, \cdots, n; j = 1, 2, \cdots, l)$ 表示风险证券 i 对第 j 个公共因子的敏感程度,或者称为第 j 个公共因子对风险证券 i 的收益率贡献,ε_i 为一系列随机"干扰",其方差有限,即 $D(\varepsilon_i) = \sigma_i^2 < \sigma^2$,其中 $i = 1, 2, \cdots, n$;$D(\varepsilon_i) = \sigma_i^2$ 称为风险证券 i 的非系统风险,这一部分风险是风险证券所独有的,与其他证券无关,因此 $E(\varepsilon_i \varepsilon_k) = 0, i \neq k$,在进行投资组合选择时,非系统风险是可以规避的,同时,随机"干扰"和公共因子相互独立,即 $E(\varepsilon_i f_k) = 0; i = 1, 2, \cdots, n; k = 1, 2, \cdots, l$。

当不存在渐近无套利机会时,那么对等式(9-1)两边求期望得到套利定价模型(APT)如下:

$$E(r_i) = a_i + \sum_{j=1}^{l} a_{ij} E(f_j) \quad i = 1, 2, \cdots, n \tag{9-2}$$

由于APT是一个多因子模型,其对因子的有效性没有要求,因此,在资产定价方面,APT被认为是一个比CAPM更好的替代模型。但是APT存在很大的不足,APT的多因素模型是以假设的形式引进的,那么公共因子的筛选存在很大的困难。这一困难体现在两个方面,第一方面,尽管假设任意一种风险证券的收益率受到多方面因素的影响,但是具体受哪些因素影响我们无从考证,因此当我们选择一些因素作为风险证券收益率的公共因子作回归分析时,就有可能存在伪回归问题。在套利定价理论实证分析方面的文章中,一般事先人为地选择国民生产总值、货币供应量、利率、通货膨胀率等一些宏观经济变量作为公共因子,但是实证分析的结果和实际以及一些经济理论不符。另一方面,即使我们知道哪些因素可能对某一风险证券存在影响,但是这些因素之间一般存在相关甚至共线关系,在用这些因素为自变量来解释风险证券收益率时有可能存在系数不稳定问题。当然,可以在这些因素中精选若干因素作为公共因子,但是这样处理存在两个问题,第一个问题是精选的公共因子不一定能包括原来被选因素的绝大部分信息,第二个问题是公共因子的筛选工作量太大,例如假设有 m 个因素对风险证券的收益率存在影响,那么在精选过程中,一共有 $\sum_{j=1}^{m} C_m^j = 2^m - 1$ 种可能,如果 $m = 10$,那么就需要筛选 1 023 次,在实践中,m 往往大于 10,那么计算量就更大。

1. 传统投资组合的思想——Native Diversification

(1) 不要把所有的鸡蛋都放在一个篮子里面,否则"倾巢无完卵"。

(2) 组合中资产数量越多,分散风险越大。

2. 现代投资组合的思想——Optimal Portfolio

(1) 最优投资比例:组合的风险与组合中资产的收益之间的关系有关。在一定条件下,存在一组使得组合风险最小的投资比例。

(2) 最优组合规模:随着组合中资产种数增加,组合的风险下降,但是组合管理的成本提高。当组合中资产的种数达到一定数量后,风险无法继续下降。

三、证券投资组合风险

证券投资风险按风险性质分为系统性风险和非系统性风险两大类别。系统性风险主要包括利率风险、再投资风险和购买力风险。非系统风险主要包括违约风险、流动性风险和破产风险。

(一) 按证券投资风险的成因分类

按照产生的原因,对证券投资风险进行分类,如政策风险、利率风险、汇率风险、购买力风险、流通风险、经营风险、财务风险、法律风险和退市风险等。

(二) 按照风险性质以及应对的措施分类

按其性质,证券投资风险可以分为系统性风险和非系统性风险。当证券市场景气时,大部分证券的价格也上涨;当证券市场低迷时,大部分证券的价格也随之下跌,这表明市场上存在着一些影响所有证券的共同因素。另外,对于个别证券来说,有时候其价格波动的幅度和方向并不与证券市场一致,而这主要是由单个证券自身的因素引起的。

证券的系统性风险一般包括利率风险和购买力风险。

（1）利率风险。购买证券会面临多种风险，而利率风险指的是由于利率的变动导致证券价格波动，由此给购买人的收益带来的不确定因素。利率与证券的价格一般呈反方向变化，当市场上的利率普遍提高时，证券价格会下降（包括股票和债券）。一般债券对利率的变化反应较快，方向基本是反向的；而股票的反应相对慢一些，同时股票价格的变化在短期和长期对利率变动的反应方向可能是相反的。利率风险是固定收益证券、债券的主要风险，利率变动对长期债券的影响大于短期债券。利率从两个方面影响证券价格。一方面，利率的变动会改变人们对于不同投资种类的看法，利率提高时会有部分资金流向储蓄等收益随利率提高而增加的品种；另一方面，利率变动会改变整个经济和上市公司的盈利状况，利率提高，公司借钱的成本就会上升，其他情况不变，公司的盈利就会下降，股息会减少，股票价格也会相应下降。一个国家的利率政策是由中央银行决定的，在我国是由中国人民银行制定的。市场利率会在政策影响下作相应的变动。

（2）购买力风险。购买力风险又称通货膨胀风险，是指由于通货膨胀引起的投资者实际收益率的不确定。证券市场是企业与投资者直接投融资的场所，因而社会货币资金的供给总量成为决定证券市场供求状况和影响证券价格水平的重要因素，当货币资金供应量增长过快，出现通货膨胀时，证券的价格也会随之发生变动。通货膨胀对证券价格有两种截然不同的影响。在通胀之初，名义资产增值与名义盈利增加，自然会使公司、企业股票的市场价格上涨。同时，预感到通胀可能加剧的人们，为保值也会抢购股票，刺激股价短暂上扬。然而，当通货膨胀持续上升一段时期以后，它便会使股票价格走势逆转，并给投资者带来负效益，新的生产成本因原材料等价格上升而提高，企业利润相应减少，投资者开始抛出股票，转而寻找其他金融资产保值的方式，所有这些都将使股票市场需求萎缩，供大于求，股票价格自然也会显著下降。

证券的非系统性风险，通常由以下因素决定。

（1）行业风险。首先，判断宏观周期所处的阶段。一般应考察 GDP 增长率、固定资产投资增长率、工业产值增长率、物价指数等主要变量，不仅要对各指标现状加以分析，还要参照历史数据分析其变化的周期性。第二，判断行业自身的周期性。各行业自身周期与宏观经济周期往往存在差异。要根据各行业变动与经济运行之间的关系判断该行业是否具有周期性。第三，分析宏观周期与行业周期的相关性。周期性行业与宏观经济运行具有较强的相关性。市场供求关系是经济学中决定产品价格的基本变量，也是决定行业发展前景的重要因素。其中，行业需求分析应考虑经济发展速度、居民收入和支出水平等多种因素;供给则应考察行业内部主要竞争者生产能力、产品质量和产品结构等因素。行业发展包括四个阶段:初创期、成长期、成熟期和衰退期。处于初创期的行业,技术上不够成熟、创办成本较高、行业利润和风险都相对较高;处于成长阶段和成熟阶段的行业,产品和服务都比较标准化,企业经营比较规范,行业的系统风险相对较小;处于衰退期的行业面临着市场萎缩,行业系统风险较高。先进技术是保证行业快速发展的重要条件,但技术发展速度过快或重大技术更新过于频繁,容易给行业内现有企业带来巨大生存压力,有很多企业会在技术不断更新的过程中破产倒闭。相应行业运行的稳定性降低,如果技术发展前景不确定,也会带来重大风险。根据行业垄断程度,市场结构可分为完全竞争市场、垄断竞争市场、寡头垄断市场和完全垄断市场四种类型。完全竞争市场是资源完全由市场配置,经济效率最高,但行业内竞争最为激烈,行业内企业只能获得社会平均利润。而完全垄断行业则资源配置效率低下,但却能获得远高于社会平均利润的超额垄断利润。通常,垄断行业掌握特殊资源,因而经营风险较小。随着我国加速开放进程,以及行业管理体制改革不断深化,传统的垄断格局将被逐步打破,该类行业面临转轨过程中的风险。

(2) 财务风险是企业破产倒闭的主要原因,利用财务杠杆作用筹集资金进行负债经营是企业发展途径,因而财务风险是现代企业与市场竞争并存的产物,尤其是在我国市场经济发育不健全不完善的情况下更是不可避免,因此,加强企业财务风险管理,建立和完善财务预警系统尤其必要。企业的财务评价正是从分析企业的财务风险入手,评价企业面临的资金风险、经营风险、市场风险、投资风险等因素,从而对企业风险进行信号监测、评价,根据其形成原因及过程,制定相应切实可行的长期风险控制策略,降低甚至解除风险,使企业健康永恒发展。

(3) 盈利能力是企业赚取收益的能力,利润的分析对股东来讲是至关重要的,因为股东是否获利及获利的多少取决于所投资企业的利润。同样,利润对债权人也是很重要的,因为利润是偿还资金的来源之一。

四、"宽客"滑铁卢

此文为重点阅读文章。文章发表于《财经·金融实务》2007 年 9 月,作者:宋燕华。文章指出,美国次级抵押信贷引发的全球资本市场危机中,近年来备受追捧的数量分析型基金损失惨重,其起因正是"宽客"(quant,金融工程师)们试图以数学模型预测并掌控金融市场的实践所致。而这些数学模型正是建立在现代投资组合理论的基础之上的。文章发表时间较早,对次贷危机引发的全球性金融危机的严重程度估计不足,但仍不失为一篇十分精彩的上佳之作。要求学生全文阅读,并能写出读后感或评论文章。

互联网阅读地址:http://www.pt789.com/bbs/dispbbs.asp?boardid=28&id=7376。

第六节　团队活动提示:外汇市场

一、模拟外汇交易的渠道

外汇交易的平台是利用某国际金融研究中心提供的教学平台进行。团队在平台上存入相应的模拟资金,并下载委托客户端,设定好账户密码即可进行外汇投资。

二、外汇保证金交易的特点

与股票市场不同,外汇交易是通过银行产生的一种柜台交易,并且周一至周五24小时交易。

外汇保证金交易还有一个极为重要的特点,即高倍的杠杆比例。在模拟的交易平台中,最大杠杆比例可以高达200倍。所以,其市场风险极高,以往许多团队出现重大亏损都是在这个市场发生的。因此,控制好风险,是总经理和外汇操盘手必须高度重视的事情。

三、外汇市场风险控制要点

风险控制是一个非常重要和复杂的课题。这里,仅仅简单提出几个要点,其他风险控制知识可以阅读相关的书籍。

(1) 操盘手要努力学习专业知识,提高技术分析水平。在可能的情况下,可以参加公选课外汇交易实战、外汇操盘手培训班的学习。

(2) 注意各国重大财经消息的发布时间。这个时间往往会引发外汇行情的极端走势。

(3) 仓位控制。一般应该控制在20%以下。

(4) 制定合理的操作原则和风险控制原则。

四、本章课堂对抗辩题

(1) 证券投资中"不把鸡蛋放在一个篮子里"是(不是)一种有效的避险方案。

(2) 现代投资组合理论是(不是)一种行之有效的投资方法。

第十章 资产配置管理

学习重点

(1) 资产配置的意义。
(2) 资产的分类。
(3) 进行资产配置应考虑的主要因素。
(4) 资产配置步骤和方法。
(5) 资产配置的主要类型。
(6) 战术性资产配置与战略性资产配置。

团队活动指引：债券发行

关键词： 企业债券　债券发行担保书
1. 了解团队在校园股市发行企业债券的意义
2. 了解团队在校园股市发行企业债券的程序和必须提交的文件
3. 运作一次债券发行

第一节　资产配置管理概述

一、资产配置的含义

所谓资产配置(Asset Allocation)是指依据所欲达成的理财目标,以资产的风险最小化与收益最大化为原则,将资金有效率地分配在不同资产类别上,构建能够增加收益并控制风险的资产投资组合。简单地说就是"不要把鸡蛋放在同一个篮子里",即分散投资。资产配置是投资过程中最重要的环节之一,也是决定投资组合相对业绩的主要因素。一方面,在不完全有效市场环境下,投资目标的信息、盈利状况、规模、投资品种的特征,以及特殊的时间变动因素对投资收益有影响,可以通过分析和组合减少风险,因此资产配置能起到降低风险、提高收益的作用;另一方面,随着投资领域从单一资产扩展到多资产类型、从国内市场扩展到国际市场,单一资产投资方案难以满足投资需求,资产配置的重要意义与作用逐渐凸显出来,它可以帮助投资人降低单一资产所带来的非系统风险。

资产配置是指根据投资需求将投资资金在不同资产类别之间进行分配,通常是将资产在低风险低收益证券与高风险高收益证券之间进行分配。所谓基金的资产配置,就是将基金的资产在现金、各类有价证券之间进行分配的过程。简单说就是基金将资金在股票、债券、银行存款等投资工具之间进行比例分配。资产配置是基金投资管理中至关重要的环节,其基本思路是对不同投资组合的预期回报率、标准差和组合之间的协方差进行预测,然后得出这些组合种类可能构成的新组合的预期回报率和标准差,最后再由这些新组合产生出有效群后,利用基金投资者的无差异曲线来确定应该选择什么样的资产配置组合。

二、可配置的"资产"分类

(1) 资本资产:包括股票和固定收益(债券)证券。这类资产的估值取决于预测股息、利息和最终价值所能实现的现金流量。

(2) 耗用或可交易资产:比如石油、农产品和其他商品。这类资产的估值取决于传统的市场供求情况。

(3) 保值资产:比如艺术品和货币。其价值取决于人们愿意支付多少。

有些资产(如房地产和黄金)不单纯只属于某一类资产。了解不同资产类别的价格推动因素并知道市场有时会把资产错误分类(比如把股票视为耗用资产或保值资产),将有助于私人投资者制定资产配置框架、执行战术性资产配置决定,甚至是具体投资的选择。

三、资产配置管理的原因

资产配置是投资过程中最重要的环节之一,也是决定投资组合相对业绩的主要因素。一方面,在半强式有效市场环境下,投资目标的信息、盈利状况、规模,投资品种的特征,以及特殊的时间变动因素对投资收益有影响,可以通过分析和组合来减少风险,因此资产配置能起到降低风险、提高收益的作用。另一方面,随着投资领域从单一资产扩展到多资产类型、从国内市场扩展到国际市场,单一资产投资方案难以满足投资需求,资产配置的重要意义与作用逐渐凸显出来,它可以帮助投资人降低单一资产的非系统性风险。

四、资产配置的目标

从目前的投资需求看,资产配置的目标在于以资产类别的历史表现与投资人的风险偏好为基础,决定不同资产类别在投资组合中的比重,从而降低投资风险,提高投资收益,消除投资人对收益所承担的不必要的额外风险。

五、进行资产配置考虑的主要因素

(1) 影响投资者风险承受能力和收益需求的各项因素,包括投资者的年龄或投资周期,资产负债状况、财务变动状况与趋势、财富净值、风险偏好等因素。

(2) 影响各类资产的风险收益状况以及相关的资本市场环境因素,包括国际经济形势、国内经济状况与发展动向、通货膨胀、利率变化、经济周期波动、监管等。

(3) 资产的流动性特征与投资者的流动性要求相匹配的问题。

(4) 投资期限。投资者在有不同到期日的资产(如债券等)之间进行选择时,需要考虑投资期限的安排问题。

(5) 税收考虑。税收结果对投资决策意义重大,因为任何一个投资策略的业绩都是由其税后收益的多少来进行评价的。

第二节 资产配置步骤和方法

一、资产配置步骤

(一) 分析市场条件

进行资产配置决策的第一步是要对整个市场状况进行分析,了解当前的市场条件,从而做出适合市场状况的资产配置决策。对市场的分析包括对国际经济形势、国内经济状况和发展动向、当前宏观经济政策、通胀水平、利率变化、所处经济周期,以及监管和税收等限制性因素进行分析。另外,要分析各资产类别在当前市场条件下的风险—收益特征,以及相互之间的关系。不同资产在不同的经济周期阶段和市场条件下的表现存在很大差异,只有理解资产的这些特征,才能构造出一个令人满意的资产组合。

(二) 了解投资者的风险偏好

投资者的风险偏好对基金管理公司的资产配置决策有很大的影响。资产配置中一条最重要的规则就是在客户的风险承受范围之内运作。**影响投资者**

风险偏好的因素主要有年龄、投资期限、资产负债情况、财务变动情况、流动性需求等。因此,在资产配置过程中考虑投资者的这种风险偏好便显得十分重要。

货币市场基金、债券型基金、股票型基金等投资工具风险不同,各有不同的收益性、增值性与流动性。清楚自己的投资性格,规划出较有希望达成预定报酬率的投资组合。以中国股票市场过去的平均报酬率(11%)来估计大型股票的报酬率,小型股平均报酬率为13%,债券为6%,货币型基金发行日期不长,平均报酬率约为3%。

(三)制定长期的战略资产配置策略

在对市场和投资者需求充分了解的基础上,基金管理公司便可以制定一个在较长时期内的资产配置策略,即战略资产配置策略。一般来说,基金管理公司的战略资产配置策略一旦制定下来,便不会轻易更改,因而在较长时期内,只要市场环境和投资者偏好不发生根本性的变化,基金管理公司都会在这一策略下进行投资管理。可以说,战略资产配置策略是基金管理公司制定的一个总的资产配置目标。

(四)赋予各类资产相应的权重,确定最优的资产组合

确定了战略资产配置策略以后,基金管理公司便在这一策略所设定的框架下对市场中具体的资产类别(如普通股票、优先股、国债、企业债,等等)进行分析和挑选,找出具有投资价值的资产,并赋予所选择的各种资产相应的权重,确定最优的资产组合边界,实现在既定风险水平下获得最大预期收益的目标。

(五)根据对市场效率的理解执行资产配置策略

持有不同投资理念的基金管理公司在执行过程中会存在巨大差异,对于积极型基金来说,在短期内需要根据市场条件等变化对现有的资产组合进行修正,而对于消极型基金来说,则并不需要这种积极的修正过程。

二、资产配置的基本方法及主要特点

资产配置主要有历史数据法和情景综合分析法两种基本方法。

(一)历史数据法

历史数据法假定未来与过去相似,以长期历史数据为基础,根据过去的经历推测未来的资产类别收益。有关历史数据包括各类型资产的收益率、以标准差衡量的风险水平,以及不同类型资产之间的相关性等数据,并假设上述历史数据在未来仍然能够继续保持。在进行预测时一般需要按照通货膨胀预期进行调整,使调整后的实际收益率与过去保持一致。

更复杂的历史数据法还可以结合不同历史时期的经济周期进行进一步分

析,即考察不同经济周期状况下各类型资产的风险收益状况及相关性,结合对目前和未来一定时期内的经济趋势预测来预测各类型资产的风险收益状况及相关性。由此可见,不同类型的资产在特定的经济环境中具有不同的表现,而经济状况的改变将在很大程度上改变不同类型的资产的绝对表现和相对表现。因此,对历史资料进行细分可以使分析者正确地确认与未来最相关的历史资料的构成,并有助于确认未来可能类似的经济事件和资产类别表现。

(二) 情景综合分析法

与历史数据法相比,用情景分析法进行预测的适用时间范围不同,在预测过程中的分析难度和要求的预测技能也更高,由此得到的预测结果在一定程度上也更有价值。一般来说,情景分析法的预测期间在3—5年左右,这样既可以超越季节因素的影响,更有效地着眼于社会政治变化趋势及其对股票价格的影响,同时也为短期投资组合决策提供了适当的视角,为战术性资产配置提供了运行空间。

运用情景分析法进行预测包括以下四个基本步骤(见图10-1)。

(1) 分析目前与未来的经济环境,确认经济环境可能存在的状态范围即情景。例如,经济可能会出现的高速增长和低通货膨胀、反通货膨胀、通货紧缩、通货再膨胀、滞涨等状态。

(2) 预测在各种情景下,各类资产可能的收益与风险,以及各类资产之间的相关性。例如利息率、股票价格、持有回报率等。

(3) 确定各情景发生的概率。

(4) 以情景的发生概率为权重,通过加权平均的方法估计各类资产的收益与风险。

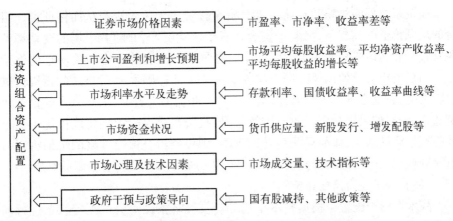

图10-1 资产配置的多因素决策支持系统(海富通基金管理公司)

第三节 资产配置主要类型比较

一、资产配置的主要类型

资产配置在不同层面有不同含义,从范围上看,可分为全球资产配置、股票债券资产配置和行业风格资产配置;从时间跨度和风格类别上看,可分为战略性资产配置、战术性资产配置和资产混合配置;从资产管理人的特征与投资者的性质上看,可分为买入并持有策略、恒定混合策略、投资组合保险策略和战术性资产配置策略。

(一)买入并持有策略

买入并持有策略是指在确定恰当的资产配置比例、构造了某个投资组合后,在诸如3—5年的适当持有期间内不改变资产配置状态,保持这种组合。买入并持有策略是消极型长期再平衡方式,适用于有长期计划水平并满足于战略性资产配置的投资者。买入并持有策略适用于资本市场环境和投资者的偏好变化不大,或者改变资产配置状态的成本大于收益时的状态。

(二)恒定混合策略

恒定混合策略是指保持投资组合中各类资产的固定比例。恒定混合策略是假定资产的收益情况和投资者偏好没有大的改变,因而最优投资组合的配置比例不变。恒定混合策略适用于风险承受能力较稳定的投资者。如果股票市场价格处于震荡、波动状态之中,恒定混合策略就可能优于买入并持有策略。

(三)投资组合保险策略

投资组合保险策略是在将一部分资金投资于无风险资产从而保证资产组合的最低价值的前提下,将其余资金投资于风险资产,并随着市场的变动调整风险资产和无风险资产的比例,同时不放弃资产升值潜力的一种动态调整策略。当投资组合价值因风险资产收益率的提高而上升时,风险资产的投资比例也随之提高;反之则下降。因此,当风险资产收益率上升时,风险资产的投资比例随之上升,如果风险资产收益继续上升,投资组合保险策略将取得优于买入并持有策略的结果;而如果收益转而下降,则投资组合保险策略的结果将因为风险资产比例的提高而受到更大的影响,从而劣于买入并持有策略的结果。

(四)战术性资产配置策略

战术性资产配置是根据资本市场环境及经济条件对资产配置状态进行动态调整,从而增加投资组合价值的积极战略。大多数战术性资产配置一般具有如下共同特征。

（1）一般建立在分析工具基础上的客观、量化过程。这些分析工具包括回归分析或优化决策等。

（2）资产配置主要受某种资产类别预期收益率的客观测度驱使，因此属于以价值为导向的过程。可能的驱动因素包括在现金收益、长期债券的到期收益率基础上计算股票的预期收益，或按照股票市场股息贴现模型评估股票实际收益变化等。

（3）资产配置规则能够客观地测度出哪一种资产类别已经失去市场的注意力，并引导投资者进入不受人关注的资产类别。

（4）资产配置一般遵循"回归均衡"的原则，这是战术性资产配置中的主要利润机制。

二、几种主要资产配置策略的异同

常见的三种策略包括买入并持有策略、恒定混合策略、投资组合保险策略。

上述三类资产配置策略是在投资者风险承受能力不同的基础上进行的积极管理，具有不同特征，并在不同的市场环境变化中具有不同的表现，同时它们对实施该策略提出了不同的市场流动性要求（见表10-1）。

表10-1 资产配置策略特征比较

资产配置策略	市场变动时的行动方向	支付模式	有利的市场环境	要求的市场流动性
买入并持有策略	不行动	直线	牛市	小
恒定混合策略	下降时买入上升时卖出	凹型	易变，波动性大	适度
投资组合保险策略	下降时卖出上升时买入	凸型	强趋势	高

三、战术性资产配置与战略性资产配置的异同

（1）对投资者的风险承受力和风险偏好的认识和假设不同。与战略性资产配置过程相比，战术性资产配置策略在动态调整资产配置状态时，需要根据实际情况的改变重新预测不同资产类别的预期收益情况，但未再次估计投资者偏好与风险承受能力是否发生了变化。在风险承受能力方面，战术性资产配置假设投资者的风险承受能力不随市场和自身资产负债状况的变化而改变。这一类投资者将在风险收益报酬较高时比战略性投资者更多地投资于风险资产，因而从长期来看，其将取得更丰厚的投资回报。

（2）对资产管理人把握资产投资收益变化的能力要求不同。战术性资产

配置的风险收益特征与资产管理人对资产类别收益变化的把握能力密切相关。如果资产管理人能够准确地预测资产收益变化的趋势,并采取及时有效的行动,则使用战略性资产配置将带来更高的收益;但如果资产管理人不能准确预测资产收益变化的趋势,或者能够准确预测但不能采取及时有效的行动,则投资收益将劣于准确地预测并把握市场变化时的情况,甚至很可能会劣于购买并持有最初的市场投资组合时的情况。

第四节　延伸阅读

一、证券投资基金的资产配置实例

比较以下几个基金的资产配置情况①。

（一）华夏优势增长股票

具体资产配置情况见表10-2,表10-3,表10-4,表10-5,表10-6。

表10-2　华夏优势增长股票(000021)

累计净值:2.3440	日增长率:-1.68%	月(4周)增长率:1.23%	半年(26周)增长率:0.77%
今年以来增长率:-2.54%	周增长率:-1.11%	季(13周)增长率:3.68%	一年(52周)增长率:22.94%
所属公司:华夏基金	投资风格:稳健成长型	成立日期:2006-11-24	基金经理:刘文动、巩怀志

表10-3　基金持仓信息(2010年第一季度)
报告期末基金持仓组合情况

期末各类资产	金额(单位:万元)	占基金总资金的比例(%)
股票	1 176 670	77.57
债券	75 647.10	4.99
权证	0.00	0.00
银行存款	0.00	0.00
交易保证金	917.58	0.06
清算备付金	0.00	0.00
其他投资	2 920.65	0.19
合计	1 534 309.99	100.00

---

① 资料来源:http://data.money.163.com/ranking.html。

表10-4　报告期末基金持债组合情况

品种分类	金额(单位：万元)	占基金总资金的比例(%)
国债	37 332.90	2.46
金融债	0.00	0.00
央行票据	38 314.20	2.53
企业债	0.00	0.00
其他债券	0.00	0.00
合计	75 647.10	4.99

表10-5　报告期末基金前10大持仓股票

序号	股票名称	持仓股数(万股)	持仓市值(万元)	占净值比例(%)
1	交通银行	5 756.97	47 667.70	3.14
2	中国宝安	3 827.41	45 507.90	3.00
3	东阿阿胶	1 560.96	44 019.00	2.90
4	东方电气	878.637	39 055.40	2.57
5	美的电器	1 666.23	37 390.10	2.46
6	佛塑股份	2 939.46	36 390.50	2.4
7	江苏国泰	1 145.93	35 569.60	2.34
8	潍柴动力	505.374	34 764.70	2.29
9	中兴通讯	731.952	31 107.90	2.05
10	云南城投	1 200.00	30 792.00	2.03

表10-6　报告期末基金5大持仓债券

序号	债券名称	持仓数量(万张)	持仓市值(万元)	占净值比例(%)
1	09贴债22	300	29 805.00	1.96
2	21国债(12)	15	1 532.70	0.10
3	09央行票据44	230	22 618.20	1.49
4	10央行票据19	160	15 696.00	1.03
5	10国债04	60	5 995.20	0.40

（二）中信稳定双利债券

具体配置情况见表10-7，表10-8，表10-9，表10-10，表10-11。

表10-7　中信稳定双利债券(288102)

累计净值：1.488 2	日增长率：-0.52%	月(4周)增长率：-0.59%	半年(26周)增长率：7.48%
今年以来增长率：3.30%	周增长率：-0.57%	季(13周)增长率：3.29%	一年(52周)增长率：10.13%
所属公司：华夏基金	投资风格：收益型	成立日期：2006-07-20	基金经理：李广云

表 10-8　基金持仓信息(2010 年第一季度)
报告期末基金持仓组合情况

期末各类资产	金额(单位:万元)	占基金总资金的比例(%)
股票	27 804.80	16.52
债券	141 475.99	84.06
权证	0.00	0.00
银行存款	0.00	0.00
交易保证金	25.00	0.01
清算备付金	0.00	0.00
其他投资	24 454.70	14.53
合计	237 885.00	100.00

表 10-9　报告期末基金持债组合情况

品种分类	金额(单位:万元)	占基金总资金的比例(%)
国债	31 301.20	18.6
金融债	3 015.00	1.79
央行票据	0.00	0.00
企业债	90 292.40	53.65
其他债券	0.00	0.00
合计	141 475.99	84.06

表 10-10　报告期末基金前 10 大持仓股票

序号	股票名称	持仓股数(万股)	持仓市值(万元)	占净值比例(%)
1	柳 工	350.107	7 649.85	4.55
2	华泰证券	328.222	7 096.17	4.22
3	万顺股份	45.768	1 000.03	0.59
4	世纪鼎利	5.255	787.087	0.47
5	汉王科技	6.461	776.648	0.46
6	杰瑞股份	6.322	595.668	0.35
7	亚厦股份	10.734	485.803	0.29
8	同花顺	8.635	477.538	0.28
9	大北农	11.442	400.477	0.24
10	三五互联	7.305	354.054	0.21

表 10 – 11　报告期末基金 5 大持仓债券

序号	债券名称	持仓数量（万张）	持仓市值（万元）	占净值比例（%）
1	08 嘉城投债	91	9 936.29	5.9
2	唐钢转债	84.33	9 375.02	5.57
3	08 江铜债	119.31	8 810.07	5.23
4	08 上港债	83.32	8 203.05	4.87
5	龙盛转债	51.3	7 492.07	4.45

（三）易方达平稳增长混合

具体配置情况见表 10 – 12，表 10 – 13，表 10 – 14，表 10 – 15，表 10 – 16。

表 10 – 12　易方达平稳增长混合（110001）

累计净值：2.642 0	日增长率：-1.56%	月（4 周）增长率：-5.76%	半年（26 周）增长率：-7.96%
今年以来增长率：-9.26%	周增长率：-1.63%	季（13 周）增长率：-3.60%	一年（52 周）增长率：2.62%
所属公司：易方达基金公司	投资风格：平衡型	成立日期：2002 - 08 - 23	基金经理：侯清濯

表 10 – 13　报告期末基金持仓组合情况

期末各类资产	金额（单位：万元）	占基金总资金的比例（%）
股票	214 863.00	61.93
债券	111 430.00	32.12
权证	0.00	0.00
银行存款	0.00	0.00
交易保证金	193.64	0.06
清算备付金	0.00	0.00
其他投资	31 498.00	9.08
合计	391 984.00	100.00

表 10 – 14　报告期末基金持债组合情况

品种分类	金额（单位：万元）	占基金总资金的比例（%）
国债	0.00	0.00
金融债	0.00	0.00
央行票据	105 231.00	30.33

续表

品种分类	金额(单位:万元)	占基金总资金的比例(%)
企业债	5 978.59	1.72
其他债券	0.00	0.00
合计	111 430.00	32.12

表 10-15　报告期末基金前 10 大持仓股票

序号	股票名称	持仓股数(万股)	持仓市值(万元)	占净值比例(%)
1	中国重汽	695.00	18 952.60	5.46
2	海螺水泥	415.59	18 352.50	5.29
3	兴业银行	400.004	14 768.20	4.26
4	格力电器	430.00	12 126	3.49
5	柳　工	553.058	12 084.30	3.48
6	浦发银行	500.00	11 390	3.28
7	上海汽车	500.00	10 235	2.95
8	北京银行	600.00	10 032	2.89
9	恒瑞医药	180.00	7 057.80	2.03
10	特变电工	300.00	6 204	1.79

表 10-16　报告期末基金 5 大持仓债券

序号	债券名称	持仓数量(万张)	持仓市值(万元)	占净值比例(%)
1	09 央行票据 38	520	51 142	14.74
2	09 央行票据 36	380	37 373	10.77
3	09 央行票据 46	170	16 716.10	4.82
4	09 名流债	27	2 816.10	0.81
5	10 营口港	15	1 545	0.45
6	龙盛转债	0	157.57	0.05
7	西洋转债	0	63.03	0.02

二、推荐阅读材料：2010 年环球资产配置策略

资产配置是把资金投放在不同的资产类别之上，如股票、债券、商品、房地产及现金等。它们有不同的周期、回报和风险水平，可以令投资组合表现更稳

定,有降低风险之效。下文将讨论几个不同资产类别的投资方向,投资者可因应个人的目标、风险承受程度、投资时间、投资偏好作适当的配置。

(一) 美股区间式上落、行业转换可突围

在上市公司超预期的业绩和不俗的经济数据带动下,美国股市自 2009 年 3 月低位反弹超过 60%,升幅可观。从估值而论,美国标普 500 指数 2008 年市盈率及 2009 年预测市盈率均高于历史平均水平,绝非便宜。从资金流向而言,美国股票类互惠基金于 10 月份的现金水平仅为 3.9%,低于平均现金水平 4.7%,只有在 2007 年牛市尾声时才跌穿过 4%,可见现时股票基金已全面入市。另一方面,过去半年,资金流入股市的份额远少于流入债市,9 月及 10 月份更跌至净流出。故此,反映股市缺乏资金承接,短线调整不足为奇。虽然向上力度不足,但向下幅度亦有限。美国经济正慢慢回稳,构成系统性风险的机会不大,股市应不会出现 2008 年般恐慌性下跌。而且,不少投资者把资金从股票基金转移到货币市场基金(图 10-2),使现时货币市场基金跟美国股市市值的比例远高于历史水平约 20%。这批资金正静待股市调整后入市,为市场带来支持。因此,预料美股将以区间式波动,行业之间轮流炒作。

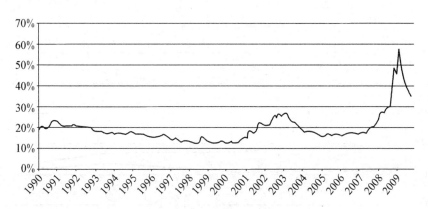

图 10-2　货币市场基金跟美国股市市值的比例

资料来源:摩根大通资产管理公司

(二) 新兴市场债券无须太淡

除了股票,债券亦是一个重要的投资类别。2009 年,表现最佳的债券为新兴市场债券,摩根大通的环球新兴市场债券指数(JP Morgan EMBI Global Index)升近 28%,其相对美国国债孳息差由 2008 年 880 点缩窄至近来的 320 点(1 厘等于 100 点)。反映了投资者对新兴市场债券恢复信心,纷纷买进。

投资债券并非没有风险。如果债务人赖债,投资者可能血本无归。去年,数个东欧国家因举债太多,未能如期偿还利息或本金,若非国际货币基金组织(IMF)出手拯救,部分国家有可能出现违约。近期,国际评级机构惠誉降低希腊主权信贷评级,由 A- 下降至 BBB+,另一间评级机构标准普尔亦降低西班牙前景展望至负面。主要原因是两国的债务增加(希腊的国债跟 GDP 比例升逾 100%)及财赤日益恶化。迪拜于 2009 年 11 月险些爆出违约危机,震惊全球,显示新兴市场债券的风险不低。故投资国债时,除了分析国家的经济增长外,还要倍加注意该国债务水平及还款能力。尽管近期新兴市场债券的风险上升,新兴市场债券相对美国国债孳息差仍有收窄的可能,却支持新兴市场债券价格。图 10-3 显示,欧美日等发达国家债务跟 GDP 比由 2006 年 80% 不断增加,IMF 预测这一比率于 2014 年升逾 110%。近月,有评级机构指出,美英两国债务及财政赤字正在攀升,不能保证永远维持其 AAA 最高信贷级别。另一方面,拉丁美洲及亚洲新兴市场财务状况相对稳健,未来数年的国债跟 GDP 比将维持在 50% 左右。金融海啸后,新兴市场经济均恢复平稳较快的增长。国际评级机构穆迪上调巴西主权信贷评级,相信其他具实力的新兴市场亦有望获得上调,支持新兴市场债券的价格。

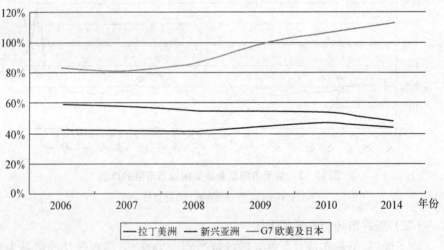

图 10-3 国家债务跟 GDP 比例

资料来源:国际货币基金组织(IMF)。

(三)农产品乃商品首选

标准普尔商品指数于过去一年升 40%,表现十分亮丽。当中,基本金属、能源及贵金属分别上升78%、35%及29%。飙升134%的铅,53%的汽油和银更是佼佼者。虽然去年整体农产品上升不足10%,远逊于其他类别,但农产品的基本因素甚佳,未来数年很可能为投资者提供不俗回报。根据联合国预测,全球人口到2030年将增加20亿,约三分之一。加上发展中国家富裕起来,人均粮食需求会上升。专家指,两者将刺激粮食需求上升50%。另一方面,城市化、全球暖化、雨季反常及厄尔尼诺现象皆影响农产品产出,出现短缺。去年,数个亚洲地区因气候问题导致糖、稻米严重失收,有国家更由出口国变成进口国。

(四) 另类资产分散投资风险

不少投资者只看重高回报,往往忽略了投资风险,当一个巨浪涌来便冲走了账面回报。如果投资者能做好资产配置,在市场风险较低时赚钱,风险较高时保本或减少损失,便能达至长期资本增值。一个好的资产配置在于选择低或负相关性的资产,避免所有资产受到单一市场大幅波动所影响。对冲基金是一种以争取绝对回报为目标的基金,它的回报跟其投资市场走势没有直接关系,有助分散传统投资工具的集中性风险。期货管理基金(CTA)是对冲基金的一种,以系统化或灵活判断的管理模式投资于各种期货市场,包括商品、外汇、利率、债券以及股票指数等。持有多空部位,可于各种市场情况下获利。每当股市暴挫之际,CTA的抗跌尤其显著,不少CTA更能获得10%~20%正回报,成逆市奇葩。故此,投资者买进CTA便等于为自己的投资组合买上保障。对冲基金以外还有不少低相关性的资产,但不是人人都可以涉足。实物资产,如木材、商品、房地产等,这些资产跟股票和债券的相关性不高,而出售木材及出租房地产为组合带来稳定的收入,为年度回报打下基础。可是,投资实物房地产所费不菲,买入现货商品亦需要地方储存,非一般投资者能参与。

三、焦点问题资料

(一) 如何进行科学的基金资产配置

进行投资的时候,你应该将资金分配在哪些品种上?各类型资产占多少比例?如何将鸡蛋放在不同篮子里的资产配置问题是投资过程中的重要步骤,也是投资者能否实现投资目标的关键。基金投资也是如此,基金其实是股票、债券和现金等投资品种的组合,根据其主要的资产分布可分为股票型基金、配置型基金、债券型基金和货币市场基金等。对于基金投资人来说,则要通过建立由不同类型基金构成的组合,来落实自己的投资最终在各类型资产上的分布。资产配置可从两个层面来进行。最基本的层面是如何将资金配置在股票、债券和现金这些资产大类上。更深一步的层面是将股票和债券资产进一步分散在不同类型股票或债券上,以降低风险。首先,来看看如何进行资产大类的配置。具体将多少的金额配置在股票、债券和现金上是由投资者的投资目标、投资周期、风险承受能力和投资金额来决定的。这个步骤称为战略性资产配置,也是最基本的资产配置。根据投资目标、投资周期、风险承受能力和投资金额,投资者采取不同的投资策略,将资产按不同比例配置在股票、债券和现金上。

投资者可以用区间的形式确定持有各类资产的比例,这样比限制一个固定的比例更有效。例如,投资者可将债券的投资比例定在总资产的 5%~25%,而在这个范围内,根据债券在市场中的表现,决定增持还是减持。

将投资金额配置在股票、债券和现金等资产类别后,为了分散风险,投资者应通过考察基金的投资组合中具体的股票和债券,使资产进一步分散在不同投资风格、不同市值大小的股票和不同久期、不同信用素质的债券上。

投资者可将资产分散在各个不同投资风格的股票上,有利于降低投资的风险。投资者可以将一部分资产购买价值型基金,一部分投资于成长型基金。当然,投资者也可通过持有平衡型基金来达到既持有价值型股票又持有成长型股票的目的。

另一方面,将股票资产配置在不同市值大小的股票上也是需要关注的。一般地,大盘股风险收益特征要相对低于中小盘股票,保守型的投资者可以投资较多的大盘股基金,如果投资者风险承受能力较高,可增加中小盘基金的持有比例。

值得关注的是,随着 QDII 的放行,国内投资人也开始面临股票资产在全球不同市场配置的问题。进行海外配置的目的是为了分散风险还是追求某个市场的收益,也需重点考虑。

深层次的资产配置同样适用于债券型基金的投资。投资者可以将债券资产配置于不同久期和不同信用素质的债券上。例如,保守型的投资者可大部分投资在短期和高信用素质的债券型基金上。久期越短,利率上升对债券价格下降的影响越小。

战略性资产配置为投资者的资产配置搭建了一个大框架。在此基础上,投资者还可以通过战术性资产配置,微调投资组合中各类型资产的比例,抓住市场中不同类型基金的收益机会,以达到获得更多投资回报的目的。

(二) 资产配置的起源

资产配置是指投资者因个别的情况和投资目标,把投资分配在不同种类的资产上,如股票、债券、房地产及现金等,在获取理想回报之余,把风险减至最低。

总括而言,资产配置为一理财概念,投资者根据其投资计划的时限及可承受的风险,来配置资产组合。资产配置可以应用于任何拥有两只以上股票的投资组合内,比较常用于资产类别的层面。不同类别的资产在市场上的运作也有所不同,所以其回报和所涉及的风险亦各有不同。

"资产配置"的概念并非诞生于现代,实际上,早在400年前,西班牙人塞万提斯在其传世之作《堂吉诃德》中就忠告说:"不要把所有的鸡蛋放在一个篮子里。"无独有偶,同时代的莎士比亚在《威尼斯商人》中也传达了"分散投资"的思想——就在剧幕刚刚开场的时候,安东尼奥告诉他的老友其实他并没有因为担心他的货物而忧愁:"不,相信我;感谢我的命运,我的买卖的成败并不完全寄托在一艘船上,更不是倚赖着一处地方;我的全部财产,也不会因为这一年的盈亏而受到影响,所以我的货物并不能使我忧愁。"

然而,其后的300多年里,关于资产配置的理论并没有多少长进。当然,也还能举出一两个有意思的例子来,比如1921年,《华尔街日报》就曾向投资者建议了一种最优投资组合:25%投资于稳健型债券,25%投资于稳健型优先股,25%投资于稳健型普通股,其余的25%则投资于投机性证券。1952年,作为现代资产组合理论的发端,马可维茨(H. Markowitz)发表了那篇仅有14页的论文——《资产组合选择》。1959年,马可维茨又将其理论系统化,出版了《资产组合选择》一书,试图分析家庭和企业在不确定的条件下,如何支配金融资产,使财富得到最适当的投资,从而降低风险。该书标志了现代投资组合选择理论的诞生。

今天,资产配置的含义远比安东尼奥所理解的要丰富得多。简单地讲,资产配置就是在一个投资组合中选择资产的类别并确定其比例的过程。资产的类别有两种,一是实物资产,如房产、艺术品等;一是金融资产,如股票、债券、基金等。当投资者面对多种资产,考虑应该拥有多少种资产、每种资产各占多少比重时,资产配置的决策过程就开始了。由于各种资产往往有着截然不同的性质,历史统计也显示,在相同的市场条件下它们并不总是同时地反应或同方向地反应,因此当某些资产的价值下降时,另外一些却在升值。马可维茨在上述具有里程碑意义的文章中,已经通过数量化方法说明,战略性地分散投资到收益模式有区别的资产中去,可以部分或全部填平在某些资产上的亏损,从而减少整个投资组合的波动性,使资产组合的收益趋于稳定。

当然,对于不同类型的投资者而言,资产配置的含义也不尽相同。对于多数专业投资者,资产配置通常意味着要计算各种不同资产的收益率、标准差和相关性,并运用这些变量进行均值—方差最优化,从而选择不同风险收益率的资产组合。关于这些专业的分析和计算,已经有了大量现成的理论和工具。从马可维茨到夏普到米勒,从现代投资组合理论到有效市场理论到资本资产定价理论,20世纪中期以来,金融学家业已为这个充满不确定性的世界刻画出了一个又一个精美绝伦的投资组合模型。现代金融理论以数学为基本分析工具,论证严格,而计算机技术的突飞猛进则为实现理论模型向商业模型的转变提供了可能。对于个人投资者而言,资产配置就未必包括这些专业而复杂的计算过程,但依然可以根据个人财富水平、投资的动机、投资期限的目标、风险偏好、税收考虑等因素来确定纳入投资组合的资产类别及其比重,并在随后的投资期内根据各资产类别的价格波动情况,及时动态地调整资产配置组合权重,或者在某一类别的资产中再作"个股"选择,以寻求风险控制和投资收益最大化。

1986年的《金融分析师杂志》刊载了布林森、霍德和比鲍尔名为《投资组合表现的决定性因素》的著名文章。三位作者在这篇严肃的学术论文中抑扬顿挫地抒情道:"你应该忘掉市场时机选择;你应该忘掉个股选择;在投资组合的收益中,几乎94%可以由其资产的配置单来解释;你应该做一个资产的配置者。"没过多久,他们的观点就遭到了针锋相对的批驳,而且反驳者除了能够凿凿有据地拿出各个大型基金的历史统计数字外,同样能引经据典地搬出文学巨匠的话来佐证——马克·吐温说过"愚蠢的人说,不要把所有的鸡蛋放在一个篮子里;而聪明的人却说,把你的鸡蛋放在一个篮子里,然后看管好那个篮子"。反对者认为,投资管理人的选择远比资产类别的选择重要。1991年,布林森、辛格和比鲍尔在《金融分析师杂志》撰文《投资组合表现的决定性因素》,重申了投资组合中的资产配置策略对于组合业绩起决定性的作用,并且在一定的投资期内对投资收益的贡献率超过90%。此后,围绕资产配置重要性的口水仗一直未停歇。

然而,不管是站在塞万提斯的立场还是站在马克·吐温的阵营,资产配置的投资手段绝对不是"聪明"或"愚蠢"所能一言蔽之的。迄今为止还没有一种只赚不赔的投资理论,资产配置理论也一样。即使专家们提供了众多的背道而驰的投资建议,资产配置依然会大行其道,依然会涌现无数资产配置的热诚的实践者。

摩根士丹利投资集团的创始人、首席投资策略师戴维·M·达斯特,就自始至终像信徒一样虔诚于资产配置。他将资产配置视为一项艺术、一门科学,并将自己数十年的实践经验精粹在《资产配置的艺术》一书中与无数或专业或业余的投资者分享。达斯特说:"在过去很多年来,摩根士丹利的资产管理人和研究策略师都强调资产配置在实现长期投资成功上的重要性。我写这本书是要向个人和专业投资者介绍在这方面的概念、工具与相关技巧。"当今的资本市场环境已远非80多年前《华尔街日报》作出其资产配置建议时的那样,新的金融工具、资产类别和投资方式已大大拓展了投资组合的选择余地,市场环境则史无前例地反复无常。幸运的是,我们依然得到了来自华尔街的投资指导,而且这一指导是适用于任何市场环境(牛市、熊市、平衡市)、任何目标投资期限、任何组合规模和具有任何经验水平的投资者的。

资产配置可以是一种投资理念,可以是一种投资技巧,也可以是一种投资艺术。

第五节　团队活动提示:债券发行

一、公司的融资渠道

企业在生产经营过程中,由于种种原因可能需要使用大量资金,比如扩大业务规模、筹建新项目、兼并收购其他企业、弥补亏损等。在企业自有资金不能完全满足其资金需求时,便需要向外部筹资。通常,企业对外筹资的渠道有三个:发行股票,发行债券和向银行等金融机构借款。这三种融资方式在本课程的实战训练中基本上都可以实现。

(一) 股票融资

股票发行通常采用溢价方式,即股票发行价格高于票面价值,故股票筹资的实际成本较低,可以给公司带来较多的现金(在财务上一般以资本公积金的形式存在),筹集的资金不用偿还,没有债务负担。但股票发行手续复杂,前期准备时间长,还要公布公司财务状况,受到的制约较多。此外,增发股票还导致股权稀释,影响到现有股东的利益和对公司的控制权。

本课程中,学生可以在校园股市申请上市,发行自己的股票,进行股票融资实践。

(二) 信贷融资

信贷融资即是向银行等金融机构贷款,实现资金的融通。向银行等金融机构借款通常较为方便,能较快满足企业的资金需求,但信贷的期限一般较短,资金的使用范围往往受到严格的限制,有时信贷还附有一定的附加条件,例如资产抵押或贷款担保等。而且,在企业经营情况不佳时,银行往往不愿意提供贷款。

在本课程上课的同时,如果同时有金融市场学等课程开设,就可能存在银行类模拟公司,团队就可以在银行开展贷款融资或储蓄业务。

银行类模拟公司的储蓄、信贷利率一般会参照我国目前规定的利率执行。

(三) 发行债券

企业债券是公司依照法定程序发行、约定在一定期限还本付息的有价证券。通常泛指企业发行的债券,我国一部分发债的企业不是股份公司,一般把这类债券叫企业债。企业债券代表着发债企业和投资者之间的一种债权债务关系,债券持有人是企业的债权人,债券持有人有权按期收回本息。企业债券与股票一样,同属有价证券,可以自由转让。企业债券风险与企业本身的经营状况直接相关。如果企业发行债券后,经营状况不好,连续出现亏损,可能无力支付投资者本息,投资者就面临着受损失的风险。所以,在企业发行债券时,一般要对发债企业进行严格的资格审查或要求发行企业有财产抵押,或要求有其他公司的担保,以保护投资者利益。另一方面,在一定限度内,证券市场上的风险与收益成正相关关系,高风险伴随着高收益。企业债券由于具有较大风险、它们的利率通常也高于国债。

二、债券融资的优势与不足

相对股票融资和银行贷款而言,发行债券所筹集的资金期限较长,资金使用自由,而已购买债券的投资者无权干涉企业的经营决策,现有股东对公司的所有权不变,从这一角度看,发行债券在一定程度上弥补了股票筹资和向银行借款的不足。因此,发行债券是许多企业非常愿意选择的筹资方式。

但是,债券筹资的不足之处也是非常明显的,主要是由于公司债券投资的风险性较大,发行成本一般高于银行贷款,还本付息对公司构成较重的财务负担。企业通常权衡这三种方式的利弊得失后,再选择最恰当的形式筹集所需资金。

三、沪深股市关于上市企业债券的规定

根据深、沪证券交易所关于上市企业债券的规定,企业债券发行的主体可以是股份公司,也可以是有限责任公司。申请上市的企业债券必须符合以下条件。

(1) 经国务院授权的部门批准并公开发行;股份有限公司的净资产额不低于人民币三千万元,有限责任公司的净资产额不低于人民币六千万元。

(2) 累计发行在外的债券总面额不超过企业净资产额的40%。

(3) 最近三年平均可分配利润足以支付债券一年的利息。

（4）筹集资金的投向符合国家产业政策及发行审批机关批准的用途。

（5）债券的期限为一年以上。

（6）债券的利率不得超过国务院限定的利率水平。

（7）债券的实际发行额不少于人民币五千万元。

（8）债券的信用等级不低于 A 级。

（9）债券有担保人担保,其担保条件符合法律、法规规定；资信为 AAA 级且债券发行时主管机关同意豁免担保的债券除外。

（10）公司申请其债券上市时仍符合法定的债券发行条件。

（11）交易所认可的其他条件。

四、校园模拟证券交易所发行企业债券的程序和规定

参照深、沪证券交易所关于上市企业债券的规定,在校园模拟证券交易所发行企业债券的主体必须是依照课程要求成立的股份公司或有限责任公司。在校园股市申请上市的企业债券必须符合以下条件。

（1）经校园模拟证券交易所批准并公开发行；股份有限公司的净资产额不低于人民币五十万元。

（2）累计发行在外的债券总面额不超过企业净资产额的40%。

（3）最近两周平均可分配利润足以支付债券一月的利息。

（4）债券的期限为一月以上,最长为三年。

（5）债券的利率不得超过校园模拟证券交易所限定的年利率15%水平。

（6）债券的实际发行额不少于人民币三十万元。

（7）债券有担保人担保,其担保条件符合法律、法规规定；主管机关同意豁免担保的债券除外。

（8）上市发行手续费标准3‰。

（9）付息每月一次（休市日顺延至第一个交易日）并发布付息公告。

五、债券上市申请必备文件

企业债券可以通过校园模拟证券交易所发行和交易。在申请债券上市发行时,必须向交易所提供以下文件：

（1）债券募集说明书。

（2）公司章程。

（3）债券担保书。

（4）近期财务报表。

六、本章课堂主题

(1) 对抗辩题：相对债券的发行来说，发行股票更有利于公司发展(正方)；相对股票的发行来说，发行债券更有利于公司发展(反方)。

(2) 专题讨论：我心目中最佳的资产配置管理方案。

第十一章 案例研讨与理论批判

第一节 巴 林 银 行

一、历史再现：《巴林银行的倒闭》①

巴林银行（Barings Bank）创建于1763年，创始人是弗朗西斯·巴林爵士，由于经营灵活变通、富于创新，巴林银行很快就在国际金融领域获得了巨大的成功。其业务范围也相当广泛，无论是到刚果提炼铜矿，从澳大利亚贩运羊毛，还是开掘巴拿马运河，巴林银行都可以为之提供贷款。但巴林银行有别于普通的商业银行，它不开发普通客户存款业务，故其资金来源比较有限，只能靠自身的力量来谋求生存和发展。在1803年，刚刚诞生的美国从法国手中购买南部的路易斯安那州时，所用资金就出自巴林银行。1886年，巴林银行发行"吉尼士"证券，购买者手持申请表如潮水一样涌进银行，后来不得不动用警力来维持秩序，很多人排上几个小时后，买下少量股票，然后伺机抛出。等到第二天抛出时，股票价格已涨了一倍。20世纪初，巴林银行荣幸地获得了一个特殊客户：英国王室。由于巴林银行的卓越贡献，巴林家族先后获得了五个世袭的爵位。这可算得上一个世界纪录，从而奠定了巴林银行显赫地位的基础。

巴林银行集团的业务专长是企业融资和投资管理。尽管是一家老牌银行，但巴林一直积极进取，在20世纪初进一步拓展公司财务业务，获利甚丰。90年代开始向海外发展，在新兴市场开展广泛的投资活动，仅1994年就先后在中国、印度、巴基斯坦、南非等地开设办事处，业务网络点主要在亚洲及拉美新兴国家和地区。截至1993年底，巴林银行的全部资产总额为59亿英镑，1994年税前利润高达15亿美元。其核心资本在全球1 000家大银行中排名第489位。

然而，这一具有233年历史、在全球范围内掌控270多亿英镑资产的巴林银行，竟毁于一个年龄只有28岁的毛头小子尼克·李森（Nick Leeson）之手。

---

① 资料来源：http://baike.baidu.com/view/637222.htm。

李森未经授权在新加坡国际货币交易所(SIMEX)从事东京证券交易所日经225股票指数期货合约交易失败,致使巴林银行亏损6亿英镑,这远远超出了该行的资本总额(3.5亿英镑)。

1995年2月26日,英国中央银行英格兰银行宣布:巴林银行不得继续从事交易活动并将申请资产清理。10天后,这家拥有233年历史的银行以1英镑的象征性价格被荷兰国际集团收购。这意味着巴林银行的彻底倒闭。但荷兰国际集团继续以"巴林银行"的名字继续经营。

(一)巴林银行的财务监管漏洞

李森于1989年7月10日正式到巴林银行工作。这之前,他是摩根士丹利银行清算部的一名职员。进入巴林银行后,他很快争取到了到印尼分部工作的机会。由于他富有耐心和毅力,善于逻辑推理,能很快地解决以前未能解决的许多问题,使工作有了起色,因此,他被视为期货与期权结算方面的专家,伦敦总部对李森在印尼的工作相当满意,并允诺可以在海外给他安排一个合适的职务。

1992年,巴林总部决定派他到新加坡分行成立期货与期权交易部门,并出任总经理。无论做什么交易,错误都在所难免。但关键是看你怎样处理这些错误。在期货交易中更是如此。有人会将"买进"手势误为"卖出"手势;有人会在错误的价位购进合同;有人可能不够谨慎;有人可能本该购买6月份期货却买进了3月份的期货,等等。一旦失误,就会给银行造成损失,在出现这些错误之后,银行必须迅速妥善处理。如果错误无法挽回,唯一可行的办法,就是将该错误转入电脑中一个被称为"错误账户"的账户中,然后向银行总部报告。李森于1992年在新加坡任期货交易员时,巴林银行原来有一个账号为"99905"的"错误账户",专门处理交易过程中因疏忽所造成的错误。这原是一个金融体系运作过程中正常的错误账户。1992年夏天,伦敦总部全面负责清算工作的哥顿·鲍塞给李森打了一个电话,要求李森另外设立一个"错误账户",记录较小的错误,并自行在新加坡处理,以免麻烦伦敦的工作。于是李森马上找来了负责办公室清算的利塞尔,向她咨询是否可以另立一个档案。很快,利塞尔就在电脑里键入了一些命令,问他需要什么账号。在中国文化里,"8"是一个非常吉利的数字,因此李森以此作为他的吉祥数字,由于账户必须是五位数,这样,账号为"88888"的"错误账户"便诞生了。几周之后,伦敦总部又打来了电话,总部配置了新的电脑,要求新加坡分行还是按规矩行事,所有的错误记录仍由"99905"账户直接向伦敦报告。"88888"错误账户刚刚建立就被搁置不用了,但它却成为一个真正的"错误账户"存于电脑之中,而且总部这时已经注意到了新加坡分行出现的错误很多,但李森都巧妙地搪塞而过。

"88888"这个被人忽略的账户,提供了李森日后制造假账的机会,如果当时取消这一账户,则巴林的历史可能会重写了。1992年7月17日,李森手下一名加入巴林仅一个星期的交易员金·王犯一个错误:客户(富士银行)要求买进20口日经指数期货合约时,此交易员误为卖出20口,这个错误在李森当天晚上进行清算工作时被发现。欲纠正此项错误,须买回40口合约,表示至当日的收盘价计算,其损失为2万英镑,并应报告伦敦总公司。但在种种考虑下,李森决定利用错误账户"88888",承接了40口日经指数期货空头合约,以掩盖这个失误。另一个与此如出一辙的错误是李森的好友及委托执行人乔治犯的。因为乔治是他最好的朋友,所以李森示意他卖出的100份9月的期货全被他买进,价值高达8 000万英镑,而且好几份交易的凭证根本没填写。如果乔治的错误泄露出去,李森不得不告别他已很如意的生活。将乔治出现的几次错误记入"88888"账户对李森来说是举手之劳。但至少有三个问题困扰着他:一是如何弥补这些错误;二是将错误记入"88888"账户后如何躲过伦敦总部月底的内部审计;三是SIMEX每天都要他们追加保证金,他们会计算出新加坡分行每天赔进多少。

"88888"账户也可以被显示在SIMEX大屏幕上。为了弥补手下员工的失误,李森将自己赚的佣金转入账户,但其前提当然是这些失误不能太大,所引起的损失金额也不是太大,但乔治造成的错误确实太大了。为了赚回足够的钱来补偿所有损失,李森承担愈来愈大的风险,他当时从事大量跨式部位交易,因为当时日经指数稳定,李森从此项交易中赚取期权权利金。若运气不好,日经指数变动剧烈,此交易将使巴林承受极大损失。李森在一段时日内做得还极顺手。到1993年7月,他已将"88888"账户亏扣的600万英镑转为略有盈余,当时他的年薪为5万英镑,年终奖金则将近10万英镑。如果李森就此打住,那么,巴林的历史也会改变。除了为交易遮掩错误,另一个严重的失误是为了争取日经市场上最大的客户波尼弗伊。在1993年下旬,接连几天,每天市场价格破纪录地飞涨1000多点,用于清算记录的电脑屏幕故障频繁,无数笔交易入账工作都积压起来。因为系统无法正常工作,交易记录都靠人力。等到发现各种错误时,李森在一天之内的损失便已高达将近170万美元。在无路可走的情况下,李森决定继续隐藏这些失误。1994年,李森对损失的金额已经麻木了,"88888"账户的损失,由2000万、3 000万英镑,到7月时已达5 000万英镑。事实上,李森当时所做的许多交易,是在被市场走势牵着鼻子走,并非出于他对市场的预期如何。他已成为被其风险部位操纵的傀儡。他当时能想,是哪一种方向的市场变动会使他反败为胜,能补足"88888"账户中的亏损,便试着影响市场往那个方向变动。李森自传中描述:"我为自己变成这样一个骗子感到羞愧——开始是比较小的错误,但现已整个包围着我,像是癌症一样……我的母亲绝对不是要把我抚养成这个样子的。"

从制度上看,巴林最根本的问题在于交易与清算角色的混淆。李森在1992年去新加坡后,任职巴林新加坡期货交易部兼清算部经理。作为一名交易员,李森本来应有的工作是代巴林客户买卖衍生性商品,并代替巴林从事套利这两种工作,基本上是没有太大的风险。因为代客操作,风险由客户自己承担,交易员只是赚取佣金,而套利行为亦只赚取市场间的差价。例如李森利用新加坡及大阪市场极短时间内的不同价格,替巴林赚取利润。一般银行对于其交易员持有一定额度的风险部位的许可。但为防止交易员在其所属银行暴露在过多的风险中,这种许可额度通常定得相当有限。而通过清算部门每天的结算工作,银行对其交易员和风险部位的情况也可予以有效了解并掌握。但不幸的是,李森却一人身兼交易与清算二职。如果李森只负责清算部门,如同他本来被赋予的职责一样,那么他便没有必要、也没有机会为其他交易员的失误行为瞒天过海,也就不会造成最后不可收拾的局面。在损失达到5 000万英镑时,巴林银行总部便派人调查李森的账目。

事实上,每天都有一张资产负债表,每天都有明显的记录,可看出李森的问题。即使是月底,李森为掩盖问题所制造的假账,也极易被发现——如果巴林真有严格的审查制度。李森假造花旗银行有5 000万英镑存款,但这5 000万已被挪用来补偿"88888"账户中的损失了。查了一个月账,却没有人去查花旗银行的账目,以致没有人发现花旗银行账户中并没有5 000万英镑的存款。关于资产负债表,巴林银行董事长彼得·巴林还曾经在1994年3月有过一段评语,认为资产负债表没有什么用,因为它的组成,在短期间内就可能发生重大的变化,因此,彼得·巴林说:"若以为揭露更多资产负债表的数据,就能增加对一个集团的了解,那真是幼稚无知。"对资产负债表不重视的巴林董事长付出的代价之大,也实在没有人想象得到吧! 另外,在1995年1月11日,新加坡期货交易所的审计与税务部发函巴林,提出他们对维持"88888"账户所需资金存在一些疑虑,而且此时李森已需每天要求伦敦汇入1 000多万英镑,以支付其追加保证金。事实上,从1993年到1994年,巴林银行在SIMEX及日本市场投入的资金已超过11 000万英镑,超出了英格兰银行规定英国银行的海外总资金不应超过25%的限制。为此,巴林银行曾与英格兰银行进行多次会谈。

在1994年5月,巴林得到英格兰银行主管商业银行监察的高级官员之"默许",但此默许并未留下任何证明文件。在发现问题至其后巴林倒闭的两个月时间里,有很多巴林的高级及资深人员曾对此问题加以关切,更有巴林总部的审计部门正式加以调查。但是这些调查,都被李森以轻易的方式蒙骗过去。李森对这段时间的描述为:"对于没有人来制止我的这件事,我觉得不可思议。伦敦的人应该知道我的数字都是假的,这些人都应该知道我每天向伦敦总部要求的现金是不对的,但他们仍旧支付这些钱。"从金融伦理角度而言,如果对以上所有参与"巴林事件"的金融从业人员评分,都应给不及格的分数。尤其是巴林的许多高层管理者,完全不去深究可能的问题,而一味相信李森,并期待他为巴林套利赚钱。尤其具有讽刺意味的是,在巴林破产的两个月前,即1994年12月,于纽约举行的一个巴林金融成果会议上,250名在世界各地的巴林银行工作者,还将李森当成巴林的英雄,对其报以长时间热烈的掌声。

　　1995年1月17日,日本神户发生大地震①,其后数日东京日经指数大幅度下跌,李森一方面遭受更大的损失,另一方面购买更庞大数量的日经指数期货合约,希望日经指数会上涨到理想的价格范围。1月30日,李森以每天1 000万英镑的速度从伦敦获得资金,已买进了3万口日经指数期货,并卖空日本政府债券。2月10日,李森以新加坡期货交易所交易史上创纪录的数量,已握有55 000口日经期货及2万口日本政府债券合约。交易数量愈大,损失愈大。所有这些交易,均进入"88888"账户。账户上的交易,以其兼任清查之职权予以隐瞒,但追加保证金所需的资金却是无法隐藏的。李森以各种借口继续转账。这种松散的程度,实在令人难以置信。2月中旬,巴林银行全部的股份资金只有47 000万英镑。1995年2月23日,在巴林期货的最后一日,李森对影响市场走向的努力彻底失败。日经股价收盘降至17885点,而李森的日经期货多头风险部位已达6万余口合约;其日本政府债券在价格一路上扬之际,其空头风险部位亦已达26 000口合约。李森为巴林所带来的损失,在巴林的高级主管仍做着次日分红的美梦时,终于达到了86000万英镑的高点,造成了世界上最老牌的巴林银行终结的命运。新加坡在1995年10月17日公布的有关巴林银行破产的报告及李森自传中的一个感慨,也是最能表达我们对巴林事件的遗憾。报告结论中的一段:"巴林集团如果在1995年2月之前能够及时采取行动,那么他

---

　　① 日本神户大地震(又称阪神大地震),是1995年日本时间1月17日清晨5:45分发生在日本神户的一场灾难,地震规模为芮氏7.3级。震央在距离神户市西南方23千米的淡路岛,属日本关西地区的兵库县。该地震由神户到淡路岛的六甲断层地区的活动引起,属于上下震动型的强烈地震。由于神户是日本屈指可数的大城市,人口密集(105万人),因此造成相当多伤亡(官方统计约有6 500人死亡,房屋受创而必须住到组合屋的有32万人)。

们还有可能避免崩溃。截至1995年1月底,即使已发生重大损失,这些损失毕竟也只是最终损失的1/4。如果说巴林的管理阶层直到破产之前仍然对'88888'账户的事一无所知,我们只能说他们一直在逃避事实。"李森说:"有一群人本来可以揭穿并阻止我的把戏,但他们没有这么做。我不知道他们的疏忽与罪犯级的疏忽之间界限何在,也不清楚他们是否对我负有什么责任。但如果是在任何其他一家银行,我是不会有机会开始这项犯罪的。"

(二)巴林银行的破产与金融衍生产品

巴林银行破产的直接原因是新加坡巴林公司期货经理尼克·李森错误地判断了日本股市的走向。1995年1月份,李森看好日本股市,分别在东京和大阪等地买了大量期货合同,指望在日经指数上升时赚取大额利润。谁知天有不测风云,日本阪神地震打击了日本股市的回升势头,股价持续下跌(见图11-1,图11-2)。巴林银行最后损失金额高达14亿美元之巨,而其自有资产只有几亿美元,亏损巨额难以抵补,这座曾经辉煌的金融大厦就这样倒塌了。那么,由尼克·李森操纵的这笔金融衍生产品交易为何在短期内便摧毁了整个巴林银行呢?我们首先需要对金融衍产品(亦称金融派生产品)有一个正确的了解。

图11-1 1992—1995年日经225周线图

图 11-2　1994—1995 年上半年日经 225 日线图

金融衍生产品包括一系列的金融工具和手段,买卖期权、期货交易等都可以归为此类。具体操作起来,又可分为远期合约、远期固定合约、远期合约选择权等。这类衍生产品可对有形产品进行交易,如石油、金属、原料等,也可对金融产品进行交易,如货币、利率以及股票指数等。从理论上讲,金融衍生产品并不会增加市场风险,若能恰当地运用,比如利用它套期保值,可为投资者提供一个有效的降低风险的对冲方法。但在其具有积极作用的同时,也有其致命的危险,即在特定的交易过程中,投资者纯粹以买卖图利为目的,垫付少量的保证金炒买炒卖大额合约来获得丰厚的利润,而往往无视交易潜在的风险,如果控制不当,那么这种投机行为就会招致不可估量的损失。新加坡巴林公司的李森,正是对衍生产品操作无度才毁灭了巴林集团。李森在整个交易过程中一味盼望赚钱,在已遭受重大亏损时仍孤注一掷,增加购买量,对于交易中潜在的风险熟视无睹,结果使巴林银行成为衍生金融产品的牺牲品。

二、案例研讨提示

(1) 巴林银行破产的问题根源何在?

（2）如何做一个合格的机构操盘手？
（3）机构投资的风险监控体系如何完善？

第二节 "327"国债风波

一、历史再现：《中国的巴林事件："327"国债风波》①

（一）起因：一场资本大鳄与官方的生死博弈

1992年底，12个品种的国债标准期货合约被隆重推出，于1993年上市交易，随后北京商品交易所和武汉证券交易中心等十几家交易所也相继推出了国债期货。国债期货走向火爆的因素主要有两个：一是1994年初，一些券商钻实际利率比国债利率高的空子，违规超计划卖出非实物国债以套用社会资金牟利。当国务院宣布查处这类券商时，他们为了补足计划外卖出的这部分非实物券，纷纷买入流散在社会上的实物券使国债现货市场人为制造出供不应求的局面。二是为了配合新国债发行，财政部根据当时物价水平较高的客观情况，对1992年3年期和5年期利率比较低的券种实行保值补贴。一时间国库券炙手可热。

图11-3 1994年国库券

当时国债期货开户保证金只要1万元，每手保证金只要500元，浮盈还可以再开新仓；一些散户满仓带透支一路死多头，由几万元翻到几十万元、再由几十万元翻到几百万元，狂热绝不亚于一场豪赌。

1995年2月23日，上海证券交易所发生了震惊中外的"327"国债事件。当事人之一，万国证券，如果说中国股市存在大鳄的话，那么当年万国证券（现在申银万国证券即由申银和万国两家证券公司合并而来）的总经理管金生无疑要算现在这些大鳄的鼻祖。管金生当年在上海滩叱咤风云被誉为"证券教父"。当事人之二，中经开，中经开有着财政部背景，总经理就是前财政部副部长。

"327"国债是1992年发行的3年期国库券，发行总量为240亿，1995年6

---

① 资料来源：http：//blog.jrj.com.cn/3927446047,602803a.html。

月到期兑付,当时利率为9.5%的票面利息加保值贴补。因为当时财政部对是否进行保值不确定,所以其价格在1995年2月后一直徘徊在147.8元—148.3元之间。但是随着对财政部是否进行保值贴补的猜测,"327"国债的期货价格大幅度变化。其中万国(指未被申银合并前的万国)证券作为空方代表,联合了包括辽国发等6家机构进行做空,做空依据为1995年1月通货膨胀已经见顶因此不会贴息,这是符合当时的基本国情的。而中经开为首的11家机构因为其总经理就是前财政部副部长,因此得到很确切的消息就是要进行保值贴补,因此坚决做多不断推升价格。万国当时是以自己一家的势力对抗中国财政部,这时其实已经不是完全的技术对垒而是政策博弈了。

中经开大约于1994年4月15日入场作多。先是炒作313品种,至5月27日该品种上涨了3.30元。期间财政部与中国证监会于5月20日发出通知,要求严厉查处国库券卖空行为,迫使空方不得不大量回补国库券现货,而先知先觉的多方则于无形之中胜券在握。

1994年9月19至23日,多空双方在314品种上再度开战。由于双方动辄数十万口大笔吞吐,上交所于9月20日发出加强国债期货交易风险管理的紧急通知,进而又作出不开新仓、双方平仓的决定,此役多方未获其利而空方稍占上风。

(二)疯狂:震惊中外的最后八分钟

1995年2月23日,财政部发出公告,1992年期国库券保值贴补的消息终于得到证实。多头得理不饶人,咄咄逼人地乘胜追击;而空方却不甘束手就擒,双方围绕327国债展开了激烈的争夺战。

2月23日,多空短兵相接,多方基本控制着主动权:先以80万口在前日的收盘价的基础上提高到148.50元,接着又以120万口攻到149.10元,再以100万口改写150元的记录。盘中出现过200万口的空方巨量封单,但瞬间便被多方收入囊中。这说明违规操作的不仅是空方,多方也存在类似问题。但多方因有中经开,幸运便似乎总是与之相伴相随。

图11-4　万国证券大楼

2月23日下午空方主力阵营中辽国发临阵倒戈,突然空翻多使327品种创出151.98元天价。16时22分离收盘还有8分钟。正当许多人都以为当天大涨格局已定时风云突变,万国突然先以50万口将价位打到150元,接着连续以几个数十万口的量级把价位再打到148元,最后一笔730万口的巨大卖单令全场目瞪口呆——把价位封死在147.50元(730万口当时约合人民币1 460亿元)!在这一阵紧锣密鼓的狂轰滥炸之中,万国共抛出1 056万口卖单、面值达2 112亿元,而所有的327国债总额只有240亿元。也就是说万国卖空的数额超过了该品种总额的7.8倍。多方顿时兵败如山倒,若按收市价147.50元结算意味着一大批多头将一贫如洗,甚至陷于无法自拔的资不抵债泥坑。当日开仓的多头将全部爆仓,并且如果按照此价格交割中经开在1995年将破产消失。

(三)善后:财政部出面干预判定万国证券违规

当晚在财政部等部门的干预下裁定万国恶意违规。上交所宣布:23日16时22分13秒之后的交易是异常的,经查是某会员公司为影响当日结算价而蓄意违规,故16时22分13秒之后的所有327品种的交易无效,该部分成交不计入当日结算价、成交量和持仓量的范围。经过此调整,当日国债成交额为5 400亿元,当日327品种的收盘价为违规前最后签订的一笔交易价格151.30元。如果按照上交所定的收盘价151.3元当日交割,万国将惨赔60亿元人民币;而如果按管金生最后八分钟抢板斧砍出的收盘价147.5元当日交割,万国则狂赚42亿元!

第二天,万国证券公司门口发生挤兑。2月27日和28日上交所开设期货协议平仓专场,暂停自由竞价交易。在财政部发出贴息公告后327国债价格上升5.4元,其他市场上327的价格在154元以上而上交所前周末的收盘价为152元。多空双方意向相差较大,协议平仓困难重重。27日协议平仓只成交了7 000多口,而327持仓量高达300多万口。

2月28日上交所再次强调:对超规定标准持仓的将采取强行平仓,平仓价将参照27日、28日场内协议平仓的加权平均价来确定,大约在151元左右,致使平仓交易开始活跃。28日平仓140万口327国债,占85%以上。3月1日又延期一天进行协议平仓,当天平仓量达到80万口。3月2日虽然不设平仓专场,但327品种平仓仍达到25万口。经过几天的平仓使持仓量大幅减少。

实际这是对万国证券相当不利的一个决定,因为当时市场允许当日做空次日回补的。而就算按照当时规定的2.5%的保证金制度计算,最后8分钟砸出的1 056万口卖单面值为2 112亿需要的只是52亿元的保证金,万国证券当时是支付得起的。但是当时财政部作为依据的竟然是万国不可能持有如此巨大的保证金。要知道如果中经开当天就被平仓进行现金交割,万国证券第2天想怎么回补就怎么回补。随后万国证券总裁管金生在1995年"327国

图11-5 上交所交易大厅

债"事件发生后被上海第一中级人民法院于1997年判处17年徒刑,罪名是行贿并在期货市场成立前数年里滥用公共资金总额达人民币269万元。其实该判决似乎与"327"国债事件本身并无多大关联。

后记

1995年的"327事件"堪称名噪一时的万国证券公司的"滑铁卢之战"。其实它何尝不是中国期货业的"滑铁卢之战"?万国证券作为我国当时证券业界的大哥大,固然经此一役而成为明日黄花,而小荷才露尖尖角的中国期货业的因噎废食更是一大历史性悲剧。5月17日,中国证监会鉴于中国当时不具备开展国债期货交易的基本条件,作出了暂停国债期货交易试点的决定。至此中国第一个金融期货品种宣告夭折。

本书补记:在327事件中的另一主角——成立于1988年的"中经开"最后也未能逃脱命运的惩罚,2002年6月7日,中经开"因严重违规经营",被中国人民银行决定"撤消该公司",正式宣告其寿终正寝,其总经理被拘捕。引发中经开死亡的事件包括:长虹配股事件、东方电子暴涨事件、银广夏造假等。读者可以在互联网查阅这些事件的详情。

二、案例研讨提示

(1)"327"事件与巴林银行有何异同?

(2)该事件对中国期货业的影响分析。

(3)从"327"事件和巴林银行事件当事人的法律后果,看中国金融监管与法制化进程中的相关问题。

(4)机构投资与风险控制的启示。

第三节 国储铜事件

一、历史再现之《国储铜事件》[①]

2005年12月21日因为"国储铜事件"而变得格外引人关注。但是21日 LME 期铜市场却出奇的风平浪静。知情人士透露,这主要是因为市场提前获悉国储局选择了部分交割,即向伦敦交易所交付5万吨现货铜,其余15万吨的空单展期到远期。市场人士指出国储目前以3.7亿元左右的亏损换得了短期的风平浪静,但是与国际基金的对决还将继续,最后的结局还没有出现。

（一）事件起因

从11月13日开始,外电纷纷披露中国国储局一名交易员刘其兵在 LME（伦敦金属交易所）铜期货市场上,通过伦敦金属交易所场内会员 SEMPRA,在每吨3 000多美元的价位附近抛空建立空头头寸约15万至20万吨。这批头寸交割日在12月21日。但自9月中旬以来铜价每吨上涨约600多美元,这些空单无疑已经造成巨额亏损,而该交易员刘其兵则神秘失踪。

（二）事件进展

10月30日,国储局召开会议就国际铜价问题进行研讨。会议之后国储局对外宣布,将在近期向市场抛售3万到5万吨铜。

11月9日,国储局的主管部门——国家发改委发布通告,宣布为抑制中国的铜价,中国将向市场抛出一定数量的储备铜。

11月11日,国储局声称其持有130万吨库存,比市场预期的要高出100多万吨。

11月16日,国储局在北京的国宏大厦公开拍卖2万吨库存铜,同时宣布将在11月23日再抛售2万吨。

11月17日,国储局官员表示,中国交易员刘其兵在伦敦市场上所持有20万吨空头头寸属于个人行为,该人也不再是政府雇员。

11月23日,国家储备铜第二次公开拍卖2万吨,有6 629吨铜流拍。LME 铜价跌至每吨4 020美元的两周低位附近,在尾盘时回升至4 098美元。

11月30日,国储局第三批2万吨储备铜公开拍卖,再有6 100多吨流拍。同时 LME 铜价创下每吨4 270美元的历史新高。中国国储第三次抛铜压价的

[①] 资料来源：http://zcq.ec.com.cn/topic/guochutong/index.shtml

意图再度落空。

12月7日,国储局第四批2万吨储备铜公开拍卖,再度遭遇大面积流拍,仅成交3 700吨。国际铜价依然逆市上涨创下期铜百年来最高纪录——4 466.5美元/吨(见图11-6)。

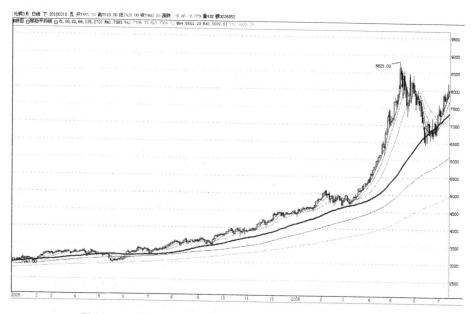

图11-6 伦敦铜3月日线(2005年1月至2006年7月12日)

12月12日,银监会主席刘明康坦言,由于缺乏对市场风险的有效控制,"国储铜"事件代价惨重。这也是国内政府高官首次对"国储铜"事件作出回应。

二、历史再现之《揭秘国储"交易员"刘其兵》[①]

巴林银行事件、住友事件和中航油事件中,给我们印象最深的是"交易员",从李森、滨中泰男到陈久霖,他们无一不是扮演着交易员的角色,并且独揽交易大权。这一次在国际铜市中,又引出了一位焦点人物——失踪的国储"交易员"刘其兵。

刘其兵何许人也?事件爆发后记者多次拨打他的手机,无奈一直处于关机状态。几经调查,终于揭开了这位"神秘人物"的面纱。

(一)喜欢国画和相扑

湖北籍的刘其兵是武汉大学的高材生。1990年,他从该校国际金融系毕业

---

① 资料来源:《中国证券报》。

后不久就来到国家物资储备局系统工作。"他比我小一岁,他是1969年生的,今年36周岁。"刘其兵以前的一位同事告诉记者。由于工作成绩突出,到发生国储抛铜事件时,刘的职务已是国储所属国家物资调节中心进出口部主任,属处级干部。据悉,该中心为国家物资储备局管理和从事铜及其他商品的交易。

"他喜欢国画和相扑,为人沉默寡言,深居简出。"熟悉他的人这样评价。位于上海浦东新区世纪大道1500号的东方大厦9层,曾经是刘在上海的办公地点。因为周围有高耸的浦项广场和期货大厦,不做期货的人很难感觉到有这样一座灰土色矮楼的存在。穿过东方大厦4层的一个联体走廊,就可以到达原上海商品交易所(1999年前铜曾在此交易),仅一条马路之隔就是上海期货交易所。

去过刘其兵办公室的人都知道,除了墙上挂着两幅显眼的水墨花鸟国画外,没有其他更多的摆设。"刘总这人太朴实了,没有什么特色,干大事就要这个样子,要稍微低调一些。"在上海的期货圈内大家都管他叫"刘总"。

"他曾经是我的一个客户,但几乎不和我讲话,只管下单。他很喜欢听我分析行情,但从不发表意见,不过信誉很不错。"刘以前的一位经纪人告诉记者。据了解,即使和他接触几年的人也记不清楚他到底说过哪些话。由于平时只是谈工作不谈私事,所以在上海的期货圈内大家都视他为神秘人物。

不过大家对他的评价都很高。回忆起和刘其兵的首次接触,上海某期货公司老总说:"给我的第一印象是:这个人很牛、很傲,是一个能够在市场中翻手为云覆手为雨的人物。"1999—2000年,刘曾经被国储派往伦敦进行培训,当年培训他的一位教员告诉记者:"那时候感觉他很谦虚、很有亲和力,是个既聪明能力又很强的人。"谁也没有想到他竟然掀起了这轮国际铜市的一场大风波。

(二) 最"出色"的交易员

"他可以说是近两年全球最出色的交易员,因为是刘其兵首先发现并最终制造了期铜的这轮超级牛市。"一位市场分析人士这样评价他。据悉,在2003年行情还没有启动前,刘其兵早就认识到这波大牛市了,他因此而成为期货界的一位神奇人物。业内人士指出,以他为首的中国资金在3 000美元以上飞蛾扑火式的大肆放空被对冲基金一路盯住,而让铜价破天荒地突破了4 000美元的天价,从而制造了这轮超级牛市。而以他为代表的这批资金一直都是巨额亏损的。

除此之外,刘可谓是国储十年来精心培养出的首位核心交易员。据透露,刘在1995年获得了在伦敦金属交易所为期半年的实习机会,刘其兵协助建立了连接伦敦金属交易所和国家物资储备局的电脑网络。

令人匪夷所思的是,和众多中国投资者一样,在整轮大牛市中刘其兵大多数时间是做空的。有知情人士告诉记者,2003年上海铜价在1.8万元到2万元附近时,刘就开始不停地做空了。那时候有人经常到他办公室劝其放弃这样的操作,但刘对此不置可否,只是"呵呵哈哈"笑而了之。在外人看来刘已经是胸有成竹了。

熟悉铜期货交易的人都清楚,国储每次大手笔的进出一般都会造成上海期铜价格的剧烈波动。相比伦敦金属交易所(LME),刘其兵一直认为上海市场容量太小,交易很容易被发现。"抛10万吨铜都很难。"刘曾经对他周围的人说。据悉同样是20万手的总持仓量,上海的市场规模仅为伦敦的十分之一。接近他的人分析,这表明他那时已有一点赌性了。

而随后,通过国内某大型境外期货套保资格企业在LME成功帮助国储接下20万吨储备铜的事实,更让刘深信自己能够在境外交易中大显身手。知情人士透露,由于刘其兵在伦敦的培训经历,通过某大型国企的介绍,刘通过多家期货经纪商签署约定进行分仓以降低交易风险。有消息称,此次国储抛铜事件涉及其中的8家期货经纪商,LME圈内会员Sempra是其中仓位最大的一家。

(三)独揽交易大权

据了解,即便是通过伦敦的期货经纪商交易,刘其兵大部分时间还是在上海和北京。LME圈内交易商指出,和刘共事的另一位交易员被剥夺下单权利可能为该事件的发生埋下了隐患。"严格意义上讲,不能说刘是国储的交易员,也不能说是操盘手。他只是国储委托办理物资交易的一名工作人员。"一位国企官员说,"因为物资调节中心是一个事业法人单位,所以国储所说的刘其兵不属于国储局的人也没有错。"而有关部门"初步调查"的结果认为,此次事件的责任可能集中在刘其兵一个人身上。

据透露,物资调节中心此前有两人具有下单权利。"不知道为什么,另一名交易员在2004年上半年就被剥夺了下单的权利,我们当时都觉得很奇怪。"和刘其兵交往颇深的一位伦敦交易商告诉记者:"这其中的原因我们并不清楚。"据悉,在国储原上海办公地点就只有三位工作人员。

早在今年初,LME圈内交易商中因为刘的原因已经有人预感国储可能会出事情。"中国缺铜还做这么大的空单,我当初就为国储捏了一把汗,其实他的仓位大家都清楚。"熟悉他的交易商表示。他说:"正常情况应该有两个交易员才对,所以这可能是一个团队犯下的错误。"

业内人士指出,按照有关规定国储局无权进行交易,它是将交易指令发给调剂中心来交易现货铜和期铜。若经纪商持有的文件是由刘其兵个人签署,国储局即对这些仓位免责,因为签署这些合约的不会是国储局。

(四)致命的结构性期权?

"这次他确实有赌的心态",一位交易商说:"大家都知道当时铜价要回落了,他很聪明,判断也非常正确,但没有必要在此孤注一掷。"

根据市场的传言,刘其兵在 LME 抛空了 10 万至 20 万吨的铜,但据多位熟悉他的圈内交易商透露,刘抛空铜期货的数量大约为 10 万吨,除此之外他进行了相当数量的期权交易,业内俗称"结构性期权"。一位交易商强调:"10 万吨铜并不可怕,结构性期权才是最致命的。"

有关期权专家告诉记者,LME 市场上确实存在这种结构性期权,它实际上是一种期权组合,企业可以进行买卖。比如说在同一个确定价格上或者接近的价格上同时卖出看涨期权和看跌期权。在卖出的一瞬间是具有对冲关系的,风险不是很大,保证金收取比例也很低。但是随着价格的不断上涨,卖出的看涨期权将有可能被执行而卖出的看跌期权会被放弃。这样卖方只能收取买方的权利金,如果权利金不足以弥补实际的价格上涨空间就可能发生巨额的亏损。随着价格上涨加速这种风险将会成倍放大。

据介绍,这种结构性期权投机性极强,有对赌的成分。截至上周五,伦敦铜价已经达到 4 200 美元以上了,如果刘其兵确实进行了类似的操作,所面临的风险已经越来越大了。

按照 LME 的交易时间列表,期权最后交割日为 12 月份的第三个星期三,即 12 月 21 日。业内人士指出,12 月的第一个周三,即 7 日将是期权宣告日。刘到底持有多少头寸?这些头寸到底会造成多少损失?届时可能会水落石出。不过由于刘签署的有关协议可能不具有效力,境外机构也将面对由此产生的风险。这一事件究竟会如何发展我们只能拭目以待。

三、历史再现之《国储铜事件:一场主角缺失的悲剧》[①]

2005 年 11 月初,国际市场盛传中国国家物资储备局(下称国储)将释放 5 万吨库存的消息,随后,一向低调的国储突然亮出手握 130 万吨铜的"家底",如此反常举动引起种种猜疑。几天后,外电报道了代表国储在伦敦金属交易所(LME)从事铜交易的交易员刘其兵神秘失踪的消息。国储做空被套的盖子由此揭开。国际炒家穷追不舍,国际铜价屡创历史新高。这场悲壮的厮杀至 2005 年年底尚未结束,但结果早已经注定。

谁能想到,在 2005 年的岁末,很少抛头露面的国储会成为国际瞩目的焦

---

① 资料来源:http://business.sohu.com/s2006/spschina2-4/,作者:时寒冰。

点?由于在伦敦金属交易所的期铜交易中被套大量空单,浮亏严重,加之操盘手刘其兵神秘"失踪",下落不明,国储被全世界的媒体推到了聚光灯下。回顾过去,面对尚未愈合的伤口,人们的内心依然在隐隐作痛:株冶事件,3 天内亏损 1 亿多美元;中储棉事件,亏损约 6 亿元;中航油事件,亏损 5.5 亿美元……国储铜事件,损失已经难以避免。

许多人忍不住要问:为什么受害的又是中国?问题到底出在哪里?太多的问题需要反思。然而,目前,反思的声音依然微弱,人们听到的更多的是推卸责任的借口,其中还包括许多乐观而离奇的论调。如果带着这种自欺欺人的心态去面对问题,可以肯定的是,国储铜事件绝非最后一幕悲剧,国际炒家的魔咒还将降临到我们头上,给我们带来新的痛苦记忆。

(一) 盘点国储铜的损失

在国储铜的诸多报道和评论中,损失往往被掩盖,被淡化了。假如不盘点其中的惨重损失,这次悲壮的事件将很快被人们淡忘,也就失去一次痛定思痛、深入反省,并采取措施避免类似悲剧重演的机会。

国储铜的损失到底有多少?国储中心向上级的解释是,中心不像市场传闻那样因为投机亏钱。其理由是,国储中心在国际市场均价每吨 2 200 美元的时候购进了 15 万至 20 万吨铜。伦敦市场 2 200 美元买的,现在上海市场价格 38 000 元左右卖掉,即相对于伦敦是 3 700 美元卖掉,这样算下来,等于一吨赚了 1 500 美元。中心在伦敦空头建仓位置是 3 200 美元,现在如果平仓,算在 3 400 美元均价,然后再亏掉 300 美元升水,等于是 3 700 美元平仓。"在伦敦是亏了 1 500 美元,在上海市场赚了 1 500 美元,两头一算账,没有亏什么钱。"

这种说法只能糊弄外行人。

国储中心在国际市场上购买铜,做的是现货交易,这种交易对于我们这样一个铜消费大国并非什么稀奇事,更何况国储的职责就是进行物质储备?说得再直接点,即便国储不进口铜,也会有别的部门负责进口铜,国储中心焉能将功劳记在自己的账上?国储亏损是在期货交易上,是实实在在的亏损,拿现货赚的钱来消减期货上的亏损,国储中心的良苦用心不难理解,然而,这只能是欲盖弥彰。

国储中心可以对公众隐瞒真相,但它却骗不了银行。12 月 12 日,中国银监会主席刘明康指出,由于缺乏对市场风险的有效控制,"从国外的巴林银行、安然公司,到国内的'中航油'、'国储铜'事件,无一例外地都付出了惨痛的代价。"作为"惜墨如金"的银行高官,刘明康用了"惨痛"一词,国储铜造成的损失可想而知。

当大家都盯着刘其兵的空单的时候,不要忽略了那些跟着他做空的人。据媒体披露,这些被怀疑是老鼠仓(即先用个人资金建仓,再用公有资金推动大势向与自己建仓的方向走,在公有资金的掩护下,安全地赚钱,因做法过于卑劣,故以老鼠称之)的空单,数量同样惊人。

据《21世纪经济报道》披露,让国储中心没想到的是该中心进出口部主任刘其兵和他背后巨大的老鼠仓。"应该在1∶1至1∶1.5之间,也就是说20吨国储空头的话,老鼠仓应该有30万至40万吨。不然基金不会费这么大力气挤仓。"接着又有媒体披露,仅国有五矿集团旗下的五矿有色今年在伦敦交易期铜,就产生了2亿以上的亏损。这些损失算起来,将是一个令人瞠目的数字。

国储期铜事件所造成的亏损远不止这些。期铜价格上涨,带动现货铜价一路上涨,作为世界上铜消费量最大、进口量最大的国家,我们的相关企业由此承受的损失,将是一个天文数字。强大的市场需求决定着,我们的企业除了停产,剩下的唯一选择就是无奈地接受高价铜。而对铜的需求,势必会推动铜价进一步上涨,无疑,我们的企业将继续被宰割。这个损失,对于我们这个铜消费大国,已经成为不可承受之重。

必须正视的是,国家物资储备是国家直接建立和掌握的战略后备力量,是保障国家军事安全和经济安全的重要手段。如今,在某种程度上,国储中心愚蠢的交易行为,已成了影响国家经济安全的一个因素:铜价飞涨,国内企业苦不堪言。事实上,当国储中心从负责国家战略物资储备调节向投机赚钱的方向转变时,它就已经开始背离其固有的职责。而这,正是导致灾难性后果的根源。而这,才是国储造成的真正危害!

国储在期铜事件上的负面影响,已经不再是钱的问题,而是危害国家经济安全的问题。

(二) 腐败是悲剧根源

在国储铜事件发生后,人们更多的是从技术的角度对这次事件进行剖析和反思。其实,技术问题还在其次,根源在于腐败。

一些从事期货交易的专家透露说,中国公司,尤其是那些没有取得期货交易资格的公司,之所以敢于冲破法律的限制,在海外做期货交易,关键是为了牟取私利。他透露说,这些公司的账户往往是公私不分,换句通俗的话说,赚了钱是自己的,亏了钱是企业的。这也正是中国公司在国际期货市场上出手"贼狠"的原因,反正亏了钱是国家的,怕什么?

如果不是这样,很多问题是难以理解的。比如在1997年的"株冶"事件中,国际期货市场上已从事两年交易的株冶工作人员,在LME大量卖空锌期货合约,卖出多达45万吨锌,而当时株冶全年的总产量也才30万吨。如果是正常的套期保值交易,全年总产量30万吨至少是一个不能逾越的底线,这对于从事了两年交易的人来说,是一个最起码的常识。倘若不是出于攫取私利的强烈欲望,很难想象他们会如此超常规地甚至可以说是丧心病狂地去进行交易。最后,不得不由当时的国务院总理朱镕基专门召开办公会议处理"株冶事件",但由于空单超出株冶全年总产量的50%,中国除了斩仓别无选择。仅三天,中国便损失了1.758亿多美元,折合人民币14.591亿多元!

亏了由国家埋单,在某种程度上,"株冶事件"开了一个恶劣的先例。

这种结果将令那些利欲熏心的人更加有恃无恐,他们犹如一群嗜血的赌徒,拿国家的钱在国际期货市场上豪赌,赚钱的时候他们一言不发,被套住的时候将烂摊子交给国家。因而,人们看到的不是那些靠老鼠仓发财的投机者灿烂的笑容,而是一出又一出血淋淋的悲剧。

在这次的国储铜事件,媒体披露出来的老鼠仓的情况同样令人触目惊心。据接近刘其兵的人士透露,光是刘这两年通过在期铜上的投机,就给自己的小金库增加了不下3亿美元的收益。假如不是此次空单被套,这些重重黑幕,恐怕永远不会进入公众的视野。

除了老鼠仓,腐败分子通过海外期货交易洗钱的情况同样值得关注。8月10日的《上海证券报》对此进行了详细的剖析:

由于我国企业的境外账户难以有效监督,难以杜绝某些人通过期货交易洗钱的可能性。更紧迫的是,如果洗钱者利用目前的市场漏洞,盯上跨市套利的手段,将会更加严重地影响金融安全。理论上完全存在这种可能性。跨市套利者都要在国内外分别开设A(境内)和B(境外)两个公开的账户,如果要把公开账户的资本洗出去,就需要再在国外市场开一个隐蔽账户C(境外),将资金转移到境外B账户可以合法地进行,再把B账户资金通过一些手段流进隐蔽的C账户。一般有以下两种可能的方法。

第一,在公开的跨市套利交易中,A账户与B账户具有方向相反的头寸,以博取正规的套利差价。需要洗钱时,又让C账户和B账户建立相反头寸,利用目前我国头寸较大时,B账户亏损概率极高,这样C账户就很容易赚取B账户的钱,从而达到洗钱目的。

第二,洗钱者与外盘有实力的基金内外勾结。同样先让隐蔽的C账户和公开的B账户建立相反头寸,然后基金找机会在短期内突然打击B账户使其严重亏损,或干脆就协同外人使B账户头寸被吃掉,由于期货交易的特殊性,亏损严重就必须认赔平仓,操作者就可在认赔的同时,让隐蔽的C账户也平仓,这就自然地使C账户依赖B账户获取暴利。有中国头寸长期被逼仓的现象作掩护,就很难发现是洗钱。从时间特点上看,2003年10月到11月一次套利就具有这种嫌疑。

在不能有效监督的情况下,我国在境外账户的期货交易,很容易演化成灰色交易,纳税人的钱很容易成为腐败分子的猎物,当他们贪婪地对准目标时,无论企业亏损还是盈利,他们个人都将有机会赚钱。

这个问题不解决,国储铜这样的悲剧还会重演!

(三) 惩戒缺位是悲剧的外因

当人们把目光集中在国储铜要造成多少损失以及此事如何收场的时候,一个很重要的问题被忽略了。那就是,国储中心并没有开展国外期货投机业务的资格。一旦将国储铜事件和"株冶事件"联系在一起来看,人们就不难发现,问题已是多么的严重。

在"株冶事件"中,湖南省株洲冶炼厂原厂长曾维伦不顾开展国外期货投机业务须报总公司主管部门审批的规定,未经批准违规从事境外期货交易,最终导致了巨额亏损。遗憾的是,当初所有的人都把目光集中在了结果上,而忽略了对违规从事期货交易的处理。也正因为这一点,一些企业在突破法律法规界限从事境外期货投机交易的时候,变得毫无顾忌可言。在这种情况之下,怎么可能不出问题?

早在1994年3月31日,国务院就发文明确要求各期货经纪公司不得从事境外期货业务。2001年5月,中国证监会、国务院生产办公室、对外贸易部、工商行政管理总局、国家外汇管理总局颁发了《国有企业境外期货套期保值业务管理办法》,第九条明文规定:"获得境外期货业务许可证的企业在境外期货市场只能从事套期保值交易,不得进行投机交易。"第五十一条规定:"对违反规定从事境外期货业务的直接责任人员依法给予行政处罚;构成犯罪的,依法追究刑事责任。"

获得境外期货业务许可证的企业在境外期货市场,尚且只能从事套期保值交易,不得进行投机交易,何况那些没有取得期货业务许可证的企业?然而,迄今为止,违规从事国外期货交易的公司已有多家,没有哪家受到过严厉惩处。惩戒机制的缺位,使得国家的有关规定成了废纸一张,失去了应有的约束力。

在这次的国储铜事件中,国储中心同样没有资格从事境外期货交易。然而,他们早就做了,只不过当初赚了钱,闷声发大财,上面即使知道也睁一只眼,闭一只眼,不予干涉。等到现在问题出来了,有关部门只顾忙于应付困局,也没有人提起违规从事期货交易这回事。这正是悲哀之处!法律法规是约束企业行为,使他们不敢铤而走险的唯一利器。当这一点也不复存在的时候,相关单位不论从事境外期货交易还是搞投机交易,更无顾忌可言。

中国是世界铜消费量最大、进口量最大的国家，同时又是铜精矿、废铜进口量最大的国家。从套期保值的角度来看，中国的企业应该在 LME 以低价位做多。这样有两个好处：如果价格下跌，我们可以买到便宜的现货，在买现货的同时又推动铜价上扬，可同时在两方面受益。如果价格上涨，我们在现货上的损失，可以在期货上得到弥补。这既符合套期保值的操作规律，也符合中国的法律规定。而且，铜为小品种期货，容易逼空但不容易逼多。中国做多，哪个国际炒家敢死命向下打压？价格跌得太多，大不了中国把现货全部接下来，很容易在现货上大赚。别忘了，中国可是世界第一铜消费大国。而且，掌握着这么多的铜，铜价还不是由你说了算。这是多么简单的道理！这样操作才可以真正地发挥中国的影响力，在铜的定价方面才能取得越来越多的话语权。

然而，作为一个铜进口大国和消费大国，国储中心却在国际市场上做空，且空单量非常之大。国储这样做，同样显现出惩戒机制缺位所造成的可怕后果。

国储中心之所以敢这样干，原因是他们提前已经知道国储局计划释放很多库存。事实上，国储过去能在上海期铜市场呼风唤雨，赚取大把大把的钞票，也跟他们这种获取信息的优势有关。在国外，这样做是一种严重违法的行为，将遭受到严厉的惩处。然而，国储在上海通过信息不对称从散户手中巧取豪夺来了那么多资金，并未受到丝毫惩戒，在这种纵容的环境中，获利丰厚的刘其兵之流便误以为在 LME，他们同样可以利用信息优势对其他投资者生杀予夺。他们错了。事实上，当他们脱离套期保值的初衷，在 LME 进行投机的时候，一条绳索就已经套在他们脖子上，只不过他们不知道罢了。

法律法规形同虚设，人们就不会去敬畏它，人们就很难用它来规范自己的行为。惩戒措施缺位，人们不必为自己的违规、违法行为付出任何代价，人性中恶的一面就会显现出来。

1995，搞垮了巴林银行的尼克·李森，后来做了牢。法院作出判决：今后李森所有的现金收入都将由巴林银行的债权人直接掌管，李森今后要花钱买东西，必须提前两天以书面形式向巴林银行的债权人提出申请；不得利用巴林银行倒闭故事从传媒手中赚钱；必须彻底公布自己的财产状况，否则一旦查明有隐匿财产行为，还会判他继续坐牢。违法的人，终生都将为自己的行为付出代价。假如我们的法律，也以如此严厉的手段，惩处那些视国家法律如儿戏、视国有资产如草芥的人，那么，类似这样的悲剧，还会如此频繁地上演吗？

（四）期货市场应走向开放

从"株冶事件"到这次的"国储铜事件"，笨拙而愚蠢的交易技术是中国企业屡屡被国际炒家围剿的另一个重要原因。我们不得不感叹：我们的企业显得太稚嫩了。比如,在风险控制方面,在发达国家成熟的期货市场,风险控制已经发展成为完整的系统,即便是像索罗斯、巴菲特这样的大鳄,也无不视风险控制为第一生存要素。

然而我们却截然不同。有媒体披露了这样一个细节:国家物资储备调剂中心最先有一个交易团队,后来主要由刘和另一个交易员从事交易,此后这位交易员被调离岗位,刘遂成为唯一的交易员。谁能想到,中国数亿资金,竟然掌握在一个年轻人的手中?谁能保证一个冲动的年轻人不会因为和女朋友吵架而在期货市场上赌气?这意味着,我们的风险控制系统不是太小了,而是根本就不存在。也正因为没有风险控制,导致刘其兵在9月下得了8 000手三月期铜空单,一直都没有止损。

其实,从"株冶事件"开始,中国的企业就一再重复同样的悲剧:没有风险控制,不懂得止损,最后将自己逼上断头台。

不仅风险控制没有建立,我国的企业在应对危机方面的手法,同样显得拙劣不堪。空单被套,国储局在北京拍卖储备铜以压低铜价,然而,国储在拍卖铜时,一反过去的低调,变得大张旗鼓甚至声嘶力竭,还故意透露出库存铜130万吨。结果,被国际炒家解读为虚张声势、心虚。更令人费解的是,在第4次拍卖铜的时候,上海、宁波储备铜底价一下上升至39 000元/吨,拍卖底价刚一公布,马上带动了沪铜期货上涨。国储抬高拍卖价格,看起来是多挣了一点,但因此给多头助了一臂之力,而且,令国内对铜有需求的企业雪上加霜。那么多钱都赔进去了,还在这点蝇头小利上计较什么呢?

令人担忧的是,国储选择展期的做法,竟然受到一些媒体的推崇,乐观地评价此举有可能让国储大赚一笔,如此无知无畏的心态,如何能感受到危险的临近,又如何能及时采取相应措施呢?不要忘了,在中航油事件中,陈久霖就是由于展期将亏损成倍放大,从潜亏580万美元翻倍亏损到了5.5亿美元,到了万劫不复的境地!国际炒家这次会让国储幸运地从他们的口中逃脱吗?

与国际职业的炒家相比,我们的企业不仅显得幼稚,也显得可怜,根源在哪里呢?这跟中国在期货市场上的保守政策有很大关系。长期以来,我们既限制国内企业到境外从事期货交易,也限制国外公司在中国从事期货交易,这不仅使我们的企业缺少在期货市场上接受锻炼的机会,也使他们养成了依靠"超前"信息鱼肉散户的恶习。有人评价我们的这些企业:内在内行,外在外行。

更为重要的是,在大宗商品方面,中国虽然是消费大国,却由于期货市场不开放,无法形成公平而充分的竞争,也无法形成令西方国家认可的定价体系,导致我们在石油、金属等基础商品上没有定价话语权。或许,有关部门是担忧中国的企业在国际期货市场上容易被国际炒家狙击,故而加以了严格的限制,但现在看来,这种约束是无效的,要不也不会连续上演"株冶事件"了。既然限制是无效的,何不逐步开放中国期货市场,让企业在开放的期货市场的博弈中逐渐成熟起来?

而且,一旦我们的期货市场真正成为国际性的博弈场所,那么,靠着国家第一买家这个强大优势,我们将有机会逐步掌握大宗商品的定价话语权。进而,我们将在国际市场上把握主动,在铁矿石等大宗商品上摆脱处处受外国牵制的被动局面,确保国家经济安全,实现由经济大国向经济强国的跨越。从这个意义上来看,开放期货市场,使中国的期货市场尽快与国际接轨,不仅是必要的,而且是迫切的。

四、案例研讨提示

(1)本事件刘其兵在操作中有什么问题?
(2)应该如何看待事件发生后国储局对储备铜的公开拍卖行为?
(3)如何从体制上解析该事件?
(4)如何理解大宗商品的定价话语权的获得?
(5)作为一个合格的机构操盘手应该具备什么素质?

第四节 中航油事件

一、历史再现:《中航油事件》①

(一)中航油事件始末

2003年下半年:公司开始交易石油期权(option),最初涉及200万桶石油,中航油在交易中获利。

2004年一季度:油价攀升导致公司潜亏580万美元,公司决定延期交割合同,期望油价能回跌;交易量也随之增加。

2004年二季度:随着油价持续升高,公司的账面亏损额增加到3 000万美元左右。公司因而决定再延后到2005年和2006年才交割;交易量再次增加。

2004年10月:油价再创新高,公司此时的交易盘口达5 200万桶石油;账面亏损再度大增。

---

① 资料来源:http://futures.cnfol.com/050323/133,1379,1226882,00.shtml。

图11-7 中航油新加坡公司原总裁陈久霖

10月10日：面对严重资金周转问题的中航油，首次向母公司呈报交易和账面亏损。为了补加交易商追加的保证金，公司已耗尽近2 600万美元的营运资本、1.2亿美元银团贷款和6 800万元应收账款资金。账面亏损高达1.8亿美元，另外已支付8 000万美元的额外保证金。

10月20日：母公司提前配售15%的股票，将所得的1.08亿美元资金贷款给中航油。

10月26日和28日：公司因无法补加一些合同的保证金而遭逼仓，蒙受1.32亿美元实际亏损。

11月8日到25日：公司的衍生商品合同继续遭逼仓，截至25日的实际亏损达3.81亿美元。

12月1日，在亏损5.5亿美元后，中航油宣布向法庭申请破产保护令。

（二）管理层是否应加快衍生工具市场的培育？

现代市场的衍生市场工具，就像现代战争中的各种高科技武器，你没有，也不懂，也不用，一旦打起来就会吃败仗。搞市场经济不懂市场，你会在不经意中给竞争对手大把大把地送钱。不是吗？例如，近年来的大豆、棉花、铜、原油，在价格低位时我们不利用期货市场订货，反而在天价时大量采购，结果是产品价值因价格下跌而大幅缩水，损失惨重。

"中航油事件"发生后，管理层该不该与时俱进，加快衍生工具市场的培育？该不该教育自己的人民、企业家和管理者，让他们明白衍生市场工具是全球市场化不可缺少的市场竞争工具？该不该让政府、企业和个人投资者明白可能带来的风险和怎样面对风险？

在期货市场十余年实践中，笔者看到中国管理层过于强调市场运作过程中局部事件的得失，而没有注重市场功能的发挥将给国家带来的巨大经济利益。例如，5 000亿美元外汇储备，假定完全持有美元，当美元贬值20%时，外汇的实际价值将缩水1 000亿美元，损失惨重；如果持有2 500亿美元，持有2 500亿欧元，外汇资产的实际价值将不缩水，避免了汇率风险。利用衍生市场工具对外汇储备的保值管理只是一个缩影。如果整个国家经济在市场竞争中，能够普遍利用和发挥衍生市场的功能和作用，对国家的兴旺发达将做出不可估量的贡献。

在某种意义上,市场经济就是价格经济,市场经济中的市场价格研究是理论和实践统一的科学,没有雄厚的理论基础、没有长期的市场实践和阅历是成不了市场大师的,没有大师级的市场人才辅佐,企业家就很难在市场中不出错。

有关部门和行业领导应从国家利益的高度去发展市场,并在市场实践中考察、培养和发现自己的专家级人才,建立国家级市场研究专家队伍,为国家、企业提供有价值的价格信息和资产管理策略。

有网友说,"中航油事件都是衍生工具惹的祸"。笔者最担心的就是以这种"因噎废食"的观点来反思"中航油事件"。"中航油事件"恰恰说明,中国衍生工具市场的发展和人才培养刻不容缓。

(三)有一种战略选择让人不寒而栗

回顾国有大型企业的改革发展历程,可谓"无奈之举,创造先河"。他们曾经历林林总总的困难与障碍,又将面对奇奇怪怪的变数,企业的未来,关键点可能在于由"无奈"变为"有序",即企业能驾驭自身的发展节奏,而不是沦落为"发展"的奴役。

作为企业,"自由王国"可能是永远遥不可及的梦想!但是驾驭自身的发展节奏,其实际意义可能远远大于哲学意义!翻翻一些企业战略规划,敏感的人可能会不寒而栗:大篇幅的竞争战略,轻描淡写的风险战略(甚至没有风险战略),就像给一辆汽车装配了大功率的发动机,却没安装配套的刹车系统。在险恶的竞争环境的推动下,缺失风险战略的企业究竟还能走多远?在这种意义上,风险战略可能是企业由"必然"向"自由"贴近的重要工具。

助长企业风险的重要因素,其一可能来源于企业领导人。"知止",对于人是一种美德,对于企业则意味着稳健。在我们看来,企业很难依赖个别人的"知止"能力而"知止",它需要依靠规范的制度而"知止"。曾经有人评论说,GE与中国很多大型企业的显著区别,可能在于其规范性,即做事有依据,缺乏依据的事就要"止"。我们大多数人,都不是"先觉悟,后加盟"一个企业的,总是带有这样或那样的利益动因。特别是个别人的动因,一旦成为驱动企业的核心动因,并超出企业能量的极限,企业可能走向灭亡。只有知道如何停止的人,才知道如何加快速度。

助长企业风险的第二个因素,可能来源于经理人队伍。费孝通先生的《乡土中国》,打中我们的要害。这里的"土",不只是土气,主要是"土围子"情结。在企业,表现为经理人偏离组织的价值导向,各有各的算盘。企业决策或政策受各种"势力"的影响,价值观变幻不定。不能对企业使命产生"心灵"的认可,企业的经理人再多,可能也只是一群乌合之众。教父常说"有信仰的人是幸福的",引申之,经理人队伍形成共同价值观的企业,是幸运的。

中国企业需要有实业视野、有资本运营能力、有战略视角的企业家,同时需要具备创新能力与执行能力的经理人队伍。而这些,都不可能拿企业的命运赌得。

(四) 高级交易者的市场行为

我们在得知美国的石油投机商皮肯斯几周之内就赚走 30 亿美元的同时,又听说中国商人陈久霖所领导的中航油在石油投机交易中损失 5.5 亿美元。在这个时候,有许多人咒骂皮肯斯,也有人为陈久霖惋惜,因为陈久霖这位刚刚当选亚洲 45 岁以下年龄的新商业领袖,就这样被石油期货给废黜了,令人扼腕。咒骂也好,惋惜也罢。盈亏已经发生了,这就是我们看到的现实。我们必须正视一个问题,中国人在期货、期权这样一类的交易中还不是美国大投机商们的对手。亚洲国家还没有这样的高手,甚至连财大气粗的日本也不是。

历史学家布罗代尔指出:"有两种类型的交换,一种是普通的、竞争性的、几乎是透明的;另一种是高级的、复杂周密的、具有支配性的。两类活动的机理不同,约束的因素也不同,资本主义的领域所包含的不是第一类活动,而是第二类活动。我并不否定可能有一种既狡猾又残酷的明火执仗的乡村资本主义。通常,人们对于资本主义与市场经济不加区别,之所以如此,是因为二者从中世纪至今总是同步发展的,是因为人们经常将资本主义说成是经济进步的驱动力和经济进步的充分的展现。其实一切都驮在物质生活的巨大脊背上。物质生活充盈了,一切也就前进了,市场经济也就藉此迅速地充盈起来,扩展其关系网。资本主义一贯是这种扩充的受益者。"

我们把从事第二类交易活动的人称为"高级交易者",在这群高级交易者中间,又存在着极少数高手,他们是高级交易者中的领袖,是高端中的高端。

布罗代尔还告诉我们:"资本家都是君王的朋友,是国家的同盟者或者是不择手段利用国家的人。他们很早地、一贯地超越'本国'的界限,和外国商人串通一气。他们千方百计为自己的私利搞鬼,通过操纵信贷,也通过在好钱和坏钱之间进行偷梁换柱的取巧把戏。金币银币值钱,是好钱,用于大宗交易,流向资本;铜币不值钱,是坏钱,用于发工资和日常支付,流向劳动。"

布罗代尔除了精心研究过资本主义的交易历史,想必也潜心研究过 20 世纪 70 年代以来国际金融领域里的投机活动。所以,他才敢大胆地下结论:"这些人有着信息、智力和文化优势。他们攫取周围一切可取之物——土地、房产、定期租金……他们依仗着垄断或者必要的权势,十居其九能够击败竞争对手。由于资本雄厚,资本家才得以维持其特权并包揽了当时的国际大生意。"

在皮肯斯与陈久霖的对垒中（准确地讲,一开始并不是这样,只是因为陈久霖选择了放空油价之后,陈久霖才成为皮肯斯的对手,如果陈久霖选择在低位做多,就得另当别论）,皮肯斯是久经沙场,曾经在石油市场摸爬滚打六十余年,栽过跟头,交过学费,好几次甚至接近破产,经验教训多的是；而陈久霖,在国际石油市场只是初出茅庐,满打满算就六七年时间,对于止损这样基本的交易原则都还没有掌握,就杀入期货交易这个鳄鱼池。还有,皮肯斯在石油期货市场曾经栽过大跟头,这一轮选择操纵石油价格,那是有备而来。特别是,皮肯斯是"君王"小布什的密友。真可谓"天时地利人和"全部占尽。而陈久霖则没有任何优势可言,与皮肯斯相比,陈久霖在石油期货市场完全是误打误撞,希望碰运气赚大钱,所以,陈久霖在这个鳄鱼池被皮肯斯们生吞活剥是迟早的事情。

从石油期货事件中,必须吸取的教训。

在新的千年,国际资本会以更快的速度、更加野蛮的方式攻击他们认为最脆弱的货币,搅动最具有成长性的行业,推动一轮又一轮的汇市、股市和期市行情。

过去,一流的经济学家把注意力放在生产过程和生产关系的研究方面。现在,人们把注意力放在宏观经济、经济杠杆（如利率、汇率、税率）和市场效率方面。

现在的资本,除了生产资本之外,还有一部分纯粹为了交易而存在的自由资本,而且,这部分资本规模越来越庞大,力量越来越强。交易资本与生产资本遵循不同的规律。如果说生产资本主要是希望通过提高企业经营效率来收回投资的话,那么,交易资本则是利用市场的流动性、波动性来盈利。后者具有高度的流动性和投机性。生产资本和交易资本已经跨越国界,可以相对自由地流动,从一个市场到另外一个市场,从一家公司到另外一家公司,从一只股票到另外一只股票,其流动性和灵活性非常强。

操纵是最好的价格垄断手段。操纵市场需要三个条件：一曰人才,二曰资金,三曰政策。如果这三项条件都能够得到满足,操纵马上就可以实施。

关于人才问题,这一点不用多说,大的基金的策划者及其合作者就是最好的人才,他们具备丰富的专业知识,更重要的是他们就是身经百战的市场专家。

关于资本集中问题,早在20世纪初,许多经济学家就注意到生产资本的集中问题。甚至连一些自然科学家也关注这个问题,如爱因斯坦,在1936年,爱因斯坦就注意到了一个现象："生产的集中导致了生产资本集中在这个国家（指美国）中的相当少的一部分公民手中。"然而,交易资本的集中更加明显。一个大的基金往往控制着几十亿、上百亿美元的资金,如著名的量子基金,就控制着接近300亿美元资金。以他们的资金实力,可以操纵迄今为止任何单个商品的价格。

关于政府支持问题。这一点往往被分析家和市场参与者忽视。其实,以为美国是干干净净的自由市场资本主义,那是过于幼稚的想法。美国是地地道道的国家垄断资本主义加权贵资本主义的范本。金融资本家皮肯斯是"君王"小布什的朋友,二者联手,不择手段。一个攫取巨额财富,一个从运用权力中得到巨大的政治回报,也是一种回扣经济。在美国,谁也无法阻止这种明目张胆的肮脏的权钱交易。皮肯斯对油价的操纵明摆着得到了小布什的默许和支持,在2000年和2004年的大选中,皮肯斯也支持了小布什。在符号经济时代,资本的自由度非常大。当他们与政府勾结在一起,或者得到默许的时候,他们就敢于肆无忌惮地操纵市场,通过操纵,他们可以把价格抬到人们无法想象的高度。

正如陈久霖事后反思时说的那样"没想到油价达到55美元!"高端投机者的年回报率可以达到10倍甚至更高。这当然是市场便利带来的好处。而对于不理解其中奥妙的投资者,当然无法利用这种市场便利。这也是陈久霖没有想到的。

最大的单边持仓者得到了最有权势的人支持,就意味着石油市场已经成为他的自动提款机。在最大的单边持仓者和最有权势者的联手操纵之下,国际石油价格达到了一个新的高度,让持空仓者斩仓之后才回头向下(见图11-8)。

皮肯斯在国际石油期货市场上就是一个操纵者,一个得到"君王"保护和支

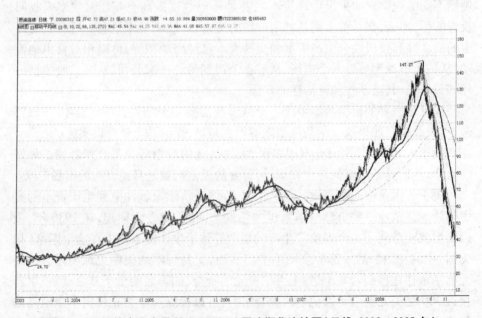

图11-8　纽约商业交易所(NYMEX)原油期货连续图(日线,2003—2008年)

持的操纵者,一切都在皮肯斯的掌握之中。陈久霖只是一个处于权力和核心信息边沿的赌徒,当然不是皮肯斯的对手。所幸的是,陈久霖还只付出了5.5亿美元的代价,在皮肯斯所赚的30亿美元的暴利中,还有别的投机者的无私奉献。

二、案例研讨提示

(1)企业套期保值是否是必要的?
(2)套期保值与投机的界限如何划定?
(3)机构投资与投机的规范体系应该如何建立?

第五节 人物:巴菲特与索罗斯

一、录播:《巴菲特 VS 索罗斯:谁的日子更好过》[①]

一个是投资大师,一个是投机大家,表面看,以价值投资著称于世的投资教父巴菲特似乎在百年一遇的金融危机中摔得不轻,而大投机家索罗斯风头正劲。但回顾一下二者过往的表现,可以发现,后者的日子未必就比前者好过。

(一)巴菲特:长跑中的胜出者

巴菲特执掌的伯克希尔·哈撒韦公司近日公布了2009年业绩报告。伯克希尔公司扭转了2008年的跌势,2009年全年利润上升61%,达到80.6亿美元。伯克希尔全年账面价值虽然只增长了19.8%,但相较2008年每股账面价值缩水9.6%,反弹应算强劲。不过,跟同期标普500指数26.5%的涨幅相比,"股神"业绩相对逊色,2009年成为"股神"五年来首次跑输大市的年份。

跑输大盘并不稀奇,只是头上罩着"股神"的光环,难免"人言可畏"。实际上,巴菲特还有不少更惨的年份。10年之前的1999年,伯克希尔股价下跌近20%,而同年标普500上涨近20%,其跑输大盘接近40%。资料显示,从巴菲特1965年控股伯克希尔算起,44年中一共有14年跑输标普500指数。

然而,要是拉长投资周期来看,"股神"的名号名副其实。从1965年至2009年间的10年期投资中,巴菲特全部跑赢了标普500指数,也正是以1965年为起点,伯克希尔的账面价值由每股19美元增长到8.45万美元,平均年收益率达20.3%,大幅领先于标普500指数的平均年收益率9.3%。即便是在跑输大盘的2009年,伯克希尔的投资组合依然增长强劲,其投资组合中的前20大重仓

---

① 资料来源:《羊城晚报》,2010年3月4日,http://finance.ifeng.com/money/wealth/millionaire/20100304/1887138.shtml。

股全面升值,其中可口可乐股价攀升29%、富国银行股价翻番、美国运通股价上涨三倍。

巴菲特的目前身家约400亿美元,而在金融危机前其拥有约620亿美元的净资产,根据《福布斯》杂志公布的2008年度全球富豪榜,他超过卡洛斯·斯利姆·埃卢和比尔·盖茨成为全球首富。股神巴菲特不是百米冲刺的冠军,而是长跑中的胜出者。

(二)索罗斯:有不少投机败笔

有了1992年"搞垮"英镑和1997年"引发"亚洲金融危机这两个显赫的"前科"之后,对于索罗斯打算狙击欧元一事,全球都投出了关注的目光,况且这次还有罗杰斯这位同样具世界影响力的"帮凶"。索罗斯胜算几何,现在还无从判断,但人们似乎过高地估计了索罗斯的能量。

纵观索罗斯1997年后的表现,依然有不少败笔,他的个人资产虽基数大,但增长的速度却不及许多像比尔·盖茨和米塔尔这样的实业投资家,更不如"股神"巴菲特。

亚洲金融危机后,索罗斯并无什么大手笔。2000年4月,索罗斯退居二线,由于基金业绩不佳,2002年开始,索罗斯自己重新披挂上阵,之后亲掌70亿美元的量子基金及其他投资工具。但是,多年来一向以"走在曲线前面"为投资策略被后辈推崇的索罗斯,现在好像失去了对投资市场的敏锐嗅觉。2000年,索罗斯在日本投资3亿美元建立的一只对冲基金,因2003年利用杠杆炒作过度,在短短7个交易日内狂跌98%,随后便宣布清盘,估计索罗斯为此损失了1.8亿美元。在2003年、2004年的一轮美股上升前,索罗斯又因沽出一些会受惠于经济好转的股票错失良机。在债券市场上,索罗斯同样"走眼",比如2004年7月,美国国债急跌,令债券利息升至20年高位,但索罗斯的量子基金却与这一大好机会擦肩而过,未作任何操作。

在最近的达沃斯论坛上,根据福布斯的数据,索罗斯身家110亿美元,全球排名29位。相较于巴菲特,索罗斯更像龟兔赛跑中的那只兔子。

二、资料搜索:《量子基金》[①]

美国金融家乔治·索罗斯所管理的投资基金叫"量子基金"。索罗斯的量子基金是高风险基金,主要借款在世界范围内投资于股票、债券、外汇和商品。量子美元基金在美国证券交易委员会登记注册,它主要采取私募方式筹集资

---

① 资料来源:http://wiki.hexun.com/view/913.html。

金。据说,索罗斯为之取名"量子",是源于索罗斯所赞赏的一位德国物理学家、量子力学的创始人海森堡提出"测不准定理"。索罗斯认为,就像微粒子的物理量子不可能具有确定数值一样,证券市场也经常处在一种不确定状态,很难去精确度量和估计。

索罗斯是 LCC 索罗斯基金董事会的主席,民间投资管理处确认它作为量子基金集团的顾问。量子基金在量子集团内是最老和最大的基金,普遍认为在其 28 年历史中在全世界的任何投资基金中具有最好的业绩。

索罗斯旗下经营了五个风格各异的对冲基金。其中,量子基金是最大的一个,亦是全球规模较大的几个对冲基金之一。量子基金最初由索罗斯及另一位对冲基金的名家吉姆·罗杰斯创建于 20 世纪 60 年代末期,开始时资产只有 400 万美元。基金设立在纽约,但其出资人皆为非美国国籍的境外投资者,从而避开美国证券交易委员会的监管。量子基金投资于商品、外汇、股票和债券,并大量运用金融衍生产品和杠杆融资,从事全方位的国际性金融操作。索罗斯凭借其过人的分析能力和胆识,引导着量子基金在世界金融市场一次又一次的攀升和破败中逐渐成长壮大。他曾多次准确地预见到某个行业和公司的非同寻常的成长潜力,从而在这些股票的上升过程中获得超额收益。即使是在市场下滑的熊市中,索罗斯也以其精湛的卖空技巧而大赚其钱。经过不到 30 年的经营,至 1997 年末,量子基金已增值为资产总值近 60 亿美元的巨型基金。在 1969 年注入量子基金的 1 万美元在 1996 年底已增值至 3 亿美元,即增长了 3 万倍。

索罗斯成为国际金融界炙手可热的人物,是由于他凭借量子基金在 20 世纪 90 年代中所发动的几次大规模货币阻击战。量子基金以其强大的财力和凶狠的作风,自 90 年代以来在国际货币市场上兴风作浪,常常对基础薄弱的货币发起攻击并屡屡得手。

量子基金虽只有 60 亿美元的资产,但由于其在需要时可通过杠杆融资等手段取得相当于几百亿甚至上千亿资金的投资效应,因而成为国际金融市场上一股举足轻重的力量。同时,由于索罗斯的声望,量子基金的资金行踪和投注方向无不为规模庞大的国际游资所追随。因此,量子基金的一举一动常常对某个国家货币的升降走势起关键的影响作用。对冲基金对一种货币的攻击往往是在货币的远期和期货、期权市场上通过对该种货币大规模卖空进行的,从而造成此种货币的贬值压力。对于外汇储备窘困的国家,在经过徒劳无功的市场干预后,所剩的唯一办法往往是任其货币贬值,从而使处于空头的对冲基金大获其利。在 20 世纪 90 年代中发生的几起严重的货币危机事件中,索罗斯及其量子基金都负有直接责任。

20世纪90年代初，为配合欧共体内部的联系汇率，英镑汇率被人为固定在一个较高水平、引发国际货币投机者的攻击。量子基金率先发难,在市场上大规模抛售英镑而买入德国马克。英格兰银行虽下大力抛出德国马克购入英镑,并配以提高利率的措施,仍不敌量子基金的攻击而退守,英镑被迫退出欧洲货币汇率体系而自由浮动,短短1个月内英镑汇率下挫20%,而量子基金在此英镑危机中获取了数亿美元的暴利。在此后不久,意大利里拉亦遭受同样命运,量子基金同样扮演主角。

1994年,索罗斯的量子基金对墨西哥比索发起攻击。墨西哥在1994年之前的经济良性增长,是建立在过分依赖中短期外资贷款的基础之上的。为控制国内的通货膨胀,比索汇率被高估并与美元挂钩浮动。由量子基金发起的对比索的攻击,使墨西哥外汇储备在短时间内告罄,不得不放弃与美元的挂钩,实行自由浮动,从而造成墨西哥比索和国内股市的崩溃,而量子基金在此次危机中则收入不菲。

1997年下半年,东南亚发生金融危机。与1994年的墨西哥一样,许多东南亚国家如泰国、马来西亚和韩国等长期依赖中短期外资贷款维持国际收支平衡,汇率偏高并大多维持与美元或一揽子货币的固定或联系汇率,这给国际投机资金提供了一个很好的捕猎机会。量子基金扮演了狙击者的角色,从大量卖空泰铢开始,迫使泰国放弃维持已久的与美元挂钩的固定汇率而实行自由浮动,从而引发了一场泰国金融市场前所未有的危机。危机很快波及所有东南亚实行货币自由兑换的国家和地区,迫使除了港币之外的所有东南亚主要货币在短期内急剧贬值,东南亚各国货币体系和股市的崩溃,以及由此引发的大批外资撤逃和国内通货膨胀的巨大压力,给这个地区的经济发展蒙上了一层阴影。

当索罗斯的量子基金在2000年4月出现了严重亏损后,这似乎标志着一个时代的结束。但是索罗斯没有像小朱利安·罗伯森那样关闭基金,而是重新组织了基金,甚至把一些投资组合包给公司以外的经理。显然,这名超级投资者、慈善家兼业余哲学家不打算继续成为全球市场中的一个重要力量了。他在一个新闻发布会上表示："我不打算再创什么纪录了。"

但是,索罗斯现在又回来了。而且,作为一名世界级的投资者,他似乎正在重新夺回早先失去的一些荣誉,尽管他在法国的内部交易问题引起了争执。据熟悉索罗斯基金管理公司的人透露,这名72岁的金融家已经重新回到公司掌舵。虽然索罗斯仍然把很大一部分精力放在慈善事业上,他已经开始重新掌管70亿美元的量子基金以及其他一些投资。一名长期关注索罗斯的分析家表示:

"他有时会说自己已经70岁了,不想再赌博了,但是这并不是真的。他在赚钱方面和以前一样努力。"

他的管理很有成效。量子基金2001年的收益为13.8%,而标准普尔500指数下跌了13%。当时的量子基金主要由外部人员管理。2002年,随着重新开始内部管理,量子基金截止到12月6日亏损了0.5%,比标准普尔指数的表现好21个百分点。重要的是索罗斯不再为盈利兴风作浪,就像以前在货币市场那样。1992年,他在英镑上的赌博给他带来了巨大的收益。

三、案例研讨提示

(1)巴菲特与索罗斯的风格有何异同?

(2)巴菲特与索罗斯的实际经历与效果,对投资基金及其他机构操盘手有何启示?

第六节 理论专题:金融阴谋论批判与投资技术的理论批判

一、阴谋论批判

阴谋论通常是将事件解释为个人或是团体秘密策划的结果。英文中的"Conspiracy"是指两人以上的人作一件非法或不道德的事的约定,未必是秘密策划的。不过中文有时将"Conspiracy theory"译为"阴谋论",而英文中的"Conspiracy theory"也常指秘密策划的阴谋。中文中也有"共谋"、"共谋论"等语。

在金融领域,尤其是针对金融投资的领域,阴谋论由来已久,具体源头难以考证,但近年来在我国,尤其在畅销书《货币战争》的引导下,金融阴谋论大有甚嚣尘上之势。对我国股市数次的暴跌,都有媒体称之为西方反华势力的阴谋之说。

金融投资本来就是一种资金的博弈,而这种博弈往往也只能以阴谋的形式出现,阳谋由于其后果的不堪,在金融市场自然很难大行其道。至于是否是一种有组织的颠覆阴谋、是谁的阴谋,却有点仁者见仁智者见智了。实际上,在很多金融事件中,政府、国内机构、国际财团、国际游资等等都在使用花样翻新的种种阴谋伎俩获得各自希望谋取的后果,在近年来的东南亚金融危机、香港保卫战、国储铜、中航油、中国股市"半夜鸡叫"、港股直通车乃至中国股指期货的推出等重大事件中,个中奥妙我们可以窥见一斑。

本节在这些案例中选取一篇新闻报道作为分析样本,供课堂学习和研究之用。

案例:《外资"围剿"中国股指期货将导致 A 股十年熊市》

"如果外资执意爆炒,股指期货上市后很可能出现的局面是,外资暴赚第一桶金后,从期货、现货两个市场砸盘撤退,然后股指期货夭折,中国证券市场就此进入下一个十年熊市。"一外资操盘手预言道。

这绝非耸人听闻。外资正在通过分仓囤筹等方式对大盘蓝筹以及正在孵化中的股指期货进行"围剿"。本报记者通过近四个月的调查采访,逐渐弄清了长时间潜伏水下的外资操作手法以及意图。

这篇文章如此开头,并列举了外资在天威保变(600550.SH)、招商银行(600036.SH)、民生银行(600016.SH)、交通银行(601328.SH)等股票中的渗透案例,以及外资围绕股指期货的一系列秘密运作。

文章在最后说,外资对于中国绝对有着天大的图谋,并大量引用被采访者如下的说法:

我们的结论是,他们一边要赚中国人的钱,一边要用从中国人手里赚来的钱来控制中国的一些核心产业,然后让中国人像永动机一样,给他们赚钱。

"有目共睹的是,从深发展(000001.SZ)到中国平安(601318.SH)再到一些二三线金融企业,已经呈现出外资点面开花、步步渗透的局面。"金融是一个国家的经济血液,军工和港口、航空、能源等行业则属于战略要塞,控制或者左右了这些板块,就可以图谋一个国家的所有基础产业。"采访中,诸多国内资深市场人士对此忧心忡忡:俄罗斯为什么要石油资产国有化、美国为什么抵触中国海洋石油竞购本国石油企业,应该都是这个道理!

现在看来,股指期货一旦推出,将使外资觊觎中国以及渗透进入中国核心产业的图谋得以加速实施。道理非常简单,股指期货相比较现货,具有大致 8 倍左右的盈亏(放大)杠杆,这显然有助于外资更加游刃有余地把中国股市玩弄于股掌之间。"

该文有着较为重要的代表意义。报道中提到的股指期货,在我国已于 2010 年 3 月开始交易,许多观点虽已过时,但其仍不失为阴谋论的一篇代表之作,至于其提到的阴谋,读者或许可以品味出谁才是真正的赢家。全文见 http://finance.qq.com/a/20080224/000354.htm(原文载于《中国经营报》,作者黄杰、程涛、张曙光)。

本文阅读要点提示

(1)股指期货推出的一波三折中,谁是最后的赢家?

（2）如何确认金融阴谋？金融阴谋的实施与资本趋利性运作的区别。

（3）政府的监管在证券市场中应该如何发挥作用？

（4）请阅读文中提到的几只股票2005年至2010年的行情走势图，对阴谋操纵的结论作出你自己的判断。

（5）请查阅我国股指期货开市后的走势，验证本文阴谋论的爆发情况。

二、投资技术理论批判

对当代投资技术理论，我国投资界有不少的批评。金融投资技术在日本（K线理论）毕竟有数百年历史，西方当代投资技术也有百年历史。我们如何学习并继承、运用和发展这些技术，是一个十分重要的课题。

研讨专题：《金融炼金术：证券分析的逻辑》

该文为国泰君安证券研究员莫言钧的一篇对于西方投资技术的批评文章，前几年在网络上比较流行。全文见 http://www.pt789.com/bbs/dispbbs.asp?boardid=28&id=7377。

该文具体发表时间及源头难以考证。文章较长，使用不少哲学观点及理论推演论证，可见作者学术功力之深厚。本课程要求学生认真阅读全文，能够见识文章的全貌。

本文阅读要点提示

（1）在对传统理论进行质疑时，应该具有如同本文作者一般的理论厚度与咄咄逼人的气势。

（2）在理论研究上，打碎一个旧世界的前提是否应该先建立一个新世界？即应该是先破后立还是先立后破？

（3）能否使用与作者相同的方法与气魄对其文章进行同样的批判？

附 录

团队对抗教学模式从 2006 年起开始探索和试验,已经在我校《投资基金》、《金融市场学》和《信托与租赁》等课程中进行了 3 年以上的运作,获得良好的教学效果和各届学生的好评。以下展示部分学生团队活动与教学情况记录,供读者欣赏。

一、不输名师的"学生教师"——学生团队讲课对抗

学生讲课,很多时候会给您带来意外的惊喜。

附图 1 金融 2005 级

附图 2　财管、会计 2006 级，市场营销 2007 级

附图 3　金融 2006 级

附图 4　金融 2007 级

二、课堂团队对抗活动

团队课堂对抗活动,由于对学生成绩构成权数较重,在学生团队的集体荣誉感和成就感的驱使之下,使课堂对抗活动成为学生课前学习准备的焦点而备受关注。

附图 5　激烈的团队专题辩论对抗

附图6　课堂对抗使到课学生兴致盎然

附图7　教师正在倾听学生评委进行团队对抗胜负点评

附图 8　团队在课堂的专题研讨

三、多姿多彩的学生团队

2006—2010 年已经组建学生的模拟公司和投资基金团队 83 个,涉及投资、信托、银行、保险等行业。

附图 9　金融 2005 级:中投理财股份有限公司

附图 10　金融 2007 级：盛鑫投资公司

附图 11　金融 2007 级：嘉年华信托投资公司（信托与租赁课程）

附图12　金融2007级：量子基金总经理和他的部长们（投资基金课程）

附图13　金融2005级：召开董事会

附图14 2010级:精彩的团队路演(1)

附图15 2010级:精彩的团队路演(2)

四、我们的校园股市

在校园股市中,学生团队不仅可以进行股票的投资操作,体验投资机构操纵股价的感觉,也可以在校园股市申请上市,发行自己的股票和基金募集资金;甚至可以从这里发起对上市公司的并购运作。

2006—2010年已经有45个学生团队在校园模拟证券交易所成功上市(09/10第二学期有9个团队上市)。该学期在这一市场已经发生了至少五起以上的资产重组案例。

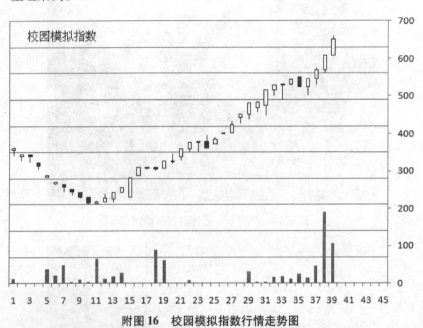

附图16　校园模拟指数行情走势图

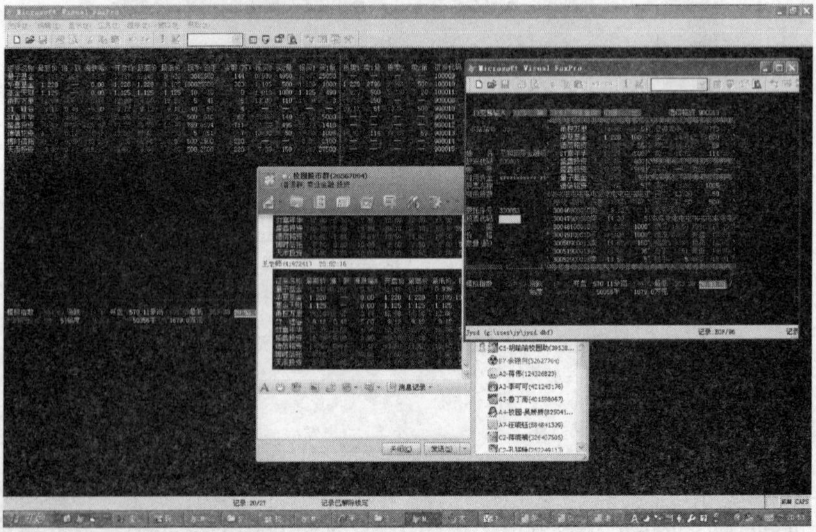

附图17　校园股市的教师工作后台

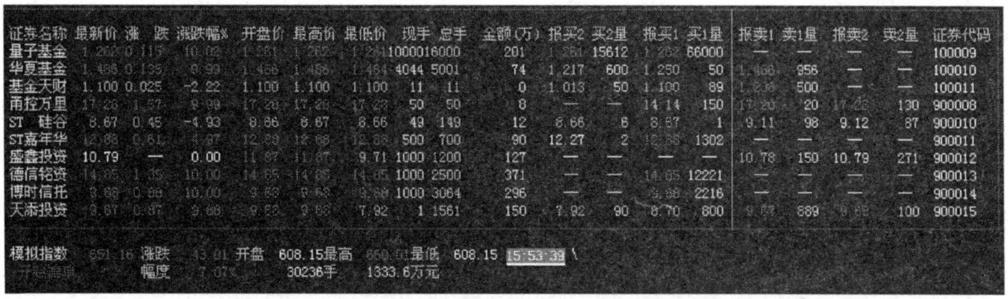

证券名称	最新价	涨 跌	涨跌幅%	开盘价	最高价	最低价	现手	总手	金额(万)	报买2	买2量	报买1	买1量	报卖1	卖1量	报卖2	卖2量	证券代码
量子基金	1.262	0.115	10.02	1.151	1.262	1.251	10000	16000	201	1.261	15612	1.262	66000	—	—	—	—	100009
华夏基金	1.486	0.135	9.99	1.456	1.486	1.464	4044	5001	74	1.217	600	1.250	50	1.486	956	—	—	100010
基金天财	1.100	0.025	-2.22	1.100	1.100	1.100	11	11	0	1.013	50	1.100	89	1.236	500	—	—	100011
甬控万里	17.28	1.57	9.99	17.28	17.28	17.23	50	50	8	—	—	14.14	150	17.20	20	17.22	130	900008
ST 硅谷	8.67	0.45	-4.93	8.86	8.67	8.66	49	149	12	8.66	6	8.67	1	9.11	98	9.12	87	900010
ST嘉年华	12.88	0.61	4.97	12.88	12.88	12.88	500	700	90	12.27	2	12.88	1302	—	—	—	—	900011
盛鑫投资	10.79	—	0.00	11.87	11.87	9.71	1000	1200	127	—	—	—	—	10.78	150	10.79	271	900012
德信铭资	14.85	1.35	10.00	14.85	14.85	14.85	1000	2500	371	—	—	14.85	12221	—	—	—	—	900013
博时信托	9.68	0.88	10.00	9.68	9.68	9.68	1000	3064	296	—	—	9.68	2216	—	—	—	—	900014
天添投资	9.67	0.87	9.88	9.52	9.68	7.92	1	1561	150	7.92	90	8.70	800	9.67	889	9.68	100	900015

模拟指数 651.16 涨跌 43.01 开盘 608.15 最高 650.[illegible] 最低 608.15 15:53:39 \
幅度 7.07% 30236手 1333.6万元

附图 18　09/10 第二学期在校园股市上市的股票和基金的行情(2010.6.2)

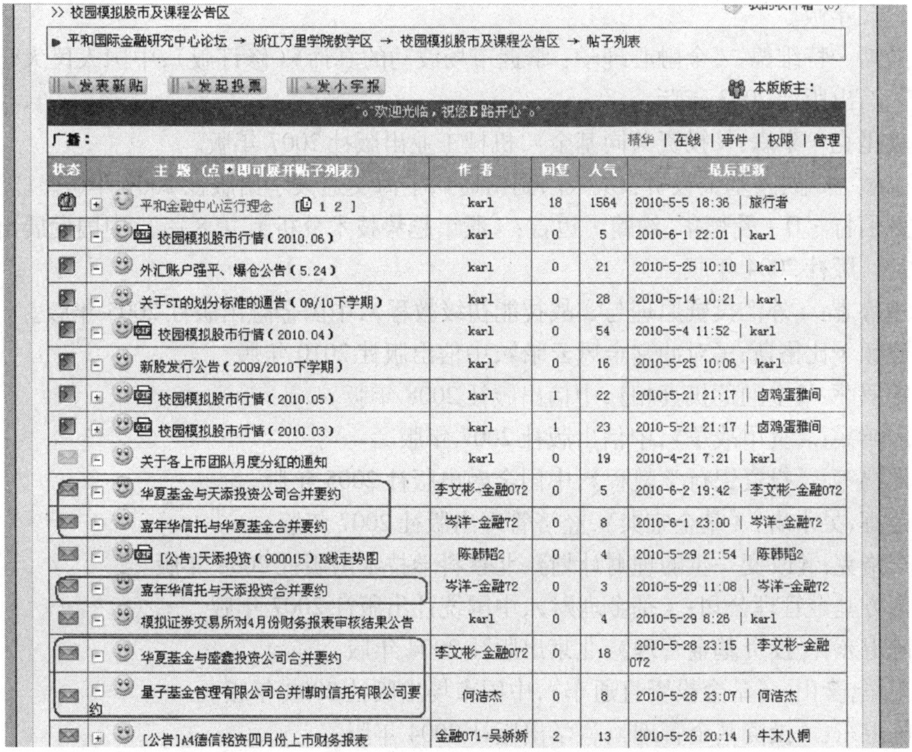

>> 校园模拟股市及课程公告区

▶ 平和国际金融研究中心论坛 → 浙江万里学院教学区 → 校园模拟股市及课程公告区 → 帖子列表

发表新贴　发起投票　发小字报　　本版版主：

"o"欢迎光临，祝您E路开心"o"

广播：　　精华 | 在线 | 事件 | 权限 | 管理

状态	主 题 (点⊞即可展开贴子列表)	作 者	回复	人气	最后更新
	平和金融中心运行理念　[1 2]	karl	18	1564	2010-5-5 18:36 | 旅行者
	校园模拟股市行情(2010.06)	karl	0	5	2010-6-1 22:01 | karl
	外汇账户强平、爆仓公告(5.24)	karl	0	21	2010-5-25 10:10 | karl
	关于ST的划分标准的通告(09/10下学期)	karl	0	28	2010-5-14 10:21 | karl
	校园模拟股市行情(2010.04)	karl	0	54	2010-5-4 11:52 | karl
	新股发行公告(2009/2010下学期)	karl	0	16	2010-5-25 10:06 | karl
	校园模拟股市行情(2010.05)	karl	1	22	2010-5-21 21:17 | 卤鸡蛋雅间
	校园模拟股市行情(2010.03)	karl	1	23	2010-5-21 21:17 | 卤鸡蛋雅间
	关于各上市团队月度分红的通知	karl	0	19	2010-4-21 7:21 | karl
	华夏基金与天添投资公司合并要约	李文彬-金融072	0	5	2010-6-2 19:42 | 李文彬-金融072
	嘉年华信托与华夏基金合并要约	岑洋-金融72	0	8	2010-6-1 23:00 | 岑洋-金融72
	[公告]天添投资(900015)K线走势图	陈韩韬2	0	4	2010-5-29 21:54 | 陈韩韬2
	嘉年华信托与天添投资合并要约	岑洋-金融72	0	3	2010-5-29 11:08 | 岑洋-金融72
	模拟证券交易所对4月份财务报表审核结果公告	karl	0	4	2010-5-29 8:26 | karl
	华夏基金与盛鑫投资公司合并要约	李文彬-金融072	0	18	2010-5-28 23:15 | 李文彬-金融072
	量子基金管理有限公司合并博时信托有限公司要约	何浩杰	0	8	2010-5-28 23:07 | 何浩杰
	[公告]A4德信铭资四月份上市财务报表	金融071-吴娇娇	2	13	2010-5-26 20:14 | 牛木八桐

附图 19　学生团队在课程论坛上发布的收购要约

参 考 文 献

潘焕学,张建春:《基金投资宝典》,经济管理出版社 2008 年版。
益知,张为群:《证券投资基本实务操作大全》,上海财经大学出版社 2007 年版。
拉斯·特维德:《金融心理学:掌握市场波动的真谛》(修订版),中国人民大学出版社 2003 年版。
埃里克·泰森:《投资共同基金》,机械工业出版社 2007 年版。
朱敏,张益:《基金投资:从入门到精通》,上海交通大学出版社 2007 年版。
罗伯特·D·爱德华,约翰·迈吉:《股市趋势技术分析》(第 8 版),中国发展出版社 2004 年版。
王鲁志:《外汇投资原理与实战技能初级教程》,中国金融出版社 2005 年版。
巴顿·比格斯:《对冲基金风云录》,中信出版社 2010 年版。
德罗萨:《金融危机真相》,中信出版社 2008 年版。
宋鸿兵:《货币战争》,中信出版社 2007 年版。
郑鸣等:《投资银行学教程》,中国金融出版社 2005 年版。
范辉,吴琳琳:《基金宝典》,经济管理出版社 2007 年版。
李洛克:《改变一生的理财计划》,北京科学技术出版社 2008 年版。
南方基金管理公司:《基金理财》,中国统计出版社 2007 年版。
陈卫东:《投资基金管理》,北京出版社 2004 年版。
王军,李山:《基金投资直通车》,中国市场出版社 2008 年版。
陈卫东:《投资基金管理》,科学出版社 2004 年版。
李东方:《证券监管法律制度研究》,北京大学出版社 2002 年版。
郭锋:《证券法律评论》,法律出版社 2003 年版。
易有禄:《英美投资基金监管体制及其对我国的启示》,《经济师》,2004 年第 11 期。
王占军,王俐:《中美证券市场监管体制比较研究》,《黑龙江对外经贸》,2005 年第 1 期。

姚凤阁:《我国投资基金市场监管模式选择》,《投资与证券》,2003年第3期。

陈柳钦,姚凤阁:《我国投资基金监管应采用动态化综合监管模式》,《中国信息报》2003年2月28日。

中国基金网, http://www.chinafund.cn/Article/200883/200883_87153.html, http://www.chinafund.cn/Article/200811/200811_63890.html。

图书在版编目(CIP)数据

证券投资基金实务教程/王鲁志编著. —上海：复旦大学出版社,2011.2(2020.7重印)
ISBN 978-7-309-07828-2

Ⅰ.证… Ⅱ.王… Ⅲ.基金-投资-教材 Ⅳ.F830.59

中国版本图书馆 CIP 数据核字(2010)第 263932 号

证券投资基金实务教程
王鲁志　编著
责任编辑/谢同君　易　斌

复旦大学出版社有限公司出版发行
上海市国权路 579 号　邮编：200433
网址：fupnet@fudanpress.com　http://www.fudanpress.com
门市零售：86-21-65102580　团体订购：86-21-65104505
外埠邮购：86-21-65642846　出版部电话：86-21-65642845
大丰市科星印刷有限责任公司

开本 787×960　1/16　印张 18.5　字数 306 千
2020 年 7 月第 1 版第 3 次印刷
印数 5 201—6 300

ISBN 978-7-309-07828-2/F·1664
定价：30.00 元

如有印装质量问题，请向复旦大学出版社有限公司出版部调换。
版权所有　侵权必究